地产新营销

带你打通新周期下地产营销的『三山十二关』

—宋博◎著—

中国经济出版社
CHINA ECONOMIC PUBLISHING HOUSE
北京

图书在版编目（CIP）数据

地产新营销：带你打通新周期下地产营销的“三山十二关”/ 宋博著. -- 北京：中国经济出版社，2024.3

ISBN 978 – 7 – 5136 – 7671 – 7

Ⅰ. ①地… Ⅱ. ①宋… Ⅲ. ①房地产 – 市场营销学 Ⅳ. ① F293.35

中国国家版本馆 CIP 数据核字（2024）第 038103 号

责任编辑　葛　晶
责任印制　马小宾
封面设计　久品轩

出版发行　中国经济出版社
印 刷 者　河北宝昌佳彩印刷有限公司
经 销 者　各地新华书店
开　　本　710mm × 1000mm　1/16
印　　张　17.75
字　　数　254 千字
版　　次　2024 年 3 月第 1 版
印　　次　2024 年 3 月第 1 次
定　　价　68.00 元
广告经营许可证　京西工商广字第 8179 号

中国经济出版社 **网址** www. economyph. com **社址** 北京市东城区安定门外大街 58 号 **邮编** 100011
本版图书如存在印装质量问题，请与本社销售中心联系调换（联系电话：010–57512564）

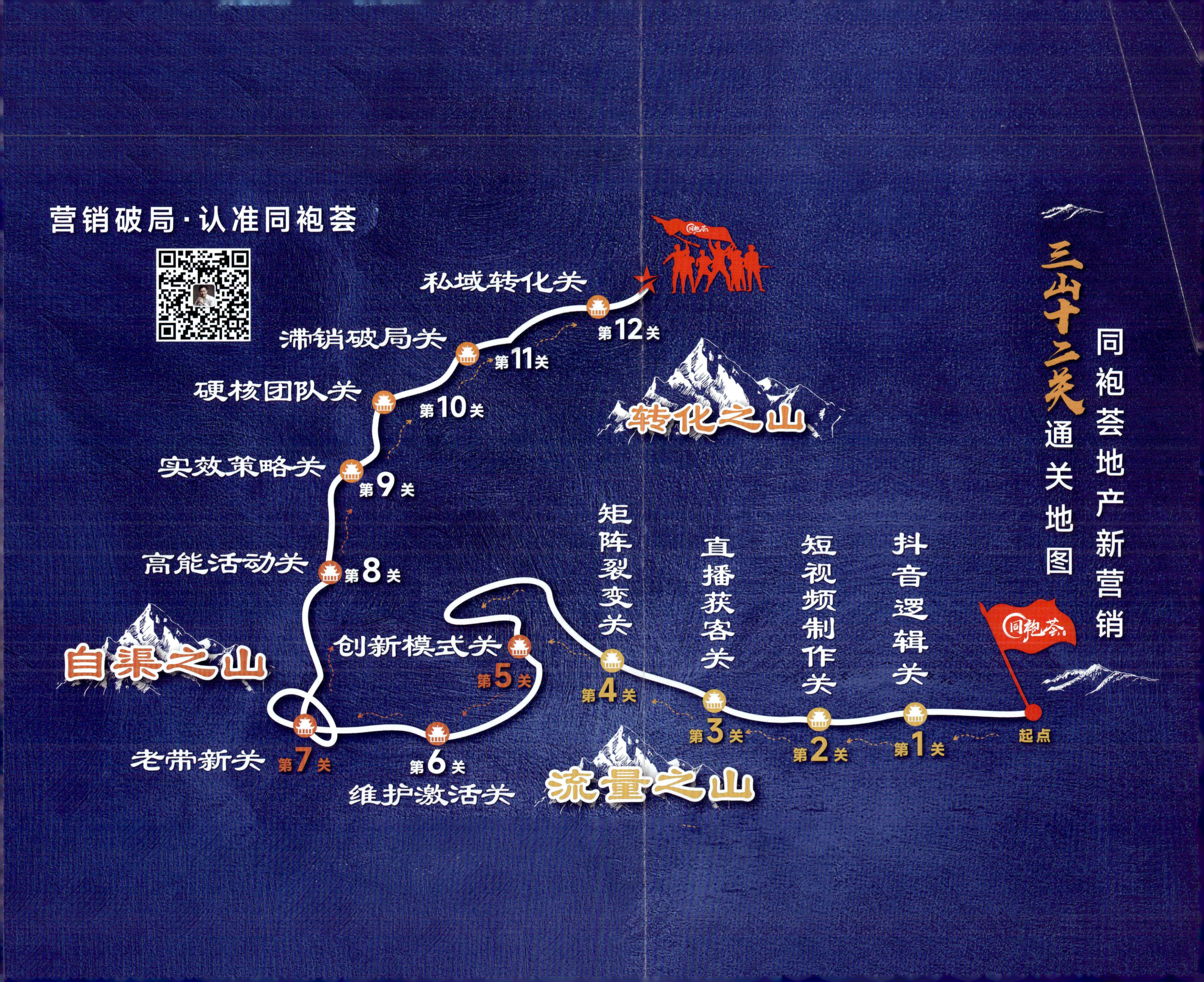
同袍荟地产新营销
三山十二关通关地图
营销破局·认准同袍荟
起点
第1关
抖音逻辑关
第2关
短视频制作关
第3关
直播获客关
第4关
矩阵裂变关
流量之山
第5关
创新模式关
第6关
维护激活关
第7关
老带新关
自渠之山
第8关
高能活动关
第9关
实效策略关
第10关
硬核团队关
第11关
滞销破局关
第12关
私域转化关
转化之山

献给 40 岁的自己以及历经行业周期依然保持热爱的地产人

推荐语

（按姓氏首字母排序）

如今的房地产市场雄关漫道，通过营销获得经营性现金流是过关的密钥。以往“酒香不怕巷子深”的逻辑已被抖音传播的“美好生活实景”击穿。

基于此，宋博先生以“从头越”的豪迈，无私分享其率先探索的“三山十二关”通关地图，并整理成《地产新营销》一书。该书系统性强，启发性大，操作性优，落地性好，创造了一个 Marketing GPT。

——蓝绿双城控股有限公司董事　冯鑫强

凭时间赢来的东西，时间肯定会为之作证。宋博总常年深耕地产营销领域，善于总结、积极思考、乐于创新。《地产新营销》是一场营销创新的盛宴，更是一场关于如何在竞争激烈的市场中脱颖而出的引导之旅。本次宋博总以“三山十二关”为纲，运用深刻的洞察力和丰富的实践经验，融合前沿科技、策略思考和创意灵感，为每个企业掌舵人和操盘手翻越新营销“三座大山”提供了重要路径。

“如果你停止，就是谷底；如果你还在继续，就是上坡。”

——河北佰盛集团董事长、中欧商学院 EMBA　黄一成

在房地产新形势下，营销力是组织的核心能力，“营销创新”上升为决定企业生死存亡的战略性关键举措。房企老板和管理层必须高度重视，通过数字化、智能化手段重构、优化营销业务流程，创新营销方法和工具。宋博先生在该书中给出了系统的方法论、实施路径和实战工具，值得地产从业者一读。

——北京博志成创始人　黄博文

老地产人最幸运的是经历了中国房地产的黄金时代，上岸的可以在别墅里泡茶论道，没上岸的也能在饭局上吹嘘当年的威风史；新地产人还在浮躁和犹豫中徘徊，赶紧降价，赶紧开渠，还是该转行了？

不管是老人还是新人，只要不转行，就要转型！转型就要接受新的工作方式和方法，这也是推荐大家看这本《地产新营销》的原因。也许，从失败案例中总结的教训能让你及时止损；也许，另一个城市的成功案例刚好能帮你解决这个月的自渠上客方案。

祝愿所有还在路上的地产营销人，读完此书，能找到项目和职业生涯的新出路。找不到的，读两遍。

——世联行集团综合业务总经理　刘芳

地产下半场拼的是产品力＋营销力，产品力中又涉及营销定位，要将产品无损翻译给客户。营销手艺本身要钻研，地产各专业的界限也会越来越模糊。营销如此重要，现状却“披头散发”。《地产新营销》一书是对地产营销的系统性沉淀，推动行业进化，功不可没！

——东原集团营销总经理　刘依

认识宋博缘于我三年前偶然刷到他的一段视频“红海行动”，当时深耕渠道多年的我非常兴奋，这是我在抖音上看到的为数不多的实战干货，就此在心里种下了想结识宋博的种子。后来去郑州出差，第一时间就联系上了宋博，从此成为很好的朋友。

这本书融汇了流量、自渠、转化三个最核心的技巧，把它们掰开了、揉碎了，且经过反复思考沉淀。在这三个板块里，但凡你精于其一，都能在市场中找到自己独有的价值。如果你通过这本书打开了房地产营销的全局地图，那这价值就倍增了。更难得的是，我太了解宋博为人了，和很多管理层不一样，他扎根一线，认为“现场有神灵”，是无实操不分享的实干家。所以看他分享的知识，真的是性价比超高的一件事情。

——渠联社创始人　李春明

与宋博先生结识是在 2012 年清华地产班上，当年我在清华和北大讲授如何利用互联网营销。这些年，我在世界各地参加各种数字营销大会，深刻感受到科技发展带来的营销渠道的革命，每次渠道革命必将催生价值洼地。

《地产新营销》这本书融汇了新媒体抖音获客和私域转化技术，并和地产行业有机结合，自成一派，可谓行业凛冬里的一束春光。它被实战验证，亦用结果说话；它值得被推广，更值得无数老地产人以空杯心态重新入场弄潮。

——清华总裁班授课专家、北大经济学院硕士研究生校外导师　刘东明

营销，有章可循，有法可依，有其内在的科学的方法论。严格地说，营销是一门技术。

房地产作为一个上下游产业链条庞杂、开发周期较长的行业，营销有其独特性、复杂性、挑战性，更需要方法论来指导。在行业变局与传播变阵的情境下，地产操盘手必须掌握《地产新营销》中提及的方法论，才能穿越迷雾，穿越周期，抵达彼岸。

——地产操盘手创办人、地产自媒联盟秘书长　路应刚（手哥）

这两年和很多大 V 合作过，但是宋博老师是少见的既懂流量又懂案场转化的实战派专家型老师。作为开发商体系出来的人，我深知只有坚持一线操盘才能输出如此颗粒度高的行业新技术。该书系统性强、专业度高，把开发商如何做抖音写得深入浅出，好学易用，直接拉齐认知差，其出版发行一定会推动地产营销领域前进一大步。

——百万大 V 地产酵母、AMG 资产策略创始人　孟玥臻

流量的本质是效率的竞争，自渠的背后则是组织的竞争。地产结束过去的单边上涨行情后，大家才会真正关注组织、关注效率，数字化技术以及 AI 才有真正的应用场合。这是最坏的时代，也是最好的时代，行业回归后，操盘手需要依赖新认知和新工具打开局面，宋博的新书在实践层面做了很好的回应，在这里推荐给大家，助力行业开启新篇章。

——思为科技 CEO　彭双全

经过几十年的发展，地产公司从优秀房屋建造商变为美好生活营造者，身份的转变本就任重道远，在全球经济下行的背景下更需要营销技术及模式的创新。宋博长期深入营销一线，善于总结和研究营销新技术，《地产新营销》更是系统性地给出了当今地产营销困局的解题思路，兼具前瞻性与实用价值，是地产人不可多得的案头书。

——建业集团副总裁、建业新生活总裁　史书山

有幸为这个时代的行业营销做一次推荐，地产行业的每个阶段都在发生变化，唯有“新”这个标签永不落伍。当然，也要有持续引领行业发展的新人出现，这个行业才能永远“新益求新”。宋老师的“三山十二关”就是颗粒度极高且落地的地产新营销手段。

山的那边还是山，但你一定要去看一看。

——星河学院创始人、地产 IP 联盟发起人　学长

从 2018 年下半年行业龙头万科喊出“活下去”的口号以来，地产人正经历着一个漫长的寒冬，大家都在挣扎中前行，等待着春暖花开。随着市场的巨变，地产营销变得极其复杂。在流量为王的当下，宋博老师的新作《地产新营销》给我们地产人带来了一套全新的地产营销理论体系，用新媒体赋能地产营销。“寒雪梅中尽，春风柳上归”，涉过这残冰黑夜，必将迎来地产人的曙光。

——中铁十八局集团许昌房地产公司执行董事、总经理　杨德新

中国房地产行业发展了几十年，正面临着新老周期的更替，新的周期必定蕴藏着新的商业模式和营销模式。宋博先生是我上海交大 PE 班的学生，他坚持深耕地产营销领域，而且对新生事物保持高度的敏感性，始终拥有探索的心态。这本《地产新营销》是难得的行业创新图书，相信能给当下处在混沌期的地产人，甚至各个行业的营销人带来深刻的启迪。

——优势资本合伙人、《商界评论》首席经济学家　郑翔洲

前言 | PREFACE
地产营销不会消失，只是换个玩法

地产营销还能做吗？

我和你的想法一致，能！

否则，你不会读到这本书——我不会写，你也不会买。

人只要活着，就有衣、食、住、行四大需求，这四个行业任何一个都不可能早于人类消亡。随着人口老龄化和少子化日益严重，即使有一天可能不再建新房子，地产商也可能没了，但地产营销一定存在，尤其是在由农耕文明发展而来的华夏大地上。房子早已不是单纯的生活资料，它固定了大部分家庭的大部分资产，但如果社会上大部分人的财富都没有了流动性，将是一种灾难。

诚然，目前我们正在经历地产历史上最艰难的时刻，而且是从 2016 年到 2018 年的“梦幻天堂”直接俯冲到 2019 年之后的“冰川底层”，房企和客户的双边投资信心都极度不足，导致一半左右的地产人黯然离场。

法国经济学家朱格拉说：“衰退的唯一原因是繁荣。”任何行业的经营者都不是在时间轴上均匀出现的，而是以周期性云集出现的，然后云集消失。如果在低谷期一个经营者创新了一套有效的模式，那么当前的困难就会解决，其他人就会争相效仿，直到这个创新为所有人熟知，创新红利消失殆尽，人们纷纷离场。

确如其然，诚不我欺，历史不会重复，但会押韵。

了解这一点，我们就知道资深地产人的转型方向应该是技术和模式的创新，而不是直接转行。人都是以高于社会平均值的技能和经验获得财富，最熟悉的行业都干不好，到陌生行业能干好的概率可想而知，除非进入没有竞争的全新无人区，但作为探路者，也最危险，远看是漂亮的蓝色海洋，近看下面却是先行者皑皑的白骨。

市场是变了，但它是不会主动变化的，因为消费者从未改变，始终都想用最少的钱买最好的房子，都在追涨杀跌。变的是竞争对手创新的出牌方式，比如当年碧桂园开启的大兵团拓客，贝壳开启的渠道分销，当下的抖音、将来的私域。这就好比燃油汽车遇到危机的原因不是客户变了，而是马斯克发明了特斯拉。

为什么很多企业的招聘年龄都卡在 35 岁？今天还是开发商的营销总，明天出门后可能就只能去星巴克喝咖啡。人生很长，重要的不是当前的位置，而是看清未来在哪里。高瓴资本张磊在《价值》中说：“做投资就像滑雪，既要盯住脚下，又要看到远方，在一张一弛中把握节奏，并凭借某种趋势求得加速度，而最关键的是要保持内心的从容。”也就是说，最好的投资，是“脖子”以上。

2015—2019 年是我创业的前五年，是最赚钱的五年，也是操盘技术停滞的五年。在开门就能卖房的时代，谁还有心思研究新技术？操盘就是在既有技术上的自动驾驶。作为代理公司老板，我每天的时间都花在拓展人脉、应付饭局和接项目上。在巨大的市场红利中营销根本不需要复杂的策略，就像巨人过河是不需要策略和技巧一样，直接走过去就行了，只有小松鼠过河才需要研究策略和技巧。

2019 年之后市场红利消失，加之渠道形成垄断之势，2020 年又遭遇新冠疫情，公司销售业绩和现金流进入速冻模式，人才流失严重，经营面临巨大危机。成熟在逆境，醒悟在绝境，重生在涅槃。是危还是机，主要看企业的掌舵人。

悲观主义者可能老谋深算地猜对了当下，但乐观主义者却可能愚拙地赢得未来。我是个乐观的人，甚至有点儿乐观过头了，每次危机都能挑起我的兴奋点——战胜它！这样将来就又多了一个吹牛逼的故事！

我离开办公室，深入一线，带着团队拓客、开会、再拓客，试图研发出一套创新的自渠模式，同时在 2021 年 8 月开始做抖音。

刚开始做抖音想法很简单。因为市场不好管理层流动性大，加上新冠疫情的影响，新管理层经常没办法统一培训，按照老套路去做项目又卖不掉房子，所以我就把自己的一些营销理念做成短视频方便新员工学习，说白了就是把抖音当成公司内训的免费公盘使用。“无心插柳柳成荫”，没想到很快就火了，尤其是发完“红海行动”的视频，播放量第一次破了十万，并且凭借这个视频我们接到了一个代理和两个顾问项目。我这才意识到抖音能赚钱，便开始好好研究抖音。为了保证高质量输出，我开始认真总结梳理十几年工作的实战经验，并疯狂研读国内外各种营销论著，之前在我脑子里很多碎片化的经验和点子慢慢被串成了线，也就有了写这本《地产新营销》的想法。

如你所知，我没有 TOP 10 房企的光鲜履历，创业之后也没把公司做到区域头部，所以写书时并没有维护声誉和必须得到认可的思想包袱。书里仅有很小一部分是营销通识，作为必要知识背景出现，绝大部分内容都是我作为先锋战士和一线指挥官，亲自上场杀敌后获得的一手克敌经验，再系统加工后变成理论，自成一派。当然，有时金戈铁马、光荣凯旋，有时判断失误、铩羽而归。但胜也好，败也罢，都变成了搭建我营销思维的脚手架。尤其是败仗，往往更有价值，正如尼采所说：“杀不死你的终将使你更加强大。”

我把这些用汗水、泪水，还有金钱换来的宝贵经验呈现出来，希望能给在黑暗中艰难前行的地产同仁带来一束微光，指引一个方向。“同行是冤家”并不适用于地产营销人，你有一个点子，我有一个点子，大家一交换都有两个点子，谁都没有损失。地产是不动产，你在当地卖得再好也不影响我在郑州的生意。如果本书能给你带来启发，我可能还收获了一个朋友。这一点在我的抖音账号“宋博地产营销课 & 同袍荟”里早已证明。通过这个账号，我认识了全国 5 万名地产操盘手，以及 2000 多名付费学员，经常收到他们运用我的方法做出好业绩的喜报，现在很多人也成了我生活中的好朋友。

地产营销虽经过这么多年的发展，仍是靠师傅传帮带或者自己试错，干个三五年、做一两个项目，也能说出一些营销点子和实战案例，但是普遍都讲不出一套“完整的体系”和“落地的打法”。遇到项目只能去回忆当年是怎么干的，但是时过境迁、物是人非，千盘千面又怎能生搬硬套呢？只有提炼出一套完整的地产营销理论体系，才能按图索骥、成功突围！

我把这套地产新营销体系做成了一张通关地图：三山十二关。

要翻越的第一座大山是“流量之山”。

时代发展迅猛，科技日新月异，人们的注意力都从线下转到了更便捷的线上。每个人都在和时代共舞，但时代抛弃你之前不会不打招呼，相反，会大声、多次和你说，只是你选择掩耳盗铃、视而不见。抖音已经发展几年了，如果案场还在用之前打陌电、发单页等传统方式做营销，无异于别人已经在用洲际导弹，我们还在苦练拳法，怎么可能会有胜算？

现在流量越来越少、越来越贵，谁能以较低的成本获取更多精准流量，谁就能牢牢执住地产营销的牛耳。刘润老师在年度演讲中说：“未来每个营销人都必须做成 IP，每家企业都要有直播间。”

“流量之山”有四个关卡需要攻克：抖音逻辑关、短视频制作关、直播获客关、矩阵裂变关。

翻越“流量”这座大山的关键是“心力”！

做抖音不算是高难度的技术活儿，但是体力活儿，更是心力活儿。你的内容如何，在现实生活中，大家出于面子可能不会反馈得那么直接。但在抖音上，会瞬时反馈到短视频和直播的各项数据上。辛辛苦苦做出来的视频，播放量和点赞寥寥，心力不足的人会很难度过起号黑暗期。

所有的机会都会伪装成困难出现在我们面前，但这一点恰恰也帮我们挡住了绝大多数竞争对手。你若坚定，世界就从了。

要翻越的第二座大山是“自渠之山”。

在很多开发商看来，渠道已经从彼时之“蜜糖”变成眼下之“砒霜”，黑铁时代微薄的利润甚至不足以支付渠道费，往往有一种被绑架的感觉。渠道是历史发展的必然，将来也不会消失，但是开发商一定要想办法建立强大自获客方式，这样才能平衡渠道的权重。

同时，渠道也把代理公司的位置搞得很尴尬，原本属于代理的“蛋糕”，很多都变成了“自销 + 渠道”的模式。这些年为了生存，我们也在致力于研发长效做强自渠的方式，多少次冒着严寒酷暑深入社区街道，多少次总结复盘会开到零点之后，总算有了这套守正出奇的自渠打法。

“自渠之山”有四个关卡需要攻克：创新模式关、维护激活关、老带新关、高效活动关。

翻越“自渠”这座大山的关键是“细节执行”！

“做了”和“做到”是两码事，如果细节没有执行到位，那你做的可能就是另外一件事。

创新自渠模式收录在我的线上课程“独孤九剑”里，很多学员看完之后异常兴奋、马上实施，却像八戒吃人参果，很多细节都没注意，影响效果。比如“红海行动”里有个细节，发展超市老板后要分别建群维护，有的人没看到这一点，统一建群，结果这种免费群越大越不好激活，很快沦为僵尸群，想发假喜报带动一下氛围，也怕被识破，最终进退两难。细节决定成败，尤其对熟悉的模式，“老带新”和“做活动”更要注意细节的执行，这都是难而正确的事情，值得投入。

要翻越的第三座大山，也是最重要的一座大山是“转化之山”。

“流量之山”是打通线上流量，“自渠之山”是打通线下流量，但是大家要清楚：流量不是钱，转化之后才是钱。

好多人存在认知偏差，认为关键的问题是流量，难道转化就没问题吗？操盘手不经历一到两轮完整的地产周期，很难获得扎实的转化硬功底。如果把抖音营销和创新自渠比喻成海参、鲍鱼的话，扎实的转化技术就是馒头、米饭，前者营养价值高，后者能活命。

这一篇章的大部分内容收录在我的“进阶 24 讲”这门线上课里，这门课是我唯一要求公司管理层每周必看、每月必考的课程，因为这是营销之根，空有流量没有转化，难道结果会陪着演戏？有转化才有收入！有收入才有未来！

“转化之山”同样有四个关卡需要攻克：实效策略关、硬核团队关、滞销破局关、私域转化关。

翻越“转化”这座大山的关键是空杯心态！

地产人在前几年高歌猛进的时代都意气风发过，文人相轻是常态。这一篇章除了房地产私域这个前沿领域外，很多内容可能似曾相识，但是我建议阅读之后立刻下场去做，你会发现，原来这件事竟然是这样玩的，和之前认为的很不一样。文无第一、武无第二，保持空杯心态，用拿来主义，只要有一点对你有用，就值了。

每个人都是一座山，世界上最难翻越的山就是自己的大脑和心智。

营销为心，专业为本，认知为根，学习为魂。筚路蓝缕，以启山林，以此书为契机，我们一起相识相知、携手共进。

营销路上，与子同袍！

宋　博

2024 年 1 月

目　录 | CONTENTS

上篇　流量之山

上篇　流量之山

谁拥有了客户，谁就拥有了未来。

对于地产营销来说，2010 年之前，客户在售楼部门口，只需坐在售楼部里等客户主动上门就行了；2011—2015 年，客户在大马路上，只需撒出“小蜜蜂”把客户拉到拓客车上就能带到售楼部；2016—2021 年，客户在中介门店里，只要佣金高就有源源不断的客户被经纪人带到售楼部；从 2022 年开始，客户在线上流量里，做短视频、开直播，客户加粉、留电话，再约到销售部。毋庸置疑，新媒体已经成为新时代营销的重要阵地。

在说新媒体营销之前，我们先来回顾一下传统地产营销的现状。

➢ 朋友圈

无聊、无感、广告充斥。以前的朋友圈是朋友之间的分享空间，现在的朋友圈俨然变成了广告栏，不是发个都市感觉的画面，就是红底黄字的喜报，像一盘盘番茄炒蛋般千篇一律。即使偶然创意乍现也很难触达客户，因为人们刷朋友圈的时间越来越少，而微信为了自救也开始大量折叠广告内容。

所以，如果现在你的营销主阵地还在朋友圈，你还在发硬广，怎么会有效果呢？！

➢ 派单

耗时、耗力、耗钱。派单不是完全没有作用而是大海捞针，效果极其有限。别说客户收到单页会不会仔细看，现在很多人连单页都不想接了。恐怕现在这个动作最大的作用不是宣传项目，而是员工拍几张派单照片发群里告诉领导：看，虽然没业绩，但我也没白拿你工资。

➢ 广告牌

高成本、低时效、无互动。广告大牌是单价最贵的广告，在卖方市场时代，客户买房的意愿度高，看到广告牌很可能会打电话咨询或者直接到访，但是现在市场观望情绪浓厚，开发商利润也降到冰点，户外大牌广告的 VIP 客户已经从地产变成了白酒和电动汽车这些只要品牌度不要客资的品类。

➢ 活动

老套、成本高、没人来。以前，随便搞个 DIY 都能来很多组客户；现在小活动没人来，大活动都变成了人潮快闪游戏，热闹一两天后不带走一片云彩。买房？暂不考虑！

每个人都在与时代共舞。时代变了，如果你还在按原来的节奏跳舞步，轻则被踩伤，重则被踩死。面对不断变化的市场和用户喜好，营销环境已经发生了巨变，地产营销需要新的宣传渠道和拓客模式来解决迫在眉睫的获客难题。

苏联名将伏龙芝说：“任何战术都只适用于一定的历史阶段，如果武器改进了，技术有了新的进步，那么军事组织的形式、军队的指挥方法也会发生改变。”

商场如战场，随着科学技术突飞猛进，人类的生活发生了翻天覆地的变化，搜索和接收信息的渠道也不断迭代，销售人员与客户的距离早已不是天涯海角，而是眼睛和手机之间的 30 厘米，营销方式也随着通信技术的更新而不断演变。

1G 时代，手机只能打电话，那时诞生了电话营销。经过几十年的发展，电话营销越来越泛滥，人们对电话营销也越来越反感，接通率持续走低。现在电话营销不但效果非常差，而且可能触犯法律，可是仍有很多项目要求销售团队每天每人打 100~150 组电话，获客效率可想而知。

2G 时代，手机除了打电话还可以发短信，短信文字的传递效率比通话高多了，一时间大量短信广告公司出现。开发商从移动商那里买来号段，无差别轰炸，动辄 100 万条，到达率 90% 以上，效果相当不错。但是，随着法律的规范以及微信的诞生，短信的效果迅速减弱，这种方式很快就淹没在浩瀚的历史中，至今没再重启。

3G 时代，具有划时代的意义，手机网速可以支持人们迅速打开图片了，营销主阵地很快从报纸、户外广告牌搬到了手机端。不同于传统广告位一张图片几个月不换，手机端图片的时效性很强，开发商对广告图片数量要求激增，催生了大量房地产广告公司，那段时间可谓房地产广告公司的黄金时代，真的有一种“不当总统就当广告人”的感觉。

4G 时代，不但用手机打开图片不卡了，连看视频也不卡了，人们把更多的时间花在看更加生动、轻松的小视频上，房地产广告顺势开启了从图片推广转为小视频推广的尝试，很多或唯美或炫酷或走心的小视频粉墨登场。

5G 时代，是一个伟大的时代，虽然和 4G 时代一样也是主要以短视频为广告载体，但是 5G 时代的短视频就像长了腿，不再安静地躺在销售人员的朋友圈里，而是主动跑到别人的手机里自动播放。同时利用大数据精准算法，一旦销售人员账号标签打好，这个短视频就像加了瞄准星，可以精准地跑到意向客户的手机里。

5G 时代实现了从“人找信息”到“信息找人”的伟大变革。

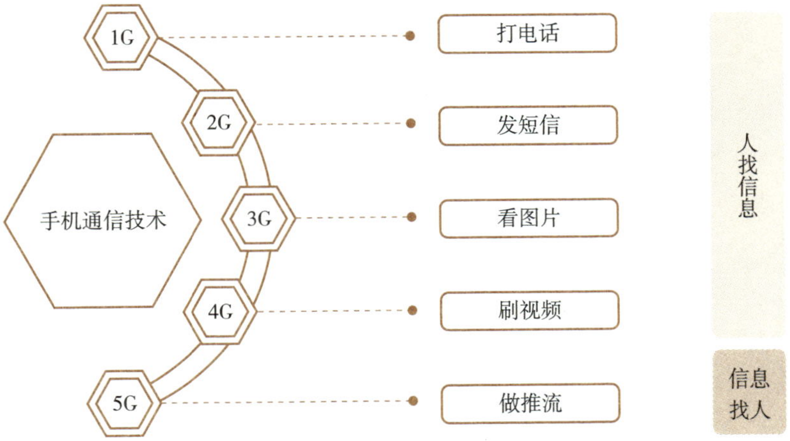

图　不同时代通信技术与营销方式的转变

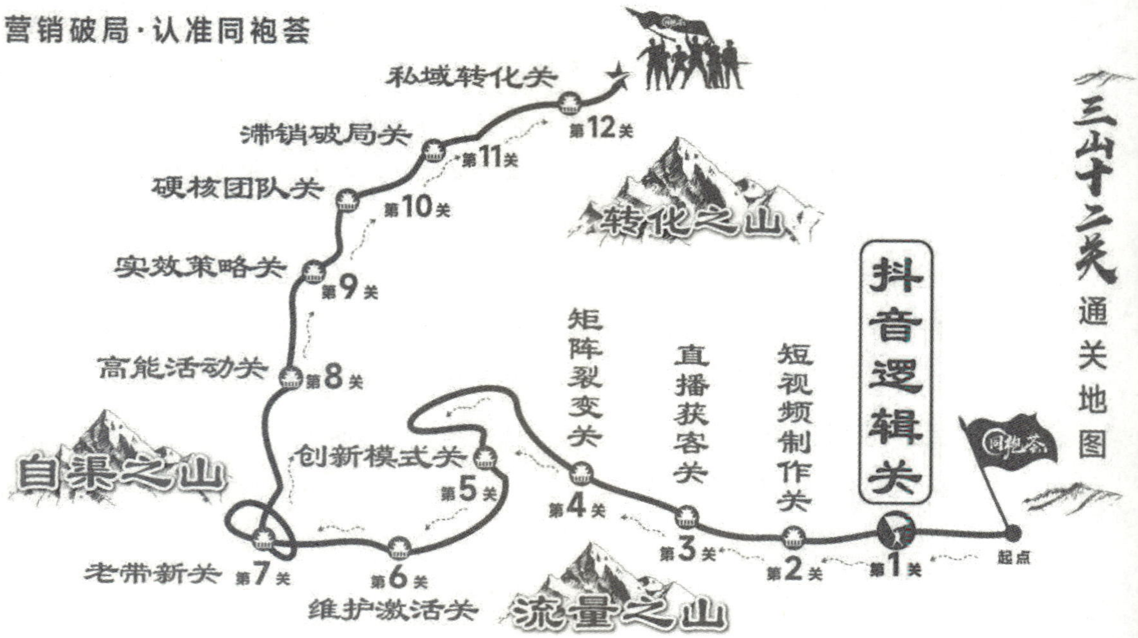

第 1 关　抖音逻辑关

1.1　抖音发展现状及特点

5G 时代，信息爆炸，人们的生活压力大，哪有时间去研读一本好书、耐心去看一篇深度文章？刷短视频多香啊！几十秒、几分钟的视频就能带来视觉和精神的愉悦，这已经成为大众生活的一种常态。2022 年抖音官方数据显示，抖音日活用户超 8.8 亿。这是什么概念？我国智能手机用户 9.5 亿（2022 年 10 月数据），抖音用户占了 92.63%。

抖音 5 分钟，人间 2 小时！抖音对用户时间的占有，达到了同类软件无法企及的高度（见图 1-1）。

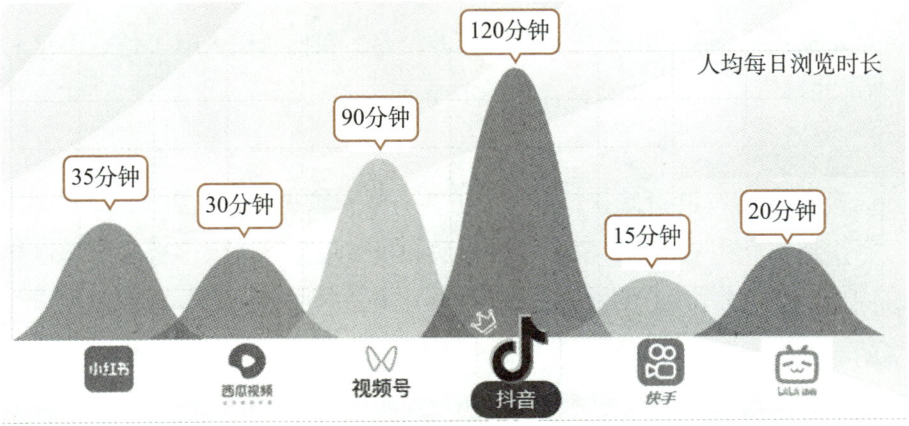

图 1-1 线上主流媒体人均每日浏览时长

为什么人们刷抖音的时间会这么久？除了原本的娱乐属性，在搜索领域抖音同样是主流：人们外出就餐会先搜一下抖音，而不是大众点评；想要旅游也是搜一下抖音，然后再去携程上订票；想要获得知识，先去搜抖音，搜不到了才去百度上找；购物更是如此，按照平时刷短视频时候的行为喜好标签被定向推送直播间或者挂车短视频，激发潜在购买需求。抖音也因此由搜索电商变为兴趣电商，这一点让淘宝和拼多多也感受到了巨大威胁。

除此之外，抖音还是一个交友平台。其强大的全生态服务链条已经渗透到人们日常生活的每一个环节，让人欲罢不能。

眼球在哪儿，营销就在哪！

抖音除了应用人数众多、使用时间长之外，对于房地产来说还有以下四个好处。

第一，精准推流。

房地产是低频消费的商品，客户复购率极低，这就要求营销不断地寻找新客户。在传统营销时代很难做到精准营销，一般都会选择“一夜倾城”式的全面铺开，以量变求质变。

抖音是大数据行为抓取，根据人们的短视频观看时长、点赞、评论等数据打标签，有句话叫“抖音比你更懂你”说的就是这个原理。之后，抖音会根据用户标签精准推送其喜欢看的内容，我们营销人喊了这么多年的“精准营销”在5G时代被抖音轻松实现了。

第二，流量扶持。

抖音从2022年开始扶持两大赛道，一是同城赛道，二是知识赛道。

房地产作为不动产，除了少数旅居和投资项目外绝大多数购房客户都是同城客户，所以地产营销人的账号也基本都是同城账号，做短视频和直播的时候把定位打开就可以获得同城流量优先推送的扶持。

同时，房地产作为大宗物业无法实现线上直接成交，地产账号一般都以在短视频和直播间输出知识的人设出现，不挂小黄车而挂小风车，地产知识型博主也会获得一定的流量扶持，不过这点在2023年下半年抖音推出房产CPS之后有所改变，具体情况要看政策的进一步细化。

第三，传播高效。

传统营销都是一对一讲解，而抖音实现了一对多讲解。一个成熟地产账号博主可能花20分钟就可以制作一条播放量2000的短视频，2000播放量相当于信息触达了2000个人，相当于10个拓客专员派单一天的效果。

开直播一个小时场观在300人左右，效果等同于组织一场中型活动邀约300人到达现场。虽然这300人进进出出，不是一直待在直播间内，但即便现场活动也会有比较大的人员流动。所以从传播触达的这个指标上看，抖音效率非常高。

第四，成本极低。

拿上面的例子来说，派单的信息触达3000人，材料加人工成本要1000多元，举办一场300人的活动成本更得上万元，而这些在抖音上几乎免费！即使需要付费投流也就是一两百元的事。“黑铁时代”，每个项目的利润都很薄，营销费用也都被压得很低，抖音的出现可谓“及时雨”。

1.2　开发商使用抖音情况

抖音这么好，房企也都愿意做，为什么做好的却寥寥无几呢？

从平台属性来看，抖音的底色依然是娱乐，人们玩抖音更多是放松，没有人愿意看广告，你能给我带来情绪价值、知识价值、物质价值，我才会点击关注，成为粉丝。

加粉，本质上是一个 C to C 的慕强崇拜行为，即用户是一个活生生的人，也会喜欢和崇拜一个活生生的人，而不是一个冰冷的企业或项目营销号，这也是企业微信一直难以广泛应用的原因。大多数房企账号的昵称都是项目名、头像都是企业 logo、简介都是卖点、短视频都是伪娱乐段子。请问，换作你刷到后你会粉吗（见图 1–2）？

图 1–2　某房企抖音账号

有地产人看到这两年做起来的大V账号都是渠道中介人员，就说抖音是“客找房”逻辑，渠道中介人员可以根据客户需求为之匹配全城房源，而开发商是“房找客”逻辑，只能卖单一或者集团内少数楼盘，所以做不成抖音。其实，这种说法是不对的！如果成立的话，渠道就不会出现“打聚焦”的现象了。销售员更容易通过短视频和直播建立人设，使客户在见面带看之前就产生信任，产生信任之后更容易听取房产博主的“专业意见”。

而开发商做不好抖音最大的原因是包袱太重，包括甲方包袱、职位包袱、名誉包袱！其实，我们并没有自己想象中那么重要。抢占一个新的领域并在大家都还没缓过神的时候快速推进就是最大的战术。当年成吉思汗凭借十万铁骑能横扫欧亚大陆的一个重要原因就是打仗不带粮草辎重，最多带点儿牛肉干，走到哪抢到哪，快速推进打闪电战。

相反，开发商做抖音相对渠道来说还有很多优势，比如人才学历、专业度、颜值都比较高；有售楼部、样板间、景观区、工地现场多种沉浸式拍摄场景；可以调动多项专业工种和乙方团队，拥有足够的投流费用，直接掌控房源和优惠额度等。缺的就是“立刻开始做”！

房企要想做好抖音需要做到以下六点：

第一，高层定调。抖音是新生事物，任何新生事物在萌芽阶段都需要高层坚定不移的支持才能获得发展的土壤。直到今天还有房企觉得做抖音带不来客户，是不务正业，在这种环境下单凭一两个人的尝试自然做不成抖音。

第二，高管下场。不管有多少年的工作经验，营销人员对抖音在地产营销上的应用都是陌生的。很多营销一把手害怕做不好、影响在下属面前的威信，只动嘴指挥、不下场实践，听再多培训也是一头雾水、用再多的陪跑也是徒劳，指望置业顾问做好抖音提升业绩只能是一场梦。

第三，专业操作。经过两三年的发展，抖音在地产营销上的应用已经走过了第一阶段，也有不少人拿到了结果，但依然要不断学习、不断实践，不要想当然地闭门造车。无论是短视频还是直播间，不要再强求调性，也不要再上娱乐、上段子，而要遵循工厂直播单品的逻辑，保证垂类房地产内容输出，打好标签精准获客。

第四，矩阵裂变。抖音讲究大力出奇迹，流量是可以叠加的。作为开发商，单一项目输出内容有限，很难出现大流量的网红账号。所以不仅要做项目号，还要做集团号、城市号、个人号；不仅营销岗要做抖音，工程岗、物业岗、客服岗甚至财务岗，凡是客户关心的房地产相关工种都要做抖音。

第五，及时奖励。做抖音是一件很拼心力的事情，拿不到结果很容易放弃或者应付差事，因此及时奖励就显得非常重要。这就像嗑瓜子为什么停不下来，因为每嗑一颗就能马上吃到一粒瓜子仁。奖励并不是只有通过抖音成交了才给，而是看到销售团队的每一个成长都要及时给出嘉奖，比如短视频播放量破万、涨粉破千、留资日冠、转访一组等。当然，对于通过抖音到访成交更要大力宣传和奖励，让大家看到抖音可以带来客户的事实，毕竟大多数普通人的逻辑是先看到，再相信。

第六，付费投流。抖音的发展已经度过了初始时期，目前用户量级基本已经见顶，但是创作者却越来越多，每一个短视频和直播间可分配的免费流量越来越少，作为刚进来的小白，不付费怎么抢得过熟手的流量。另外，房地产行业是大宗消费无法实现线上成交，抖音平台也就无法分得利润，并且还天天让客户留电话加微信把客户引流到站外，所以抖音对房地产的限制还是比较严格的。不付费，流量根本不够用；付费投流不是投机取巧，而是起号标配。

综上所述，新媒体线上营销是一种必然，而非一种选择。

1.3　抖音的算法及推流机制

这几年开发商玩抖音走了很多弯路，常见的有以下几种：①高调性楼盘广告片；②搞笑剧情小段子；③唱歌跳舞秀才艺；④长腿黑丝博眼球。

结果怎样？

①花大价钱请专业团队拍出来的“作品”，一顿操作猛如虎，一看点赞只有五；②放在营销号下面的搞笑段子，一看就是伪娱乐，流量没有，策划自娱；③唱歌、跳舞有流量，但都是看热闹的吃瓜群众，没留资，更没转化；④长腿黑丝流量高，但吸引的都是老色鬼，只看腿不看房。

要做好地产抖音营销首先要清楚抖音是怎么推送流量的、什么样的内容才能获取真正购房者关注的精准流量。抖音的流量推荐算法依据的是著名的信息漏斗，共分为八级（见图 1–3）：

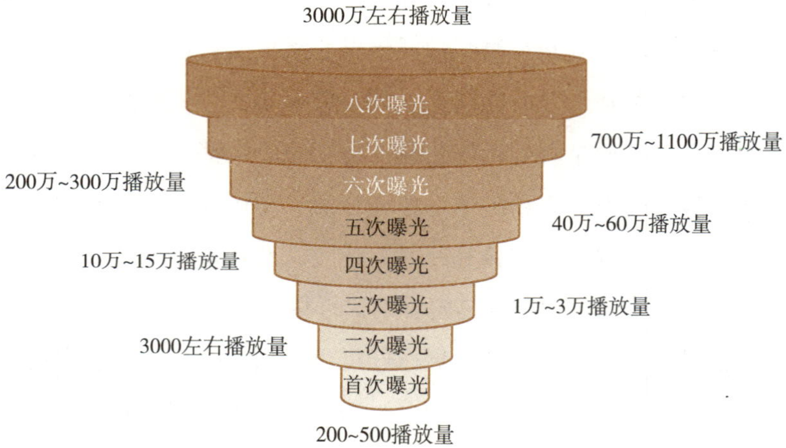

图 1–3　抖音八级流量推荐漏斗

自下而上，依次来看。

第一级：200~500 播放量。这是抖音免费送给每个视频的见面礼。即使一个新人小白发视频，只要内容没有违规也都会有 200~500 的基础播放量。

第二级：3000 左右播放量。对于地产账号来说，赛道较窄，视频容易带有营销属性，新手账号到这一级已经算过及格线了。

第三级：1 万 ~3 万播放量。对于开发商账号来说，输出内容一般围绕单一楼盘展开，受众较窄，能到第三级就算是小爆款了。

第四级：10 万 ~15 万播放量。开发商账号到这一级已经算是大爆款了。如果是房产经纪人账号，可以销售全城房地产，达到第四级也算是不错的成绩了。

第五级：40 万 ~60 万播放量。房产经纪人账号到这一级可以说是大爆款了。但如果开发商账号到这一级却不一定是好事，很可能流量已跑飞，账号标签被打乱。

再往上的第六至第八级，很少有房地产内容可以达到。基础知识类、热点新闻类、痛点共情类等全国泛话题内容，可以达到这些级别，但是除了拉升一下数据之外，没有什么太大好处，甚至稍不留神，好不容易积累起来的账号房地产标签和同城属性就会被打乱。

可见，不同性质、不同赛道，爆款的概念是不一样的。

抖音是去中心化的平台算法机制，抖音视频的播放量高低其实和粉丝多少没有太多必然联系，最直接的影响因素就是内容。在抖音里你关注了某个人，半年之内都不一定会再刷到他的视频。大家也会经常见到一些没多少粉丝的账号，通过一个视频就火爆全网，因为播放量是根据每条视频的内容质量定的，只要视频数据好，能穿过同级流量池，就可以进入下一级流量池，获得更多推荐。

那决定抖音视频播放数据好坏的到底有哪些维度呢？记住下面这个公式：

推送流量 = 完播率 ×A+ 评论数 ×B+ 点赞数 ×C+ 转发数 ×D

A、B、C、D 代表权重，根据抖音整体生态的运转情况大概每半年微调一次。不过，不变的是，A 永远大于 B、C、D。因为抖音也面临着来自竞争对手的压力，需要更多优秀的作品帮平台留住客户的时间，所以完播率最关键。加粉率并没有入局算法的核心指标，因为本来就已经是抖音的注册用户，关注你还是关注别人，对抖音来说没有区别。

评论数同样重要。很多人看短视频都有打开评论区的习惯，一句精彩的神评，可以吸引更多的人留下点赞、评论，甚至 @ 朋友来看视频。地产人可多去看看同行的神评，复制过来，可能会为视频增色不少。

点赞是最基础的认可表达。你的视频一定要给用户提供某种价值，爽点、笑点、槽点、泪点、颜值、知识等都可以，只要让用户有获得感，用户就可能留下一颗小心心，结尾的时候最好放一条醍醐灌顶的金句，并提醒大家点赞关注，这样做非常有助于提高点赞量。

转发相对较难获得，抖音不是微信，大家互为好友，方便一键转发。抖音的转发需要让受众觉得你的视频非常有用，引起强烈共鸣或启发，很多时候你可能在代表用户说出他心里想说又说不出的话，结尾的时候可以提醒观众转发给身边需要的朋友。

那什么样的视频推给用户之后才能让用户看得久，愿意评论、点赞和转发呢？当然是确认过眼神，推给对的人！试想，你如果是二三十岁，给你推荐老年布鞋你会看吗？这就涉及一个关键问题——抖音账号垂度。

1.4 打造账号垂度，精准推流

在抖音上经常会碰到教玄学的江湖郎中，我也是被割过很多次韭菜才茁壮成长起来的。比如养号论：账号注册好后，先别发视频，要大量去看房产类视频，并点赞评论，让抖音识别出你喜欢房产，等到你去发房产信息的时候，抖音也会给你推荐房产类用户。你可能会说，难道做房地产的人就只能喜欢房地产吗？就不能喜欢美食、旅游、汽车？真是荒谬！说这些的要么是小白，要么是镰刀，故弄玄虚，让你感觉获得抄近道的小秘诀从而付费。

抖音账号标签分为两种。

用户标签：你的账号喜欢“看”哪些内容。

创作者标签：你的账号喜欢“发”哪些内容。

用户标签和创作者标签是完全平行的两个领域。你想刷什么就刷什么，抖音只是根据你的习惯给你打上用户标签，从而给你推荐更多你喜欢的内容，完全不影响你发送视频的推流精准度。因为视频推给哪类人群不是由你的行为习惯决定的，而是由你的粉丝人群的普遍行为习惯决定的。

换句话说，抖音账号的垂度指的是粉丝行为的垂直度。

抖音根据行为大数据抓取，把 8.8 亿日活用户分为八大人群用户标签（见表 1-1）：

表 1-1　抖音八大人群用户标签

人群	计算逻辑
Z 世代	年龄在 24 岁以下，居住在一、二、三线城市
精致妈妈	已婚有孩子，中高档消费水平，年龄在 25~35 岁，居住在一、二、三线城市的女性
新锐白领	中高档消费水平，年龄在 25~35 岁，居住在一、二、三线城市（和精致妈妈互斥）
都市蓝领	中低档消费水平或消费水平未覆盖，年龄在 25~35 岁
小镇青年	年龄在 18~35 岁，也包含一部分 18 岁以下人群，居住在四线及以下城市
资深中产	中高档消费水平，年龄在 36~50 岁，居住在一、二、三线城市
都市银发	年龄在 50 岁以上，居住在一、二、三线城市
小镇中老年	年龄在 35 岁以上，居住在四线及以下城市

研究八大人群有助于调整视频内容方向，优化账号的粉丝结构。

当拥有 1000 个粉丝后就可以打开抖音后台数据看板查看粉丝特征是否符合预期，根据八大人群的比重更好地调整垂类作品。

比如项目在一、二线城市，产品属于改善类，但粉丝结构以小镇青年为主，这种错位的账号是很难留资变现的，这就需要减少内容的娱乐属性，多创作一些能够体现项目品质和城市发展、地产财经类的内容来修正粉丝结构。

随着时间与空间的变化，八大人群之间会出现身份的流转。Z 世代现在是一、二、三线城市的年轻人，随着年龄的增长可能转变为精致妈妈、都市白领、都市蓝领、资深中产等；四线以下城市人群以小镇青年为起点，可能逐渐转变为小镇中年、新锐白领、都市蓝领、精致妈妈、资深中产等。

人群的流转代表了购房需求的变化，进城打工的人要在城市里买房安家；年轻人通过奋斗逐渐成为有实力的企业高管，首置、改善需求就会被激发。

创作者标签的形成。对于普通玩家来说，需要在起号阶段发几十条内容垂直的视频才能积攒足够的垂类粉丝的关注，进而形成粉丝人群画像，后期抖音推送才能更加精准。

除了短视频的内容之外，还有哪些因素会影响抖音对创作者标签的识别呢？

第一，昵称。抖音会根据昵称的关键字抓取来判断你的垂类，客户也会根据你的昵称初步判断要不要关注你。抖音的昵称不像微信的昵称，很多时候代表某种价值观或者心情，比如“一蓑烟雨”“爱笑小公举”。抖音的昵称很简单，对于同城账号来说就是“城市 + 称谓 + 行业”，比如“郑州王哥说房”等。如果是做全国粉丝账号就只加行业不加城市，比如我的账号“宋博地产营销课”，一看就知道是讲解地产营销技术的，抖音会优先推荐给想要了解地产营销的人群。地产营销人刷到我，看到名字也容易引发关注，从而有利于平台对于创作者标签的识别。

第二，话题。每一个视频文案最后都可以添加几个话题，比如“# 学区房”“# 首付十万准现房”等，这样可以让抖音识别你的垂类赛道，同时把视频推荐给对这个话题感兴趣的用户。添加话题时还可以看到每个话题的总播放量，总播放量越高，说明喜欢这个话题的用户群体越大；总播放量越低，说明用户群体越小，但可能更精准。

第三，认证。在抖音创作者中心里面有认证的地方，可选择你的专业或者上传专业证书，让抖音知道你有什么独特的技能、想要做什么，既可以引流精准粉丝，又可以降低断播概率（见图 1–4）。

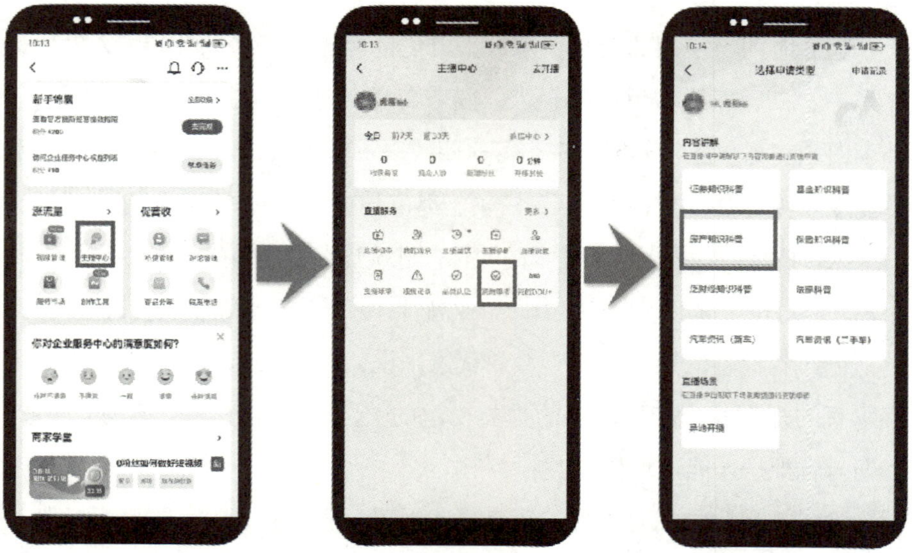

图 1–4　抖音账号认证操作流程

第四，投流。起号阶段没有粉丝基础，一定要用 DOU+ 把视频定向给目标画像人群以及相似达人粉丝推送，这样可以快速让抖音分辨你想要在哪些人群中曝光，以后它就会将你推送到相对固定的人群，从而在短时间内打上垂类标签。

抖音推送流量除了按垂类标签分发给相似人群之外，还遵循以下三个原则。

第一，粉丝分发。每个短视频都会有一定的流量分发给粉丝群体，尤其是铁粉群体，这类流量一般不会超过整体推流的 40%，其余流量抖音会分发给非粉丝群体，帮助账号不断拉新壮大。不过由于抖音平台规则改变，新起的账号很难再突破 100 万粉。

第二，好友分发。抖音会给通讯录里面的好友分发一定流量，甚至好友的好友也有可能看到你的抖音。这就给我们地产人一个启示，可以把客户电话或者拿到的电话资源输到通讯录里，这就会增加客户以及他们的朋友刷到我们账号的概率。

第三，同城推荐。抖音会给同城账号流量扶持。房地产作为不动产，客户一般以同城人群为主，所以发送抖音短视频和做直播时添加同城定位可以吸引更多同城精准流量。

1.5　开发商做抖音的六大人设

抖音的精准推流是靠垂类标签，垂类标签是靠垂类内容吸引垂类受众粉丝，所以持续稳定地输出垂类内容很关键。因此，抖音从起号开始就要考虑好打造什么样的人设，这样才能按照这个人设拍视频、开直播。

这几年我们尝试了很多人设，也关注了全网众多房企账号，基本上分为以下六种人设。

第一种：置业顾问。

置业顾问是营销团队主力军，自然也是抖音营销的主力军。他们身在一线对项目熟悉，直接接触客户，了解痛点和买点，可以根据客户常问的话题做内容，账号打造起来相对容易（见图 1–5）。

人设关键词：实在。注意，不是专业！房子难卖，置业顾问越来越难招，很多都是外行转入，而客户这些年通过互联网的教育变得越来越专业，很多半生不熟的置业顾问使用营销套路时客户一眼就能看出来，从而丧失信任。为什么现在很多项目的销冠往往是新人，就是因为刚入行不会用套路，给人很傻很天真的实在感。

输出内容：地产知识、楼盘卖点、区域配套、热销氛围等。

输出方式：以单人口播、简单对话为主。

图 1–5　置业顾问人设抖音账号

第二种：团购经理。

人们在线上购物时会有一种比线下便宜的心理，事实也大多如此。开发商在抖音上做营销有甲方优势，掌握着定价和优惠权，所以不妨留出一部分真实优惠给到线上团队以迎合客户线上购物贪便宜的心理，打造团购经理人设（见图 1–6）。

人设关键词：特惠。注意，必须是案场其他客户没有的真实额外优惠才可以。抖音是流量放大器，真实的和虚伪的事情都会得到放大，一旦玩虚的，评论区和直播间会被黑粉淹没，人设崩塌，账号作废。不过，如果自然访客非要直播间优惠，那就让他在下定后签约前关注抖音账号，并且在直播间做做互动，最起码可以强化一下账号的垂类标签。

输出内容：工作日常、楼盘卖点、优惠信息、热销氛围等。

输出方式：以单人口播、简单 vlog 为主。

图 1–6　团购经理人设抖音账号

第三种：营销老总。

抖音是粉丝逻辑，有一定慕强心理，你的人设越高越容易吸粉，很多明星一起号就是大 V，就是这个道理。同时房地产作为大宗交易，职位越高带来的信任度也越高，和粉丝沟通也会有事半功倍的效果（见图 1–7）。

人设关键词：权威。比如，房子总价 100 万元，底价 98 万元，这 98 万元由置业顾问放出来不一定成交，但如果客户通过抖音和营销老总产生了一定黏性，客户联系营销老总，由营销老总出面放出来，成交概率就会提高很多。

输出内容：企业品牌、团队管理、政策解读等。

输出方式：单人口播、日常工作记录等。

图 1–7 营销老总人设抖音账号

第四种：知识博主。

抖音的搜索属性越来越强。近几年房地产延期减配、停工爆雷屡见不鲜，人们买房前总要上网做做功课。加之这两年抖音扶持知识博主，所以拥有相当专业度的房企策划和管理层做地产知识博主也是个很好的选择（见图 1–8）。

人设关键词：专业。这类账号不要主动暴露自己是单一项目或企业在职经理人身份，而要通过输出专业性利他地产知识赢得粉丝的信赖，认为跟着你买房不踩坑，再引流到私域推荐目标楼盘。

输出内容：地产形势、政策解读、买房技巧等。

输出方式：单人口播、采访类、演讲类等。

图 1–8 知识博主人设抖音账号

第五种：专业工种。

开发商是由多工种组成的集合体，除了销售团队还有很多买房客户很关心的专业岗位，比如工程、物业，所以如果让工程部和物业部的员工把日常工作记录下来并讲解一些房地产专业知识也很容易吸引关注。

人设关键词：真实。不需要专业的脚本和剪辑，平时上班干什么就拍什么，把真实的场景展现给客户，再加上一些专业知识的输出就有人喜欢看。

输出内容：日常工作、专业知识、价值观等。

输出方式：单人口播、简单 vlog 等。

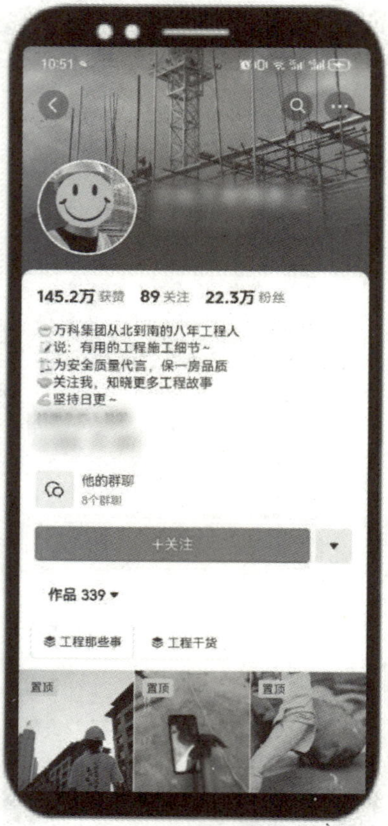

图 1-9　专业工种人设抖音账号

第六种：客户业主。

客户说一句话顶得上销售说十句话。所以我们可以打造一些能够显示客户身份的账号，让他们以第三方、同类人的视角代替我们发声。

人设关键词：客观。这类账号往往看不出来是营销号，平时发的内容和其他人一样，以晒吃、晒玩、晒娃为主，只是每周都发一两篇软营销视频，比如今天来看房了，今天总算和老公定了人生的第一套房，上班路上发现我们买的房子外立面已经开始做了等。发日常生活的时候不投流，发软营销的时候定向投“达人相似”。

输出内容：生活类、买房记录、项目进度等。

输出方式：生活记录、简单 vlog 等。

了解开发商做抖音的六种人设之后，还要找到自己的人设特点，这样才能让客户在茫茫博主中更快、更好地记住你。

问自己三个问题：

第一，我最大的三个特点是什么？

每个人的特点都是不一样的，比如漂亮、幽默、口才好等。自己写完之后也要让身边的亲戚、朋友、同事帮忙写写，因为很多时候我们眼中的自己和他人眼中的是不一样的。然后找到重合点，并且感觉这一点可以作为抖音观众喜欢自己的理由对外强化展示。

第二，我的目标客户画像是什么？

可以根据目标客户的年龄、语言方式、活动时间等特性做出相应调整，比如短视频发布时间、直播时间、是否用当地方言口播等。

第三，目标客户的十大痛点是什么？

写出目标客户的十大痛点，根据痛点设计选题和直播脚本，可以更好地保证内容的稳定性，吸引目标客户的关注和加粉，有助于人设的建立。

1.6　新媒体运营团队搭建

新媒体运营团队工作包含三大板块：短视频、直播、引流私域。

短视频：最重要的是选题和文案。

抖音是内容平台，又是垂类平台，也就是说，被抖音精准推流的客户已经看过很多类似的视频了，所以只有更优秀的内容才能吸引客户。这就要求有专业团队来组织选题，不断搜集客户感兴趣的垂类话题泛精搭配，同时写出符合抖音语境的高质量文案，然后再选择合适的方式拍摄、剪辑。

直播：主播、运营、投流都非常关键，且专业化程度高。

对于房地产账号来说，短视频是要立人设的，直播是留资的，从某种意义上说，直播比短视频重要得多。直播首先是个辛苦活，对主播的专业度、应变力、体力要求都很高；运营人员更需是全才，需要对脚本、置景、灯光、推流都非常熟悉；投流手是极度稀缺的，每个账号的特性都不一样，DOU+、千川、巨量 AD 等投放工具又各有特点，神枪手都是子弹喂出来的，对于房地产赛道来说，没投过几万块钱的人根本摸不清门路。

引流私域：通过简介、评论区、私信等通道把客户从抖音引流到私域。

发布短视频与直播的最终目的都是卖房，要通过互动把客户从公域引到私域，进而转化成交。和线上直接成交商品的客户不同的是，这些客户从线上到线下多了一个私域运营孵化的过程。

目前，售楼部的新媒体运作有两种模式：第一，自建团队运营；第二，找专业团队公司陪跑运营。

自建团队熟悉本公司情况方便做内容，也容易形成成交闭环，但是对抖音不了解，需要很长一段试错时间和很高的试错成本。这样，等自己掌握了这门技术，可能竞争对手早已在专业公司的辅导下建立起了成熟的新媒体团队，抢占了制空权。

陪跑运营可以快速建立新媒体阵地，短时间内出视频爆款和直播留资，但容易急功近利，为了高流量不惜大量做泛内容，影响账号标签垂直度，而且很多只懂流量不懂转化，难以形成后端成交闭环。

比较好的一种方式是“授人鱼也授人渔”。即先找专业团队陪跑运营，除了陪跑项目销售人员外，同时陪跑公司自建新媒体团队。这样，通过两三个月的实战运转，开发商或代理公司可建立起自己专业的新媒体团队，然后长期自陪跑项目销售人员。如需了解具体陪跑流程可以扫描下方二维码，发送关键字“抖音陪跑”。

另外，我认为很快会出现一种代播模式，成为开发商做抖音营销的新选择。由专业新媒体公司派人或者召集房产抖音主播，到案场阶段性代开发商做抖音直播，开发商承担一定的人员成本和投流费用，成交之后支付代播公司佣金。这种模式双方各自发挥所长，都不痛苦，这或许也是代理公司转型的方向之一。

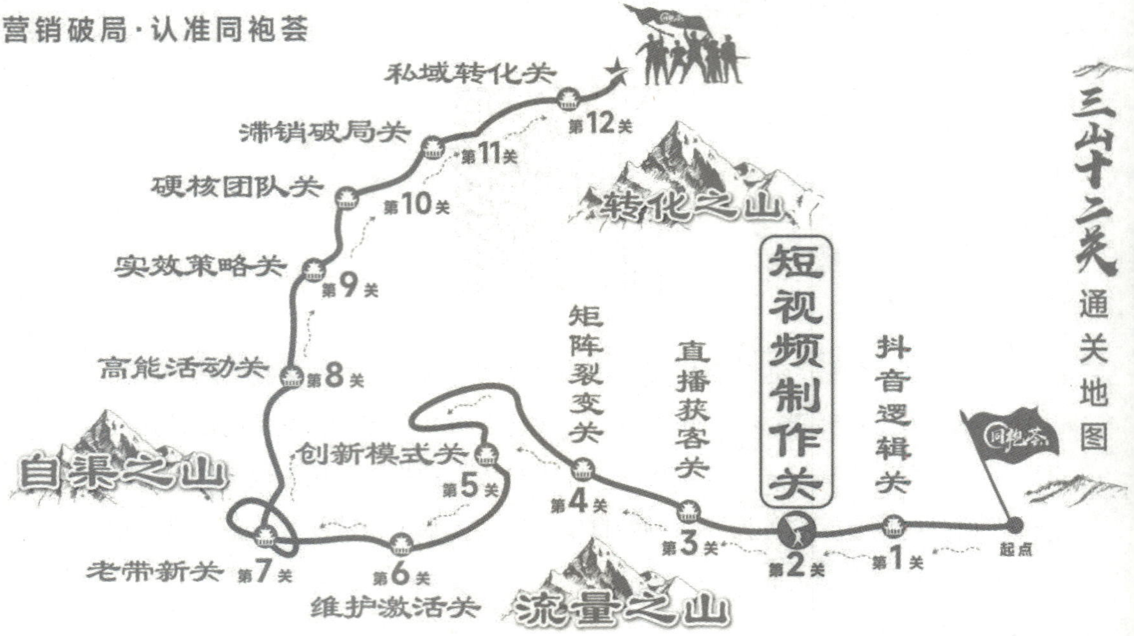

第 2 关　短视频制作关

2.1　做好短视频的“天龙八步”

每个人的时间都很宝贵，一个人可以重复售卖的时间越多，他能得到的回报就越多。在现实生活的交流中，我们花三分钟讲，别人花三分钟听，作为普通人很少有一对多的演讲场景。但是短视频给我们提供了一个舞台，我们录好三分钟的短视频发布出去，然后该干吗干吗，平台会推给几百、几千，甚至几万、几十万人观看，我们的三分钟免费撬动了无数人的三分钟，收益想象空间很大。

做抖音最容易上手的就是短视频，做短视频分八步。

第一步：账号定位。

抖音是现实生活的放大器，而不是虚构一个人生！

“你是谁”比“你发什么”更重要，真实是信任的基础，信任是成交的基础。账号定位不是看看哪种更容易起号赚钱，而是来源于本身能力和资源，可以对照六种人设选取。对于地产人来说变现方式有卖房、卖课、接广告、音浪打赏、获得中视频流量等五种，对于房企账号来说只有卖房一种。

确立好定位才能有目的地输出可变现的短视频，而不是为了流量自嗨。

第二步：选题。

确定好定位，下一步就是根据定位选择话题。流量的多少和话题选择有很大关系，如果选择一个大受众的选题就容易出爆款，但是粉丝不精准；反之，选择小受众的选题流量有限，但可能比较精准。

在做短视频选题铺排时一定要注意当下账号的情况，如果目前账号流量较高、权重不错，可以做些小流量的精准选题来获取客户，比如学区配套、景观特点；如果目前账号流量一般、权重较低，就要做些大流量的泛话题来破播放，比如现在是不是买房最佳时机、置业顾问不会告诉你的买房避坑指南等。

今朝团队指导运营的账号一般是五六个精准选题搭配一两个泛话题来组合输出。

第三步：文案脚本。

内容是短视频的灵魂，文案脚本的质量非常重要。要想掌握这门技术只有多看、多练、多复盘。

多看指的是要多看同赛道爆款视频，每天扒下来 10 个同行爆款视频的文字稿，逐一拆解其文案结构；多练指的是多按照爆款视频的结构仿写开头和结尾，框架结构写好之后再把内容填进去；多复盘指的是每篇短视频发完 24 小时后都要研究后台数据，看看什么时候跳出最多，什么时候点赞加粉最多，当时说了什么话。

第四步：视频拍摄。

大多数地产账号视频的拍摄用手机就可以，前后摄像头像素完全够用，除了手机之外，一般还需要配置支架、防抖云台、收音麦克风。管理层和知识博主这类高人设账号可以用专业相机、布置灯光和背景等进行拍摄，还可以用双机位拍摄，增加视频调性和灵动感，提高客户信任感。

突出人物的视频尽量以竖屏拍摄为主，这样人物更大，和客户的对话感较强；多人员或者非人物类视频多以横版为主，视野开阔，运镜转场效果好。

整个短视频如果只是对着镜头一成不变地说话，客户容易视觉疲劳，所以拍摄时最好人动或者景动，这也是为什么很多博主都选择边走边拍的原因。

第五步：剪辑后期。

大家会发现，很多爆款视频都是不经意间拍摄，基本没剪辑直接发出来的，这样更加真实。房地产类视频也是剪辑越简单越好，剪辑痕迹越重就越像广告，客户越会很快划走。对于开发商账号来说，剪映的功能完全够用，没必要使用更专业的软件。

剪辑过程中有两点需要注意：一是一定要爆款前置；二是对于人和景都不动的口播类视频，要时不时放大放小，增加画面跳跃感，避免视觉疲劳。

第六步：视频发布。

视频发布两个小时后开始全速跑流，如果数据优秀，就会进入下级流量池放量推送，所以这时最好赶上目标粉丝客户的上线高峰时段。待 1000 粉丝后可以通过账号后台查看粉丝活跃时间段，所以最好的发布时间是粉丝活跃高峰的前两个小时。

发布时可以添加统一的视频封面，并加上大字标题，这样会给进入主页的粉丝一种专业感，并且通过大字标题，粉丝可以更便捷地找到感兴趣的内容，增加种草效果（见图 2-1）。

图 2-1　统一形式的视频封面配备大字标题

第七步：评论经营。

评论区往往是大家做抖音最容易忽视的重要营销阵地，很多人看短视频时都有打开评论区的习惯，评论区经营好了不但可以增加权重，提高视频播放量，还很可能会提高博主的人设和客户留资。评论区是短视频里唯一的互动平台，可以说是最重要的广告位和营销阵地。

高手在民间。有时候，一个神评论的点赞量，甚至比短视频的点赞量还要高。

第八步：DOU+ 投流。

DOU+ 是官方视频加热工具，不但可以定向精准推流，有时还可以利用付费流冲破流量池的上限，达到撬动更大一级自然流的效果。抖音毕竟是企业，企业都是要赚钱的。目前，地产人越来越多地入局抖音，以后一定是付费玩家的天下，并且流量只会越来越少，越来越贵。

纯靠自然流不是不行，但效率太低，好不容易积攒起来的精准粉丝容易被付费玩家洗劫。

2.2 短视频如何选题

影响视频播放量的第一因素就是选题。一个短视频能不能火，50% 看选题，30% 看文案，20% 看拍剪。要放大船，水得足够多，流量池从大到小依次分为全国泛流量、全国精准流量、本地泛流量、本地精准流量、个人品牌流量等（见表 2-1）。

表 2-1　五大类流量池内容与关键词

流量类型	流量池大小	对应内容	对应选题	对应关键词
全国泛流量	★★★★★	全国热点	全国热点	节日节点、世界杯、NBA、乒乓球等
	★★★★★	全国热点	调控政策	首付、利率、贷款、准备金率等
	★★★★★	全国热点	宏观经济	GDP、CPI、PPI、PMI 等
	★★★★★	全国热点	货币政策	M0、M1、M2、存款准备金率、社融规模、居民中长期贷款等
	★★★★★	全国热点	居民生活	出生人口、老龄人口、小学生数量、结婚率、离婚率等
全国精准流量	★★★	行业知识	地产知识	容积率、网签、备案、首付等
	★★★	行业知识	买房技巧	买房知识、避坑指南等
本地泛流量	★★★	本地热点	调控支撑	首付、利率、贷款、准备金率等
	★★★	本地热点	居民生活	出生人口、老龄人口、学生数量、人口出生率等
	★★★	本地热点	城市规划	城市规划、教育规划、产业规划、交通规划、医疗规划等
	★★★	本地热点	城市八卦	富人区、阶级分布、贫民区、豪宅、美女、网红等
本地精准流量	★★	买房建议	企业分析	企业排行、企业楼盘、企业动态等
	★★	买房建议	城市分析	城市房价、城市供应、城市库存、城市风险、城市潜力分析等

续表

流量类型	流量池大小	对应内容	对应选题	对应关键词
本地精准流量	★★	买房建议	板块分析	板块建议、板块成交、板块供应、板块楼盘、板块风险、板块潜力分析等
	★★	买房建议	楼盘分析	楼盘动态、楼盘价格、楼盘成交、楼盘促销、产品分析、产品建议等
个人品牌流量	★	人设打造	工作日常	公司早会、开单瞬间、带客户深夜看房、跟客户交流等
	★	人设打造	生活场景	忙碌没时间陪家人、上下班辛苦、个人才艺展示等
	★	人设打造	人物故事	客户的人生故事、自己的成长历程、个人或团队的奋斗日常等

很多陪跑和代运营公司为了给开发商立竿见影的假象，起号期往往会放弃精准内容，做一些泛话题以产生爆款。这也无可厚非，虽然会在一定程度上影响账号的垂度建立，但是在初期会带给团队做好抖音的信心和希望，只要中后期能够注意由泛到精、泛精结合就好。

表 2-1 中提到很多热点，之所以成为热点，说明是当下大家普遍关注的话题，拍摄相同内容的话题确实可以蹭到热点流量。

那么，热点从哪里找呢?

第一，平台热点。

搜索各大平台热点榜，如百度风云榜、微博热搜榜、抖音热点榜、微信热点、头条热点等，或者登录一个非常好的网站“今日热榜”，里面有各大平台的热点（见图 2-2）。房地产作为民生话题，从热点中总能找到跟房地产相关的内容，以热点为话题，再引到自己想要输出的内容上。蹭热点，要越早发布效果越好，很多专业博主都是这样做的，只要热点一出，立马停下手头事情，写文案发视频，晚了效果就会大打折扣。

注意：蹭热点时不要选择关联热点，否则过审会非常慢，而一旦有敏感词或者热点翻转，很容易被限流下架。

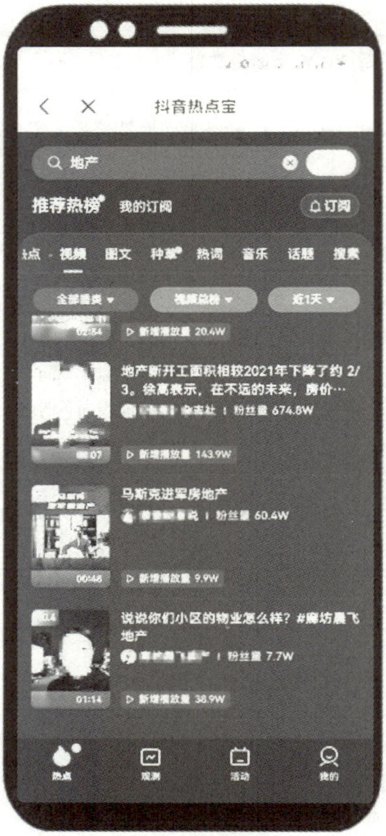

图 2–2　抖音热点宝

第二，热点音乐。

热点音乐也是有流量的，可以建立热点音乐素材库并每月更新，发布视频时加载热门音乐，如果与视频调性相符音量可以大一点儿；反之，直接把音量降到零，只要你加载了热点音乐就能蹭到它的流量。2022 年 5 月《孤勇者》爆火，那一阶段发布视频加载这首歌，播放量都有明显的提升。

第三，爆款翻拍。

火过的视频已经被平台的流量算法验证过，你去翻拍，大概率还会火。可以选取房地产赛道半年内的低粉高赞视频进行翻拍，也可以选择自己爆过的视频进行翻拍。翻拍时要注意去重，一旦被投诉抄袭，账号权重就会被降低，影响流量。可以截取前 10 秒或者 15 秒原版文案和拍摄手法照抄用来破播放，后面内容一定要用自己的语言或其他手法来拍摄，保证原创内容占到七成以上比较安全。

第四，评论区。

热门评论一定是大家普遍关心的问题和认可的观点，容易引发共鸣。去自己或者同赛道账号的评论区寻找热门评论，以此作为小热点进行延展是非常好的选题方式，很多爆款视频选题就是这么来的。

我们一直都对这个世界有话说，只是用的时候忘了。除了热点话题之外，大量的选题还是来自平时的工作和生活，要留心观察、思考、记录，一旦有创作灵感就要及时记录在手机的记事本里并建好标签，以备随时调用，比如客户问到的某个问题、拓客时发生的故事、去调盘时看到的某个现象等。久而久之你就会形成敏感度，大量的话题素材就会被你发现。

同时，为了保证持续输出，你也会倒逼自己持续输入，会看更多的专业类视频、公众号、书籍，在里面也能找到很多话题进行拍摄。还有一个很好用的办法就是到销售部去，听客户说什么，和团队开工作会议，你很快就会找到选题灵感。

2.3　短视频文案的黄金五段式

确定完选题，紧接着就是制作文案脚本，这一步是很多人做抖音路上的拦路虎，人们不知道文案从何下手。这就像一些人的卧室，衣服袜子乱扔，用的时候得找半天，如果有个五斗柜，每一层放一种品类就会有条理得多，写抖音短视频文案也有这么一个“五斗柜”（见图 2-3）。

第一个抽屉：标题。

抖音短视频标题的作用不是概括全文而是引起人们注意，所以一定要给出明显的结果或者表明某种犀利的观点。比如“我一个客户买房 5 年房价翻了 1 倍”“买学区房的最终都会被割韭菜”。

一般非爆款短视频的平台推流期为 3~7 天，标题的另一个作用就是在推流期结束之后还能通过搜索激发短视频再次活跃。比如，我有一个视频是讲“房企如何成功借势高考营销”的，结果每年高考季那个视频都会因被很多同行搜索“高考借势营销”的内容而再推一波流量。

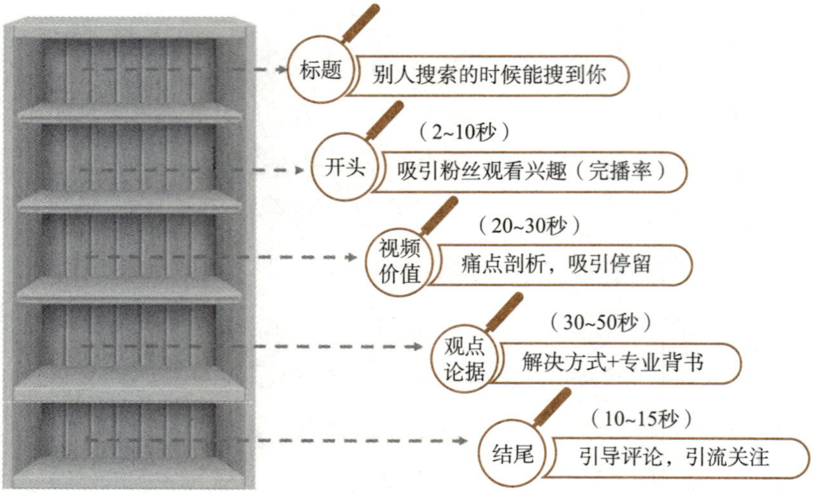

图 2-3　抖音短视频文案五斗柜

第二个抽屉：开头。

中国人写文章讲究“起承转合”慢慢进入高潮，但是这在抖音传播里是大忌。抖音是被动打开观看的，前几秒是否抓人非常关键，否则就会被划走，即使后面内容再好也没用。2 秒跳出率、5 秒完播率在抖音上是非常重要的数据指标。因此，开头一定要设钩子，吸引人往后看。

第三个抽屉：视频价值。

第三步不是直接上广告，而是从客户的角度讲述痛点，放大客户的焦虑，让其感到博主确实很了解自己的现状和需求，这样才能牢牢抓住客户使其往下看。

第四个抽屉：观点论据。

戳完痛点后，一定要用自己的专业度给出解决痛点的方法，否则整个视频和账号就没有太大实用价值，也无法产生留资和后端的转化，久而久之，客户情绪阈值提高，慢慢也会取关。

第五个抽屉：结尾。

结尾一定要抛出某种福利或者引发共鸣的金句，引导点赞和关注。比如，目标客户想要的干货资料包，点赞加关注后评论区或私信666赠送等。

下面我们来看个具体案例帮助理解（见图2-4）。

标题：买海景房的醒醒吧！

千万不能买海景房！想买海景房的朋友一定要注意了，以下三种原因关系到咱们的身心健康，最后一种影响家庭和睦，这可真的不是在开玩笑啊!听完记得点赞收藏，不然刷着刷着就没了。

基于三点原因××同学不建议咱们买海景房：第一，潮湿是真的。平时海风吹多了，身上都感觉黏糊糊的，非常难受，如果遇上雨季啊，全都是水，简直就跟孙悟空住在了水帘洞似的，异常难受。第二，海风腐蚀性强。风是无孔不入的，吹多了房子还容易发霉。看看情侣路靠海的那些房子，虽然只有十来年的楼龄啊，但是看起来比老城区的一些老破小还要旧。第三，影响身体健康跟家庭和睦。常住海边会觉得身体不舒服，像上火了，浑身无力，没精神的时候就特别容易发火。生活中跟家人拌嘴是避免不了的，甚至可能发生争吵。万一父母心脏不好，后果不堪设想。

看完以上三个原因，如果你还执着于海景房的话，那么不妨看看我们××小区，这个项目距离海边有3公里远。南向阳台正对海岸线，视线无遮挡。而且这里有超大楼间距，采光充足，无惧海风与潮湿，住在这里真的比度假区还要舒服。我在这个区域已经从业6年了，成百上千的客户在我这儿买房，好评如潮，外地的客户找我买房还给我带了土特产。

怎么样，这是不是你梦寐以求的海景生活呢？欢迎评论区留言，私信免费获取购房抵用券。点赞关注我，我是只讲实话的××同学。

图2-4 抖音短视频文案

第一步：标题是“买海景房的醒醒吧！”。

观点反差大，以后如果有人搜索海景房话题，视频就能在列表中出现。

第二步：危机开头，贩卖焦虑，设立强烈反差悬念引发好奇。

“千万不能买海景房！想买海景房的朋友一定要注意了，以下三种原因关系到咱们的身心健康，最后一种影响家庭和睦，这可真的不是在开玩笑啊！听完记得点赞收藏，不然刷着刷着就没了。”

第三步：列举论点阐述事实戳痛点。

基于三点原因××同学不建议咱们买海景房：第一，潮湿是真的。平时海风吹多了，身上都感觉黏糊糊的，非常难受，如果遇上雨季啊，全都是水，简直就跟孙悟空住在了水帘洞似的，异常难受。第二，海风腐蚀性强。风是无孔不入的，吹多了房子还容易发霉。看看情侣路靠海的那些房子，虽然只有十来年的楼龄啊，但是看起来比老城区的一些老破小还要旧。第三，影响身体健康跟家庭和睦。常住海边会觉得身体不舒服，像上火了，浑身无力，没精神的时候就特别容易发火。生活中跟家人拌嘴是避免不了的，甚至可能发生争吵。万一父母心脏不好，后果不堪设想。

第四步：专业体现，解决疑虑，树立个人人设。

看完以上三个原因，如果你还执着于海景房的话，那么不妨看看我们 ×× 小区，这个项目距离海边有 3 公里远。南向阳台正对海岸线，视线无遮挡。而且这里有超大楼间距，采光充足，无惧海风与潮湿，住在这里真的比度假区还要舒服。我在这个区域已经从业 6 年了，成百上千的客户在我这儿买房，好评如潮，外地的客户找我买房还给我带了土特产。

第五步：设置福利，引导关注评论。

怎么样，这是不是你梦寐以求的海景生活呢？欢迎评论区留言，私信免费获取购房抵用券。点赞关注我，我是只讲实话的 ×× 同学。

我们专门整理了房地产爆款文案 200 例，需要的朋友可以添加微信，发送关键字“爆款文案”免费领取。

2.4　短视频破完播率的九大钩子开头

黄金五段式文案结构，最重要的就是开头。只要开头 5 秒足够吸引人，就能有效提升完播率和账号权重以增加流量。

房地产短视频开头重在下好钩子，一般有九种方式。

第一，制造悬念。制造某种气氛，让用户产生想急切看下去的念头。一般采用“陈述结果 + 提问”“提出疑问 + 陈述事实”或者“为什么 + 数字悬念”的形式。比如“你难道不知道房子这样改能多出一间吗”“说个比较隐秘的内幕，能在郑州用最少的钱买到最合适的房子的人，都掌握了三个一般人根本掌握不了的秘诀”。

第二，数字数据。利用数据的反差以及对比把价值摆在面前，增加可信度并使客户产生稀缺心理。比如“我的天呀，在郑州首付 4 万元就能买房还能送辆车，不信你往下看”。

第三，差异对比。将强烈的差异和对比叠加在一起，让两者产生很大的违和感。比如“看看到底是怎么回事，一路之隔，对面卖 18000 元 / 平方米，我们的房子只卖 13000 元 / 平方米”，让客户有种捡漏心理。

第四，恐吓吓唬。设置谜团或者做出某种猜想，引发客户的焦虑和好奇，让他们继续往下看。多用“好奇 + 利益”或者“好奇 + 恐惧”的形式。比如“绝大多数人买房子都被套路了，不看这段视频，买房至少多花几万元冤枉钱”。

第五，真相揭秘。通过揭秘售楼部和生活中的真相，结合客户日常痛点，引发大家的关注。一般采用“为什么 + 关联权威”“如何用 + 时间 + 理想状态”或者“目标人群 + 问题 + 解决方案”的形式。比如，“为什么开盘时你会冲动购买，今天给你说说开盘时的套路”“我的客户通过买房子，五年资产翻了两倍，给你解密他是怎么做到的”。

第六，自问自答。利用设问的形式吸引人注意，启发读者思考。多用“提出疑问 + 给出答案”的形式。比如，“200 米的楼间距是什么概念？三环内也只有它能做到了”“现在到底能不能买期房？不能！”。

第七，热点辅助。借助于舆论热议的事件或人物，快速抓住热点内容关联创作，引发受众的浏览与流量推荐。比如，“今天给你说说董宇辉原来住哪，现在住哪？”“在金茂府的花园里挖呀挖呀挖”。

第八，放大焦虑。焦虑在哪，营销就在哪。比如，很多人购房是为了小孩上学，故可以采用“盘点年度最牛的六所小学，家长挤破头都想进，家里有小孩的赶快点赞收藏”的形式，内容盘点了六所小学，还告诉受众我们项目离最好的小学最近。作为学区房项目，这一方式可以用一用。

第九，认同共鸣。找到客群共鸣点与认同点，直抒胸臆，抓人眼球。比如,“如果不是实在没办法，谁会选择断供”。这种大家比较有共鸣的话题，你拍出来替一些客户说出了心声，非常容易引发他的点赞、评论和转发。

2.5 短视频的五种拍摄方式及爆款模板

房地产短视频有五种常见的拍摄方式。

第一，口播体。单人出镜、一镜到底，难度系数低。

这种方式一般用提词器，比较常用的手机软件是剪映、轻抖、爱提词等，也可以购买专门的提词器。提词器会把文字直接悬浮到手机或屏幕上，眼神不会出现错位，互动感强。

对于新手来说，用提词器最大的问题就是表情僵硬，可以多用语气词，比如“的”“了”“吗”“呀”，让客户感觉是在和你说话，而不是在念稿。眼神也不要一直盯着屏幕，偶尔看看旁边，再加一些表情、手势，这样会显得更加自然。刚开始，一篇口播类视频拍摄十几遍甚至几十遍都是非常正常的事情，等找到镜头感之后，拍摄速度就会提高了。

第二，问答体。两人或单人出镜、一人提问一人回答，难度系数中等（见图 2–5）。

这种方式主要通过采访问答的形式给客户一种权威感和专业感，这种方式观感比较自然，没有提词器，需要博主有比较好的专业知识和语言组织能力。

问答体比较适合营销老总拍摄，一是专业度高，一般问不倒；二是平时工作忙，拍摄机会少。可提前准备好热点问题，问两三个小时，博主不需要怎么准备，一次就能剪出一二十条短视频，并且表情、语气都很自然。

图 2-5　问答体场景

第三，剧情体。多人出镜、多场景拍摄，难度系数较高（见图 2-6）。

这种方式主要通过剧情演绎，展示项目卖点、房地产知识等，让客户有代入感，吸引人看完整个情节。剧情类视频制作痕迹比较明显，挂在开发商官方账号下面，一看就是伪娱乐，需要搭载知识型干货输出，纯段子类视频现在已经没什么流量了。

第四，探盘体。单人出镜、多场景拍摄，难度系数较高（见图 2-7）。

这种方式更多的是展示项目工法工艺、景观区、样板间等，比较适合中介渠道，单一楼盘的开发商账号由于内容有限，不适合大量使用。但是适用于销售团队给不同内容加旁白，真人不出镜，而是展示大门、景观区、样板间等空间的情形。这类视频需要提前分区域拍摄好不同的 10~20

图 2-6　剧情体场景

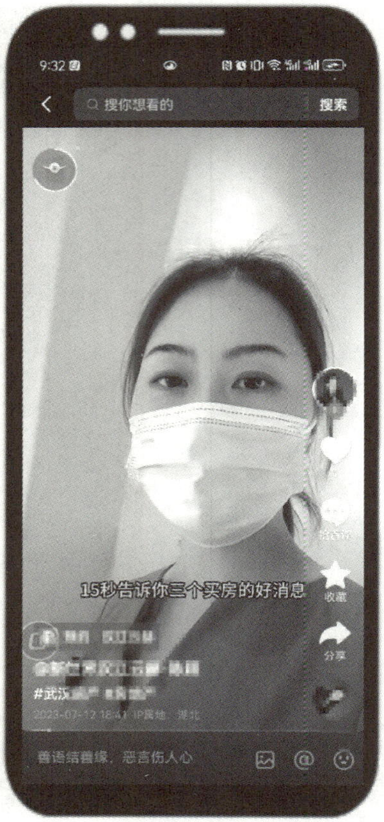

图 2-7　口罩拍摄方式场景

秒短视频素材，然后由剪辑人员混剪成不同版本，销售团队只需要把写好的文案录音接入即可，或者戴着口罩出镜 10 秒钟查数，后期再根据不同文案配音，这样可以大大提升出品效率。

第五，新闻体。无专人出镜，难度系数低（见图 2-8）。

新闻体借鉴了传统媒体的标题党思路，形式是 7~10 秒的超短视频，然后加上小概率事件的大标题，并配上动感十足的背景音乐。比如，当下楼市普遍成交量低，但是某楼盘今天却来了一个神秘富豪，买了一整栋楼。这类视频我的很多学员拍过，基本都是爆款，最多的爆了 60 万播放量，并且都是当地的同城曝光量，留资 200 多组，成交 8 套。

图 2-8　新闻体场景

除了新闻体之外，我抖音主页橱窗里的“售楼部抖音实战宝典”课程还记录了多款必爆视频模板，这些都是经过抖音平台算法检验的，爆过的视频重拍还会爆，比如反差体和吵架体。

反差体设计思路。反差现象是非常吸引人关注的，比如，我们在上班路上遇到再多车也不足为怪，但如果遇上一匹马，我们一定会很远就发现。我就遇到过，并拍成视频放在我的抖音里，感兴趣的可以自己去扒。再如，求婚一般都是在浪漫的场合，若在毛坯房里求婚，两个场景形成极大反差，就很吸引眼球。我的这个毛坯房求婚视频自然流跑了 12 万，当月留资成交 3 套（见图 2-9）。

图 2-9　反差体场景——毛坯房求婚

吵架体设计思路。情绪是传播的流量密码，你在马路上走，旁边人正常说话或者有说有笑，你或许不会回头看。但是如果两个人在吵架，很多人都会好奇地转过头，看看是怎么回事。我们在返乡潮期间推出的这个吵架体视频可以说火得一塌糊涂（见图 2-10）：

图 2-10　吵架体场景

“在广州打工三年，你钱给哪个女的花了？
让你来某盛园买房子，你现在告诉我没钱，
咱小孩都五岁了，后年都该上小学了，
我看了泌阳很多房，就某盛园位置好，离 8 小跟 31 小近，
今天你不来把房子定了，咱俩这个年都过不好……”

而如果把项目区位和配套等卖点用普通口播体来呈现，效果肯定要大打折扣。

一个视频爆了，直接发到另外一个账号上会不会也有很大流量呢？这是不会的，因为抖音保护原创，如果直接搬运会被判为抄袭，不但不会有流量，很可能还会处罚账号。

有个非常实用的技巧，就是在拍摄时让尽可能多的同事，比如所有置业顾问、保安、保洁、客服人员用自己的手机从不同角度同时拍摄，然后自己配文、剪辑发送，这样就可以有效避免抖音平台判重机制，大大增加视频曝光量，并提高全员做抖音矩阵的热情（见图 2-11）。

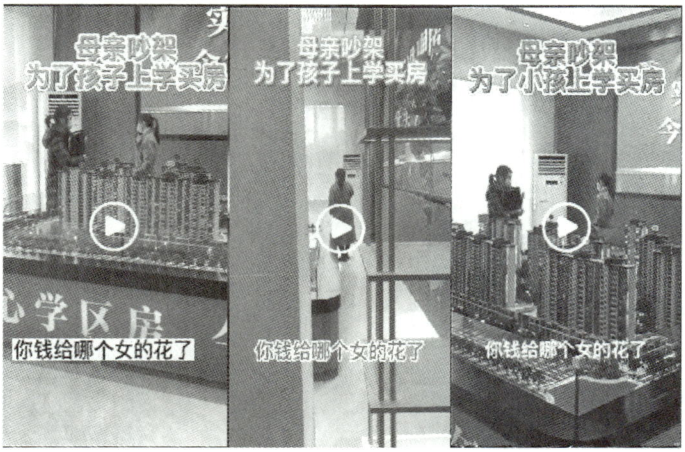

图 2-11　不同角度同时拍摄视频场景

我们可以看出，爆款视频一般都具备以下五个要素。

第一，受众面广。受众面够广才能有更多人喜欢看，才能冲破同级流量池得到更多的播放推荐。

第二，有共鸣点。作品是个人情感和价值观的体现，共鸣点越高客户产生互动的概率越大，点赞、评论等互动越多视频权重越高，流量也就越多。

第三，时效性强。当下发生什么事就说什么事比较容易破播放量，比如上述例子中正值返乡潮，所以就说打工者返乡买房的事。

第四，实用性强。短视频只是看着爽还不行，还要通过视频满足一定的实用价值或者社会价值让客户有强烈的获得感，这样才会有更多人点赞和转发。

第五，情绪反差，引发评论。矛盾、冲突、反转等内容能极大满足客户的吃瓜心理，符合传播理论，更容易获取流量。最好的情绪传播就是愤怒，比如张瑞敏砸冰箱，其实他也可以不砸。同时，这样的视频也很容易引起争议，评论区将百家争鸣，我们也可以把争议比较大的犀利视频置顶。

说一个非常重要的实用技巧，测试出来一个爆款视频之后，不要兴奋之下着急去研发下一个爆款模板，而是要用不同的语言和场景表达类似的意思多次拍摄，直到流量枯竭，再换脚本模型。

2.6 评论区的运营技巧

评论区是最容易被忽视的重要营销阵地，我们总结了四大评论区运营技巧。

第一，引战式评论。用一句话让评论区不再平静，自己保持中立，让评论者自行站队反复开战，提升视频互动率（见图 2-12）。

如果战争烧到了博主，也不要回击或者置之不理。佛说“恨不止恨，唯爱能止”，可以回个比心或者拥抱的表情，一般都会打他个措手不及。因为他已经开启战斗模式，我们却以德报怨，让他有一拳打在棉花上的感觉。粉丝也会看到我们的涵养和格局，提高人设。

第二，槽点式评论。在视频里故意设置 1~2 个槽点并在评论区里点出来，用调侃吐槽的方式增加互动。也可以把槽点评论置顶，让更多的人看到，然后再回去看一遍视频槽点提高复播率（见图 2-13）。

图 2-12　引战式评论

图 2-13　槽点式评论

第三，共情式评论。很多时候，受众都需要一个“代言人”，这样会使你的评论更完整、更共情、更具总结性，说出他们想说又没有说出来的话，受众就会在评论区点赞、跟帖（见图 2–14）。

图 2–14　共情式评论

第四，疑问式评论。预先留下一个能引起话题的种子引导用户评论走向，激发用户进行新一轮的互动，这样大家就能在评论区聊起来，从而提升话题度和完播率（见图 2–15）。

图 2-15　疑问式评论

2.7　DOU+ 投流获取精准客户流量

做抖音，投流是必备环节。

DOU+ 是平台给出的官方视频加热工具，也是抖音生态里最容易上手操作的投流工具。DOU+ 的作用主要有以下四点。

第一，视频加热。用付费增加视频的播放量，从而跳过同级流量池的上限进入下级流量池，获得新的自然推流。

第二，标签修正。通过限制性别、年龄、爱好等用户属性，告诉抖音你需要把视频曝光给哪类人群，从而使推流更精准、标签更强化。

第三，“打劫”同行。通过投达人相似视频，强制把高质量视频推送给同行达人的粉丝，“打劫”对方精准粉丝。注意一定要内容质量优于对方，“打劫”才有效果。

第四，增补数据。即使是大V，很多高质量垂类内容的播放量和点赞量也都不高，曲高和寡嘛。这时需要用DOU+投一定点赞评论量，让粉丝认为该视频很多人点赞了，内容应该不错，从而利用从众心理触发完播、点赞和加粉的动作。

我们具体来看一下DOU+投放的各个维度应该如何选择。

需要投流时先选择“我想要”，里面有账号经营、获取客户、商品推广、直播间推广等子菜单，每个子菜单下面又对应几个孙菜单，这点不用多说，根据字面意思理解就行，根据自己的目的选择投放（见图2–16）。

图2–16　DOU+投流“我想要”页面

第一，尽量不要选择套餐推广，尤其是在刚起号标签还没打上之前，平台根本不知道这个视频该推给谁，要选择自定义推广（见图2–17）。

图2–17　DOU+投流推广设置页面

第二，投放时长选择 24 小时。一是要给平台足够的时间帮我们寻找精准客户；二是不同人习惯的上线时间不一样，24 小时可以做到全覆盖（见图 2–18）。

图 2–18　DOU+ 投流推广设置投放时长页面

第三，选择性别。地产类账号一般选择不限（见图 2–19）。

图 2–19　DOU+ 投流推广设置性别选项页面

第四，选择年龄。根据项目的客户结构来选，刚需盘一般选择年轻点儿的，改善盘一般选择年纪大点儿的（见图 2–20）。

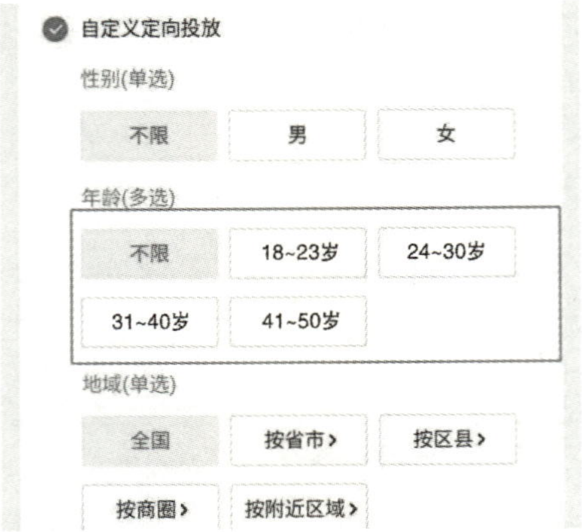

图 2-20　DOU+ 投流推广设置年龄选项页面

第五，选择地域。当然是颗粒度越高越精准，但是覆盖的人群也越少，视频越可能跑不出去，建议选到城市这一级就可以了（见图 2-21）。

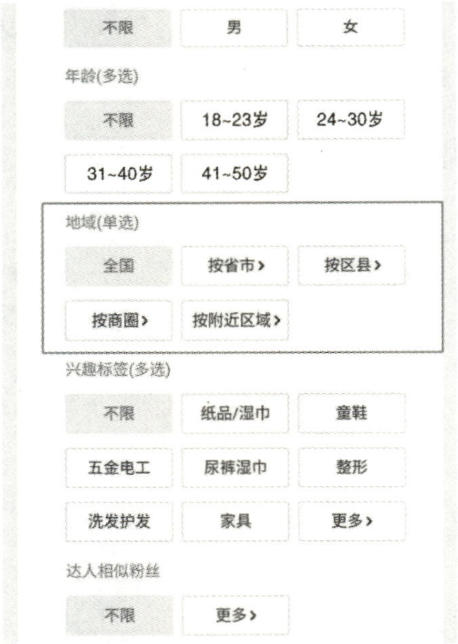

图 2-21　DOU+ 投流推广设置地域选项页面

第六，选择兴趣。很多人在这一栏选地产类，其实这是不对的，这样很可能会把视频投给地产同行，而购房客户的兴趣是很广泛的，这一栏我们一般选不限（见图 2-22）。

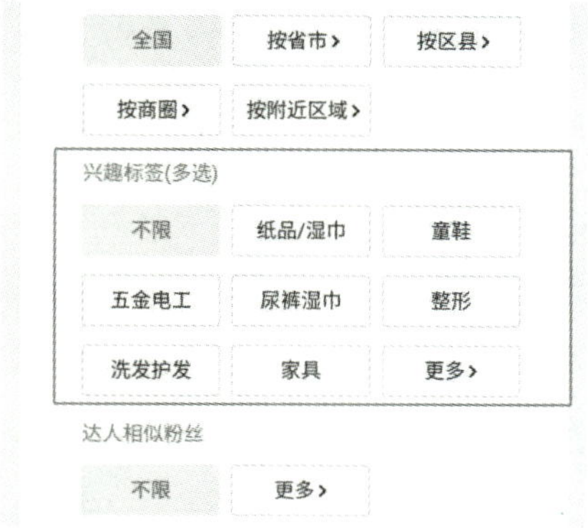

图 2-22　DOU+ 投流推广设置兴趣选项页面

第七，选择达人。这一栏要选择同城尽可能多的房产达人，这也是抖音非常厉害的一个竞品拦截功能。但是选择之前要判断一下这个达人的粉丝是真实的还是充的假粉，避免白投（见图 2-23）。

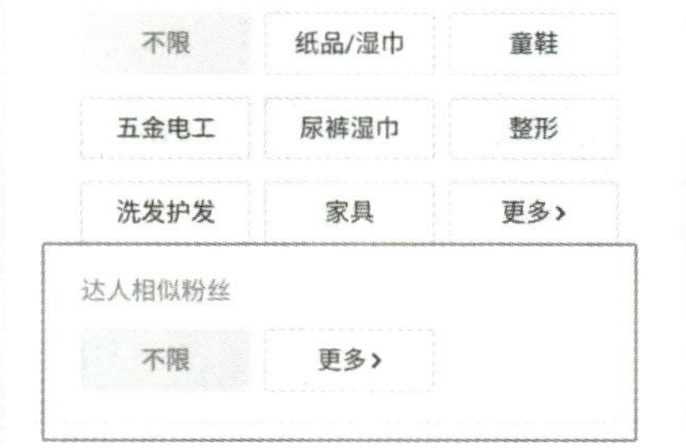

图 2-23　DOU+ 投流推广设置达人选项页面

第八，选择金额。一般选择单条 100 元。投流要少额多次，如果数据好可以进行追投。当然，如果数据不好，可以随时把加热的视频隐藏，这样钱会秒退回你的账户（见图 2-24）。

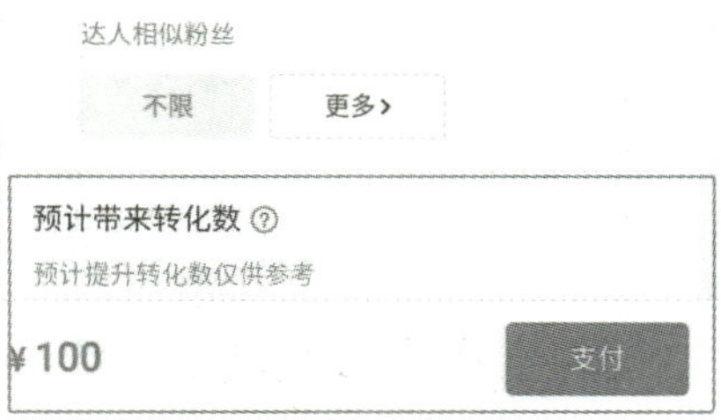

图 2-24　DOU+ 投流推广设置金额选项页面

这里以今朝中国操盘的一个河南许昌的央企项目为例（见图 2–25）。

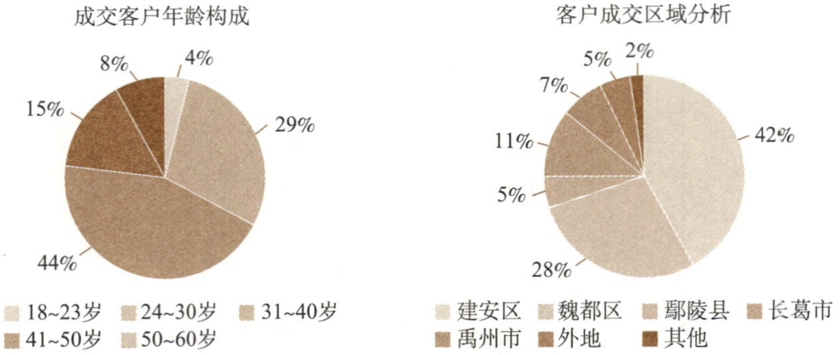

图 2–25　DOU+ 投流案例——许昌某项目客户指标

根据以上客户特征，如何投流？

第一，选择的是“我想要”，提升互动粉丝及推广套餐，圈定“账号经营”“点赞评论量”“24 小时”及“自定义定向投放”（见图 2–26）。

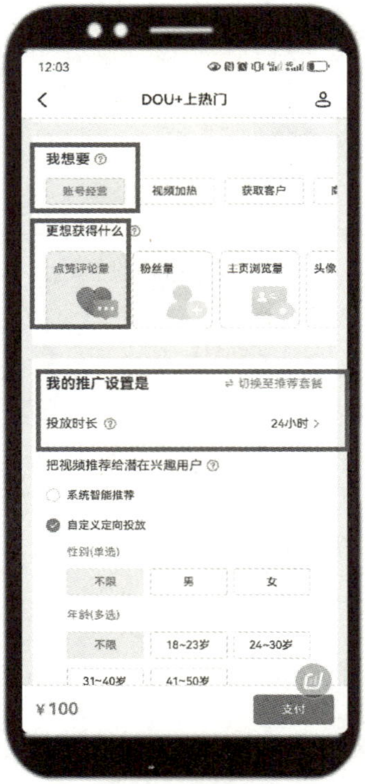

图 2–26　DOU+ 投流案例推广设置页面

第二，年龄段。在标签里勾选 24~30 岁和 31~40 岁两个年龄段，其他可以不要（见图 2–27）。

第三，区域。DOU+ 可以具体到区县级，那么只用投建安区、魏都区、长葛市这三个区域即可（见图 2–28）。

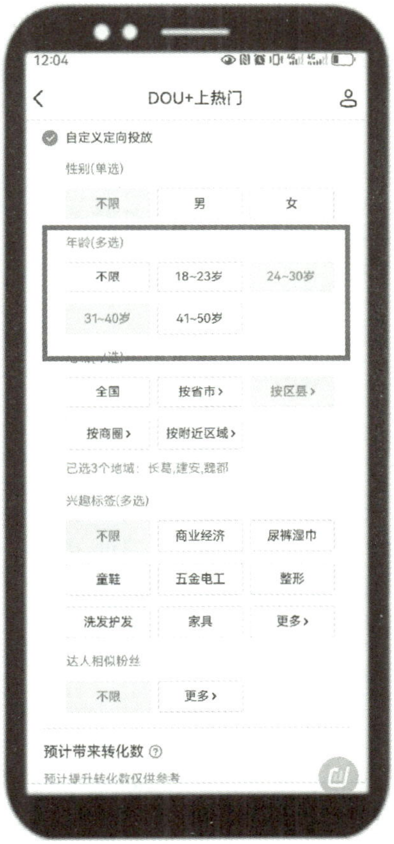

图 2–27　DOU+ 投流案例推广设置年龄页面

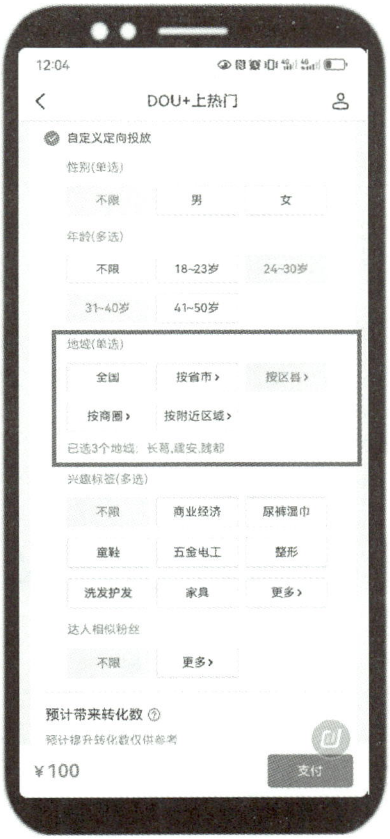

图 2–28　DOU+ 投流案例推广设置区域页面

第四，兴趣爱好。选择的是不限（见图 2–29）。

第五，达人。选择了许昌大秦找房、许昌君睿地产、许昌地产老李、许昌喜哥说地产、长葛大彪说房等（见图 2–30）。

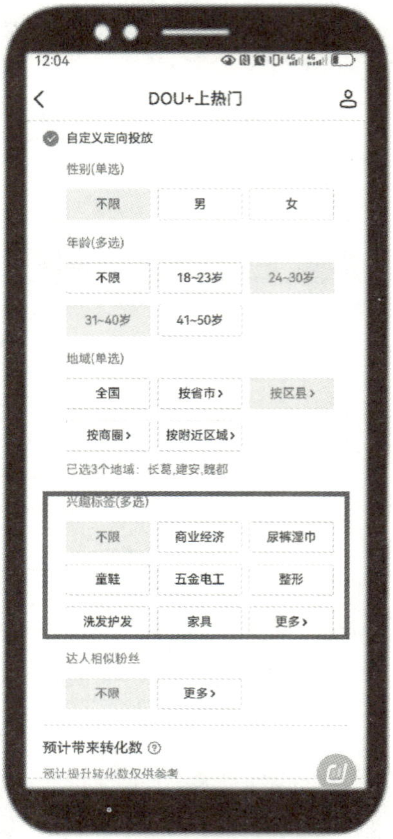

图 2-29　DOU+ 投流案例
推广设置兴趣页面

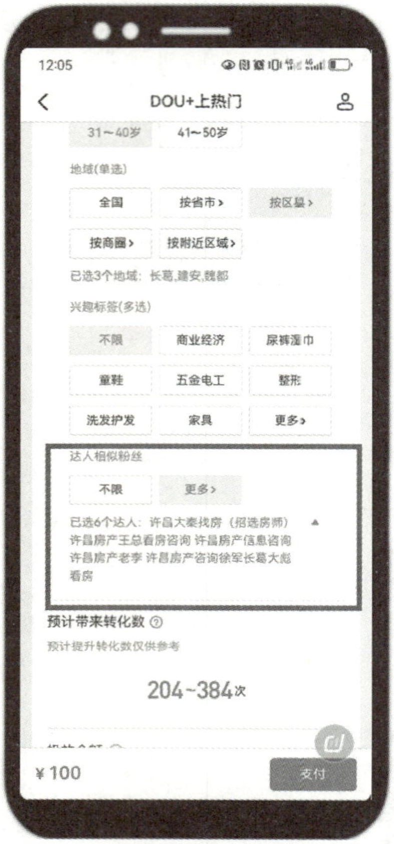

图 2-30　DOU+ 投流案例
推广设置达人页面

2.8　抖音涨粉的八大技巧

粉丝不在多而在精，《失控》的作者凯文·凯利说：“一千个铁粉就可以衣食无忧。”很多不太懂抖音的人也基本把粉丝数量多少作为评判账号质量的标准。不考虑买粉的情况，粉丝数量多少除了取决于博主对抖音的理解和内容的生产能力，还取决于很多因素，比如赛道的宽窄、城市的人口、起号的时间、投流的金额等。

举个例子。北京有 2000 多万人口，房地产账号就相对容易地能积累五六十万粉丝，而有的城市总共也就五六十万人口，有五六万个垂类粉丝的账号就非常不错了，也很可能已经做到当地头部。根据赢家通吃法则，这种账号变现能力很可能比大城市几十万粉丝的账号都好。

对于同城同赛道账号来说，粉丝数量当然是一个核心指标。那么究竟如何实现抖音涨粉呢？我总结了八大涨粉技巧。

第一，利用背景图和简介涨粉（见图 2-31）。

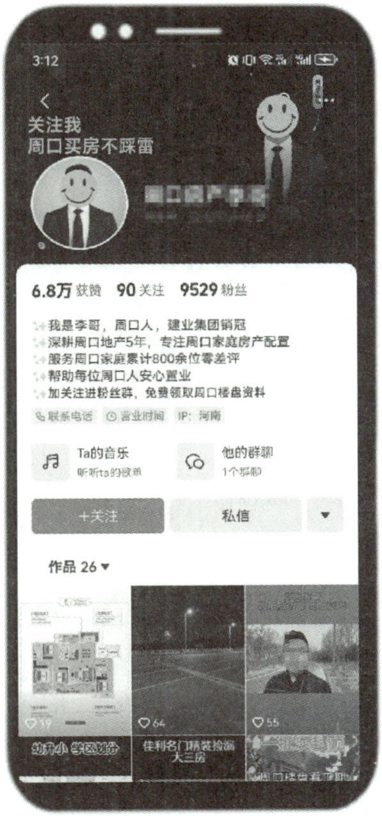

图 2-31 抖音账号背景图和简介

背景图：背景图是抖音里最大的广告位，千万别浪费，要主动引导关注。比如，“关注我，× × 城市买房不踩雷”。

简介：简介主要包含以前的核心成就、现在的专业价值、引导加关注送福利三部分内容。比如，最后一行可以写“加关注进粉丝群，免费领取 × × 城市楼盘资料”。

第二，利用评论区涨粉。

评论区是抖音里最重要的广告位，它对于抖音号的重要性相当于售楼部包装对于项目的重要性。在置顶评论中放群聊邀请，比如我的抖音放的是“更多创新营销思路持续输出，进群领取干货资料包”，进群的条件可以设置成加粉。具体操作是推送视频时添加“经营工具”，然后选择“群聊邀请”（见图 2–32）。

图 2–32　抖音评论区置顶群聊邀请

第三，利用三个置顶视频涨粉。

对你很感兴趣的客户会点进主页，因为他们想看更多的视频，而他们首先选择的就是三个置顶视频，所以千万别放过这个撑控客户心智的机会。三个置顶视频的最佳搭配是人设视频 + 价值视频 + 高赞视频（见图 2–33）。

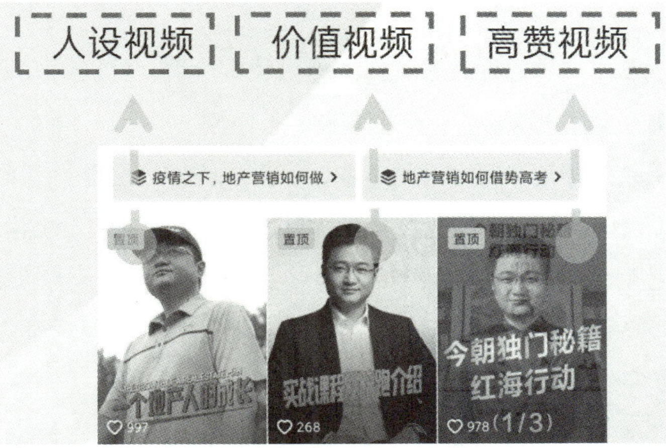

图 2-33　抖音账号三个置顶视频

其中最重要的就是人设视频。前面说过，抖音是 C to C 的粉丝平台，你的人设传达非常关键，一篇好的人设视频就像定海神针对增粉和变现都大有裨益。目前比较流行的人设视频是"十年体"，即讲述自己的成长故事。

注意：千万不要造假！互联网上是没有秘密的，人设视频可以有文案技巧、拍摄技巧、剪辑技巧，但一定要真实、真诚。抖音是公域平台，一旦说谎被人揭穿整个账号的人设就会崩塌。

人设视频也是有套路可循的，诸多大 V 的人设视频基本都是按以下套路推进的：

反差开篇。突出自己出身平凡和目前傲人的成就以形成反差开头，吸引人往下看。

成就展示。把自己最拿得出手的成就一一展现出来，利用大家的慕强心理增加关注。

困难低谷。描述自己遇到困难、孤独、无助、迷茫的时刻，把自己从成就展示的高度降下来，一是可增加人设的立体感，二是可避免一直说成就惹人烦。

价值观展现。给出自己从低谷奋起拼搏的思考和过程，展现自己的正能量价值观，立住人设。

共情。与粉丝共情，以过来人或者同类人的身份告诉粉丝，你与他们感同身受。

价值体现。最后告诉大家，你能提供什么价值，可以给大家提供什么帮助，其实这里面也隐含着你的变现路径。

价值视频即详细介绍自己的专业，客户关注你之后能得到什么有价值的帮助，说白了就是自己的业务介绍，只是要从利他的角度去说。

高赞视频也不一定是最高赞的那个，但是要体现你整体账号的专业度和价值观。高赞视频是经过系统平台算法检验的，符合粉丝画像的共同爱好，客户看完之后容易触发关注涨粉。

第四，添加地理定位涨粉。

除了旅居盘，售楼部做抖音大多时候只对同城粉丝才有用。因此，发布视频时添加同城定位，视频会优先推送给同城的粉丝和用户，有助于引流（见图 2–34）。

图 2–34　抖音账号添加地理定位

第五，利用结束语涨粉。

我们发现，很多视频的最后一句话都是“关注我……”有意思的是，人们在看视频或直播中往往会沉浸在内容里忘记做一些动作，但也容易听指挥做一些动作。

所以不少直播间里的主播时不时地会说“动动发财的小手，一起给主播点点赞”之类的话。有数据表明，有明确引导关注的增粉量比没有的要高出 5% 左右。有个不错的方法是，我们可以设计一个动态的箭头指向头像加号（见图 2–35）。

图 2–35　抖音账号结束语

第六，高关注增粉。

一般来说，普通人的抖音账号发的都是和朋友圈差不多的内容，没有什么垂类价值，也就是说，很难吸引别人的关注。如果突然有人关注，会不会引发好奇，点进去看一下是谁关注了。这很有可能！所以我们可以不断关注同城账号，比如在美食账号、买车账号的评论区寻找潜在客户关注，关注后就有给他发一句话的机会，可以告诉他自己楼盘的核心卖点，找你买房有什么好处。

一个账号最多关注 1 万人，关注并私信后，如果对方没有回复或者没有买房意愿，可以取关，再去关注其他同城账号。这种陌拜的逻辑有点儿像传统营销里的发单页打电开，以量变求质变（见图 2–36）。

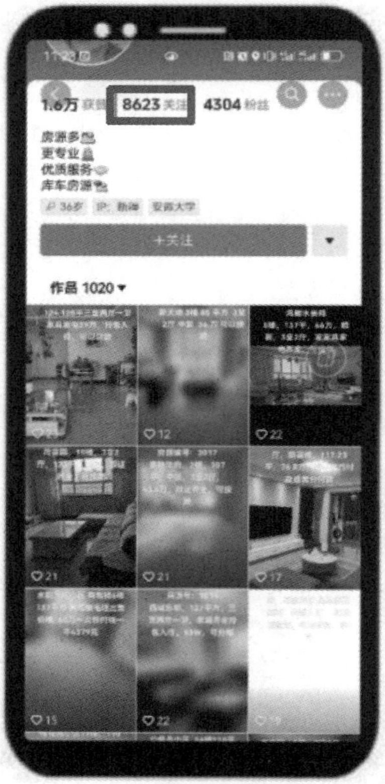

图 2–36　抖音账号高关注度增粉

更重要的是，要经常查看谁进入了你的主页，一定要立刻关注后私信，因为此刻可能客户仍停留在抖音平台，消息容易及时触达，客户回复的概率很高。

第七，竞品拦截吸粉。

我们要经常查看同城竞品项目的账号以及经纪人中介的账号，因为里面往往蕴藏着巨大的客户资源。在竞品评论区里一旦发现客户资源，就关注发私信，用福利资料或者礼品吸引到访。这些客户都是有买房意向的精准客户，即使一时没有回关或者引流到访，也不要轻易取关放弃。虽然私信有条数限制，但是可以不断点赞客户的视频，也可以在客户视频的评论区里互动，以慢慢增加黏性。

另外，我们也可以到同城竞品大号的评论区里面发表能够体现专业度和人设的观点。大号流量通常比较大，粉丝也精准，人们还都有查看评论区的习惯，一条经典的评论可能比用自己的账号发一条短视频涨粉效果还好。但是，这是蹭人家场子，要注意“度”的把握，最好在大号直播的时候多去刷刷礼物（见图 2-37）。

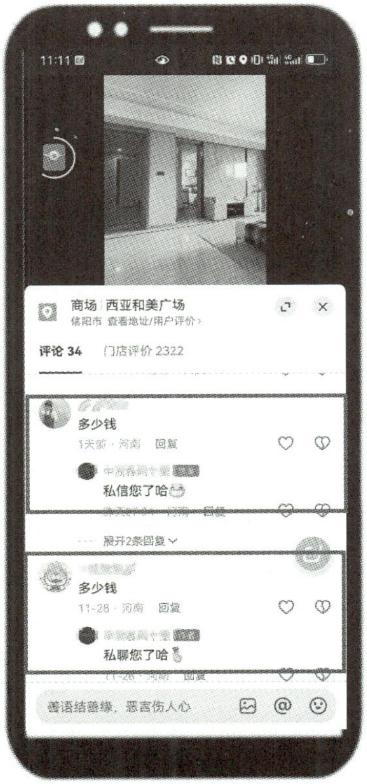

图 2-37　抖音账号竞品拦截

第八，利用文字钉和视觉锤增粉。

抖音短视频创作者越来越多，很多博主为了突出人设，增加客户记忆点，往往在短视频里增加“文字钉”或“视觉锤”。

文字钉就是口头禅。比如周杰伦的“哎哟，不错哦”，也有人会在视频最后“哈哈”大笑两声，增加受众印象点，树立主播专属风格，吸引受众看到最后，提升完播率。

视觉锤就是特殊形象包装。比如有的主播所有出镜形象都戴同一顶帽子，那么大家一看到这顶帽子，就知道是他的视频；还有人全程戴黑色面具，或者手里拿着一只葫芦（见图 2-38）。

图 2-38　抖音视频里的视觉锤

2.9　短视频制作的"八荣八耻"

短视频是做抖音的第一步，有很多固定的套路，但也有很多坑，我们总结了短视频制作的"八荣八耻"。

第一，以交友式对话为荣，以叫卖式营销为耻。

无论是口播还是对话访谈，都要让屏幕前的客户感觉自然舒服，如身临其境，就像两个朋友在面对面聊天。

不要叫卖式营销，比如"Oh，my god！买它、买它、买它"。房子不是低值易耗品，靠视频挂车就能销售不现实，叫卖式营销也会引起客户反感，尤其是开发商做抖音，千万要杜绝。

第二，以白话式讲述为荣，以琼瑶式拽文为耻。

短视频是语言传递，因此讲话一定要通俗易懂。我们发现，爆款短视频一般都是最浅显的大白话，比如"在小小的花园里面挖呀挖呀挖"。

不要琼瑶式舞文弄墨、各种对仗、讲究修辞手法，这样的短视频在抖音平台没人喜欢看，要知道品位是流量的敌人，这也正是很多公众号大V转战抖音后纷纷折戟的原因。

第三，以日常记录为荣，以豪华拍摄为耻。

抖音短视频最好是随手拍，可以在工作场合、餐厅、马路上、小区里记录日常，这样场景更加真实，创作者的心理压力也不会很大，能提高出品率，甚至有时不经意间拍摄的流量更好。

豪华拍摄指的是兴师动众，专业置景、灯光、脚本，甚至还有演员出镜，这种视频拍不好就会有刻意为之的虚假感，并且给创作者造成很大的心理压力。

第四，以平民式呈现为荣，以贵族式剪辑为耻。

房产类短视频主要的目的是信息传达，使用剪映就可以满足需求，再配上字幕和音乐，写上大标题就可直接发送，真实、高效。

不要贵族式剪辑，越是用各种专业软件加特效，越是剪辑痕迹明显，视频看着越像广告，客户越容易划走。

第五，以爆点式前置为荣，以均好式平铺为耻。

抖音是自动打开播放的，客户并没有选择点开，所以开头一定要爆点前置下钩子。视频中的大标题和第一帧画面是否能吸引客户，决定了客户是否会划走。

客户刷抖音随机性很强，这不像在电影院里看电影，不要平铺直叙、慢慢起承转合，否则还没进入关键内容客户就已划走。

第六，以持续输出为荣，以断点式运营为耻。

抖音讲究大力出奇迹，所以一定要持续输出，每天出 1~2 条视频，起号期甚至可以每天发布 3~5 条视频。持续更新，账号才有热度，粉丝才有记忆。

很多人做抖音是心血来潮，发几个视频感觉流量不好就放弃了，过几天听别人说通过抖音卖房了，又重新开始，如此往复，三天打鱼两天晒网，当然做不好抖音。

第七，以实用性干货为荣，以自嗨型内容为耻。

为什么看短视频比看公众号、看电影的人多，因为现在人们越来越浮躁，只有很少人能耐得下心来阅读，大多数人都想在更短的时间感受到价值。所以，短视频要包含一定的实用干货，要让客户看完视频后有获得感。

不要自嗨型想当然地输出，传递一些大家都知道的通识类内容或者伪娱乐，这种视频发出来客户轻则划走，重则取关。

第八，以个性化标签为荣，以通用型观点为耻。

抖音是个快节奏的平台，博主也如雨后春笋一样呈几何级数增长，所以展现一定的个性很重要。个性可以是个人形象，也可以是犀利观点。

比如，国家新政策出来之后房价会涨还是会跌，我们就不能和稀泥说也可能涨也可能跌，而应旗帜鲜明地要么说涨、要么说跌，赞同你的人会点赞关注你，反对你的人也会在评论区反驳。总之，这两种行为都会增加你的视频流量和账号权重。

2.10　快速起号方法论

首先明确一下什么叫起号成功？起号成功可不是涨粉到多少万，也不是播放量到多少万。粉丝不是钱，流量也不是钱，只有转化才是钱。一切为了流量和粉丝做抖音的，将来都会失败，只有为了变现做抖音的才能成功。

我认为对于开发商来说，起号成功有两个指标：一是播放量稳定在第二到第三级流量池，即一千以上、十万以下；二是可以稳定获取客资。二者兼容并存，缺一不可。

快速起号有一套经典的方法论，分为以下五步：

第一，根据个人人设和拍摄条件找到10个对标账号。直接在抖音里或者热点宝里搜索关键词就可以了，不难找到。

第二，看完这10个对标账号的所有视频，从每个账号里找出10条爆款视频，把文案通过软件扒下来做成文案库，仔细研究仿写，尤其是选题、开头和结尾。

第三，根据人设特点和项目特点，选择这100条爆款视频中的20条进行改编拍摄，每天发送2条，10天发送完毕。

第四，每条投流100元点赞评论，每4条投流400元批量加热，投播放量，大概率是能测试出爆款的，对爆款视频再投流100元粉丝量，勾选达人相似。

第五，把测试出的爆款视频进行多场景翻拍，应该还会爆，反复进行此动作，此账号垂类标签被打上，起号成功。

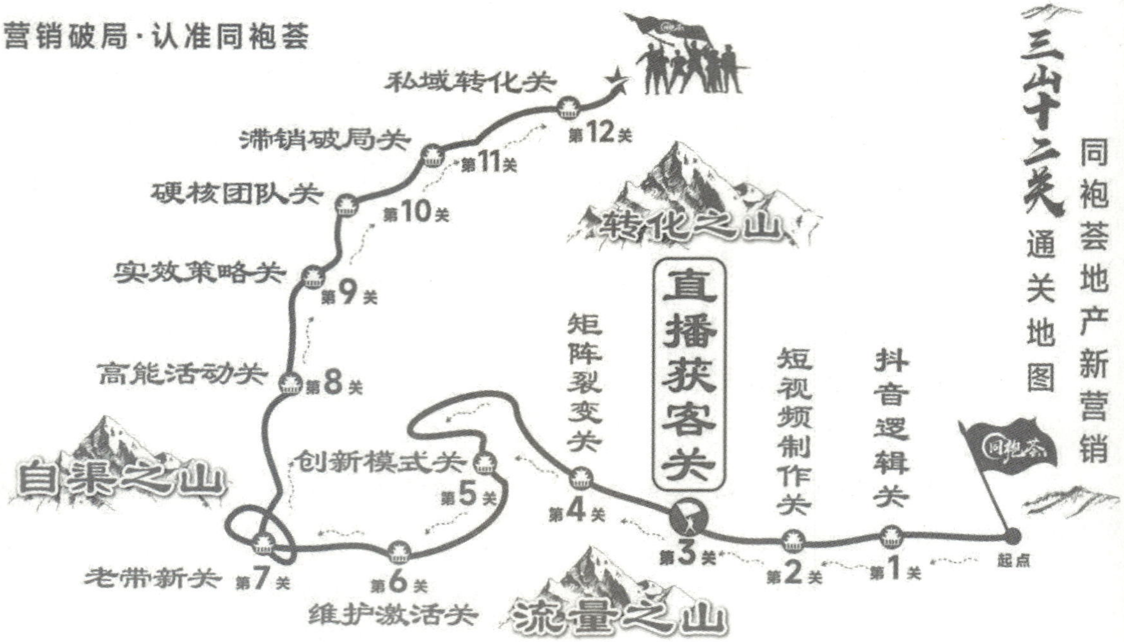

第3关　直播获客关

文字是一维传递，图文是二维传递，短视频加了声音是三维传递，直播可以实时互动是四维传递。目前，直播是人类在商业化传递里面最强感官刺激的方式。

现在，抖音平台有8.8亿日活用户，可以说用户总量基本见顶。随着抖音知识的普及以及很多降薪裁员的人想通过抖音创业获利，短视频的发布者呈爆发式增长，据统计已近9000万人。而每天做直播的日活博主仅40万左右，可以说直播远没有短视频卷。

短视频是为了种草，直播是为了拔草。直播是主播与客户一对多实时互动，留资转化效果很大程度上高于短视频。

对房地产来说，实现线上成交几乎不可能，唯一的作用就是线上留资线下转化，但直播无疑是绕不过的关卡。现在一些大 V 甚至放弃短视频专做直播，腾出更多的时间和精力增加和客户的直播互动。

3.1　房地产直播间的“人”“货”“场”打造

直播间就像繁华商业街里的店铺，只有打造好“人”“货”“场”，用户看到并进入直播间的概率才更高，平台推送的自然曝光量才会增加。

作为开发商直播间，不需要中介渠道玩的流量模式，而需要用“地图 + 资料包”模式最大限度地吸引全城有购房意向的客户。开发商做直播是针对单一产品的厂播模式，即上来直接说产品，用多名主播玩车轮战拉时长，所以主播的心态一定要摆正。作为小众垂类领域，“人”“货”“场”打造得再好，碍于受众有限，也很难出现成千上万的瀑布式场观流量，一般都是几十个甚至几个的溪流式场观流量。

房地产直播间的“人”“货”“场”如何打造?

第一，人。

人即主播，是直播间的核心。房地产主播不一定是销冠，也不一定是高颜值，但一定要口齿清楚、思维敏捷、专业度高，既能专业地讲解楼盘核心卖点，又能和客户拉家常、侃大山。

房地产主播必须具有相当的“演员”精神。一个演员，同样的节目表演过成百上千场，但是面对第一次来看的观众，总能激情饱满、声情并茂。房地产主播也一样，即使每天都要重复很多遍同样的直播话术，也要保证每次都有优秀的在线状态。

房地产主播可以是一个人，也可以是两三个人，刚开始直播时建议以两个人为主，这样可以避免场观少，没有客户提问互动，不知道说什么的尴尬场面。

第二，货。

货指房子，是直播间的标的物。房子不可能像其他货品一样可以拿到直播间直接展示，所以我们可以做一些手持卡，展示户型图、销控表或者罗列卖点等。作为开发商直播间，可以做一些只有直播间客户才能享受的房源或优惠，从而有效提升直播间的人设权重，吸引更多人到线上来看直播留资，推动直播间数据提升。

直播间是一个开放的公域平台，如果房子本身有问题，比如降配、停工、烂尾或者有其他硬伤，是不建议开直播的。抖音是个放大器，好的和坏的都会被放大。

第三，场。

场即直播场景，由环境、灯光、背景、美陈以及直播设备整体塑造美感和逼格。好的直播间可以帮助主播建立人设，也可以让客户在 3 秒内抓取有效信息。

房地产直播间场景有以下 8 种常见的打造形式。

第一，实物场景。展示活动主题、背景画面、直播礼品、卡片道具，要让客户马上看出来他们能得到的好处（见图 3–1）。

图 3–1　实物场景直播

第二，绿幕搭建。房地产项目的很多卖点用语言表达是很无力的，比如地段、配套、景观、物业等，这时可以用绿幕抠图的形式播放相关的图片或视频，更加直观（见图 3–2）。

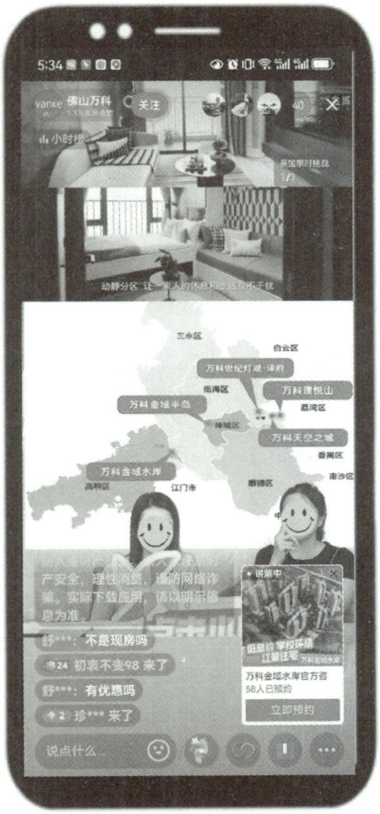

图 3–2　绿幕直播

第三，样板间。来不来看位置，买不买看户型。很多客户一进售楼部就要赶快看样板间，因为样板间是客户未来居住场景的展示，代入感强，更容易通过镜头进行全方位的展示。所以，在样板间里做直播，讲解户型和项目更容易吸引客户关注停留（见图 3–3）。

第四，工程现场。现在的客户买房最在意的就是工程质量。通过爬楼直播、建材直播，以最原生态的方式展示工程进度和施工工艺，更容易建立信任感，实现留资转化（见图 3–4）。

图 3-3　样板间直播

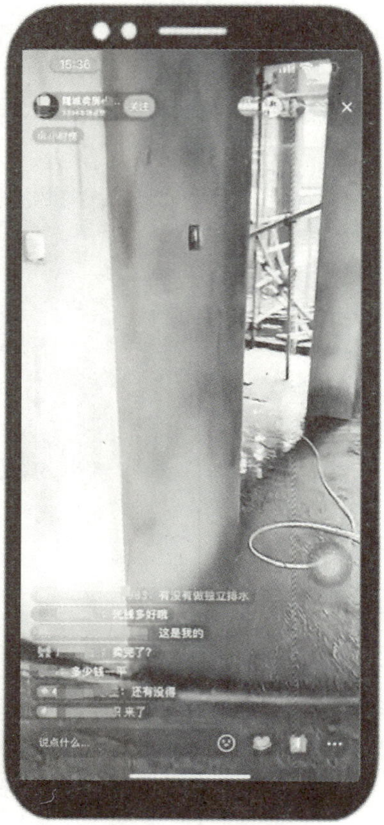

图 3-4　工地直播

第五，景观示范区。一般有品质的楼盘会将景观区做得美轮美奂，所以在景观区里直播，进行实景展示、细节展示和生活方式展示，能让客户更直观地想象未来家的模样（见图 3-5）。

第六，配套场景。直播间里直接展示配套实景，可以充分激发客户买点，产生留资。比如，核心配套是学校，就在学校大门口直播；核心配套是公园，就在公园里直播（见图 3-6）。

图 3-5 景观示范区直播

图 3-6 配套场景直播

第七，物业展示。对于品质型楼盘来说，除了硬实力之外，软实力也相当加分。优质礼宾、保洁、客户服务细节的展示是项目宣传的重要部分（见图 3-7）。

第八，居家场景。置业顾问下班后脱去职业装换上生活装在家里直播，更能拉近与客户的心理距离，并且下班之后直播也和客户的观看时段匹配度更高。比如，坐在家里的沙发上直播，可以说："哎呀，今天好累呀！带了 5 组客户看房，跑了两趟工地，爬了 20 多层楼，开完会晚上 10 点才到家。但还是很开心，因为可以帮客户买到他喜欢的房子。今天卖了这个月的第六单，估计又能拿到月销冠了。"（见图 3-8）

往往生活中的语言与场景能更大限度地引发关注和咨询。很多时候，这类直播的场观与互动数据比工作场景下的更好，就像电影《楚门的世界》里楚门的生活直播被全球无数人疯狂追捧一样。当然，不同的项目、不同的主播特点，要选择不同的直播场景。

图 3–7　物业直播

图 3–8　居家直播

3.2　房地产直播间场观引流方法

场观即单场观看量的简称，指一场直播过程中进入直播间的总人数。

很多新手开播场观非常低。当主播看到屏幕右上角只有两三个人甚至没有人观看直播的时候，他很可能完全不知道该怎么播了。这是正常现象，每一个主播都是从这个阶段过来的。当然，我们可以用一些技巧和玩法增加场观。

相较于短视频，直播间有如下四个完全不同的核心推流要素。

第一，点击率。点击率即直播时在场外刷到直播间，然后点击进入的人数比值。点击率越高，自然流推送越多。

第二，停留观看时长。观看时长越长，自然流推送就越多。这有点儿像短视频里的完播时长。

第三，互动。点赞、加粉、加团、刷礼物等互动行为越多越频繁，自然流就越多。抖音还没有智能到可以自主判断主播内容是否优质的程度，所以只能通过客户的反馈判断直播间是否受欢迎。

第四，转化成交。主要看订单量与订单金额。作为房地产直播，无法直接在线上成交，所以本要素没有参考价值。

自然流的推送机制并不是一次性全部推完，而是先推一波，等达到一定反馈之后再推第二波、第三波……以此类推，就像海浪一样（见图 3–9）。

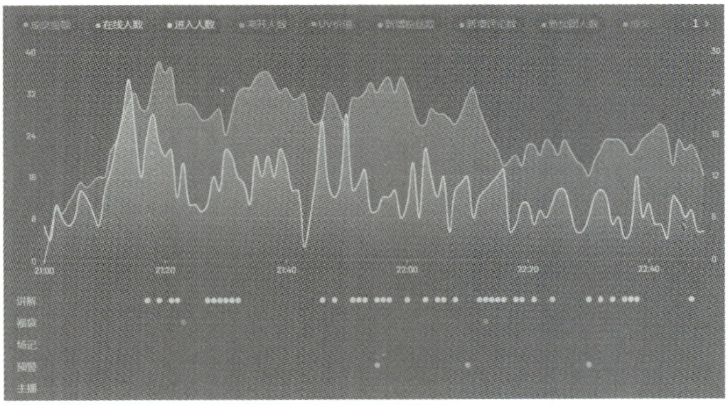

图 3–9　抖音直播平台后台截图

这是一张直播平台后台截图，除了第一波急速流外，后面都是用户在直播间每隔 5 分钟的数据反馈，一波一波由平台加推的。

房地产直播间如何吸引更多的平台推流呢？

第一，直播封面（见图 3–10）。

吸睛的直播封面会让直播间在直播广场中鹤立鸡群，增加点击进入率。好的直播封面设计要遵循三个原则：

一是精致原则。制作精美的画面更能吸引人进入，可以是精美的个人职业照，也可以是符合直播主题的好照片。

二是一致原则。封面标题、人物设定、直播内容要保持一致，否则即使用户跳转进来，也会马上离开。

三是易懂原则。看到封面就能知道主题，比如区域卖房分析、卖房避坑技巧、下阶段房地产趋势分析等。

图 3-10　抖音直播封面

第二，话题带流。

开播之前记得添加直播话题标签，这么做不仅可以增加刷到直播间的精准粉丝进入率，抖音平台还会根据你添加的话题标签关键词匹配行为兴趣精准的人群并将其推送到直播间。

第三，同城定位。

开启同城定位有助于直播间在同城范围内增加曝光量。房地产作为同城赛道，同城粉丝的质量当然更高。开启同城定位后，一些附近的粉丝进到直播间，你就可以看到他和你的实际距离，从而更好地打招呼、拉停留。

第四，直播预告。

直播预告非常重要！很多人在做抖音直播之前也会发直播预告，但是发到微信朋友圈里，这是错误的做法。抖音和微信是完全互斥的两个生态平台，存在强竞争关系，目前还无法实现直接跳转。因此，把直播预告发到朋友圈里最大的效果就是告诉领导，你今天要做场直播，没偷懒。

正确的做法是，直播之前在抖音上发一个 15~30 秒的短视频，告诉大家你直播的时间、主题内容等，同时添加直播贴纸工具，这样看到的朋友就可以点击直播预告预约直播，在开播的时候就会收到开播提醒。

直播预告最好在开播前 1~2 个小时发，最少发一条，发多条更好。在直播结束之后可以删除或隐藏直播预告，也可以把直播预告发送成“日常”，在 24 小时后自动隐藏，只是用“日常”发送的视频基本在粉丝中间推流，不利于拉新（见图 3–11）。

第五，短直双开。

直播当天建议发布 3~4 个干货视频进行跑量。直播开始后，如果用户刷到视频，头像就变成了直播呼吸灯，增加用户进入直播间的概率。这些通过短视频筛选进入直播间的粉丝质量非常高。

直播之前也可以对近两天发布的优质短视频进行 DOU+ 充值，通过加热视频的方式进一步加热直播间。你会发现，在直播时每一个正在跑量的短视频就相当于一个敬业的拓客员，为你拉访更多精准客户进入直播间（见图 3–12）。

第六，创意直播。

增加直播间表现形式以增加流量。直播时主播看不到客户，如果公屏互动不佳的话，很容易尬场，客户看着没意思容易划走。为此，我们可以增加一些有趣的形式，比如 PK、连麦、多人聊天室等（见图 3–13）。

这样操作之后，场观和公屏互动很可能都会多起来，一方面人们都喜欢看热闹，喜欢听别人项目的难点和解决方式；另一方面和你聊天的人的抖音头像也会显示在连麦中，可以起到部分引流的作用。

图 3-11　抖音直播预告截图

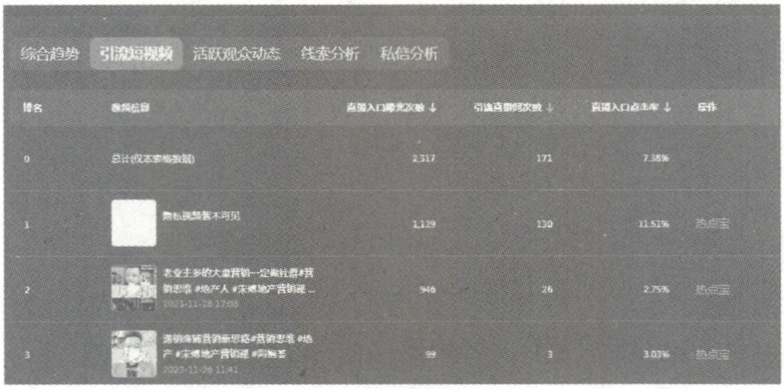

图 3-12　抖音直播短视频引流截图

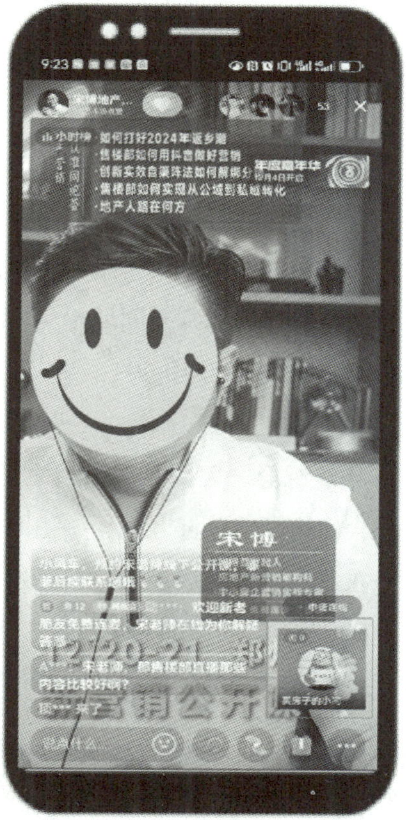

图 3–13　抖音直播连麦截图

专业主播的直播间在什么时候连麦、连麦时聊哪些话题有流量可以帮助拉停留、拉互动等都是提前设计好的。另外，在直播前安排一些朋友按照特定的话题连麦，有助于引导主播讲出楼盘的卖点。

第七，搭建“鱼饵”账号。

新手开播除了场观少，还会面临平台推流不精准的问题，这个时候可以通过搭建“鱼饵”账号来修正。

首先，抖音对直播间的推流不同于短视频，它和直播间的粉丝垂类没有太大关系，而和在直播间停留用户的行为画像强相关，即什么人喜欢待在你的直播间，抖音就会给你推更多这样的人，让你帮平台拉住用户。

我们可以准备 5~10 个新账号作为“鱼饵”培养，把这些账号平均分配到 5~10 个竞品账号直播间，并在里面做出点赞、评论等互动行为。这样持续 5~7 天以后，抖音就会给我们这些账号打上同城想买房子的行为标签。

标签打上后，我们的直播间就可以开播了。这时，要让这些账号全部进入我们的直播间，并不断做出点赞、评论、送礼物等互动行为。因为是新手开播，场观不多，所以我们的“鱼饵”账号所占比重就会很大，抖音很快就会识别出我们这个新直播间非常受同城想买房子客户的喜欢，于是就会推送更多拥有同样行为画像的用户进来。

第八，复盘改善。

直播是看不会的，只能练会，因此每次直播之后的复盘就非常重要。成熟的主播在直播时都会一边盯着公屏互动，一边盯着数据大盘，在流量不好时启动拉新话术，在流量进来时启动拉停留话术。直播之后主播更要仔细研究各项数据线，比如图 3–14 中的这场直播，在开播后 50 分钟拉起了一波流量，这时就要查看直播录屏，搞清楚当时使用了什么话术引起了

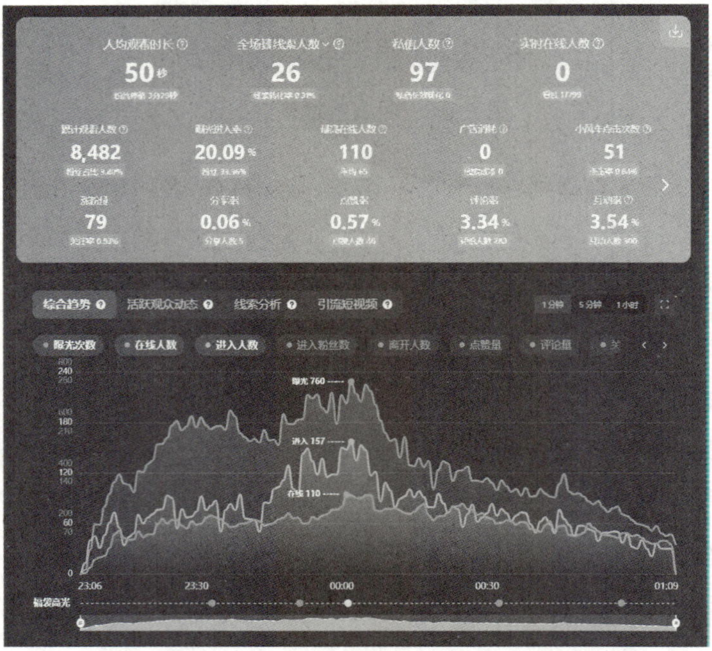

图 3–14　抖音直播后台截图

什么互动，使得平台启动推流。从该图中还可以看出，在 0 点左右也有一波流量，而且其他直播场次的数据在这时都会推一波流量，这时就能判断出这是房地产大主播下播了，流量自动推到相同内容直播间引起的，以后在这个时间就要准备强停留和留资话术。

根据流量情况复盘，也可以选择不同时间段开播进行测试。作为新手主播，话术和控场还不熟练，要尽量避免和大主播上播时间重合。可以选择早上或中午开播，即使想晚上开播，也要尽量避开整点。

第九，付费投流。

抖音账号直播是需要身份证验证的，蓝 V 账号可以随时换主播，并且个人 IP 打造出来之后容易离职，这不是人品决定的，而是人性决定的，不要试图挑战人性，所以房地产直播间往往打造的不是个人 IP，而是企业 IP。企业 IP 更需要通过付费投流来拉进人，可以用 DOU+ 来加热直播间。选择直接加热直播间，客户进入量更大；选择通过加热视频来加热直播间，进入量较小，但客户会精准很多。

3.3　房地产直播间留客七大技巧

知道了如何增加直播间的场观，接下来的一个重要问题是如何增加进到直播间客户的停留时长，否则客户进来就出去，根本听不到我们想给他们传递的楼盘卖点信息，我们也更没有可能拿到客户电话。场观只能是虚假繁荣、纸上富贵，带不来任何实际变现价值。房地产直播间有以下七大留客技巧。

第一，状态留人法。

直播除了是脑力活儿，更是体力活儿，需要主播全程状态饱满高能，因为在客户进入直播间的 3 秒钟内，如果没有吸引他，他可能就划走了。大多数主播都有一个通病，人多的时候讲得很兴奋，观众一旦少了甚至为零，心态马上就崩了，状态越差，人走得越多，如此陷入恶性循环。其实，越是没人的时间，越要卖力讲，吸引场外用户点击进入和新进入用户停留。

如果觉得自己定力不够，可以在刚起号的时候贴着右上角的实时场观数再开播。另外，开播的时候不要看微信、不要接电话，否则非常影响状态，一个不好的信息甚至严重影响主播的状态，让整场直播泡汤。

还有一个非常影响状态的因素就是直播间黑粉。要清楚苏轼如佛，佛印如牛粪，每个人看到的世界都是内心的投射。遇到黑粉，有经验的主播反而会很成熟地利用黑粉，比如怼人，人天生喜欢看热闹，越怼越有流量。更牛的主播更会发挥专业优势，用几句话就征服黑粉。但是新主播往往就会乱了方寸，这个时候只需直接禁言或拉黑就好了，然后深吸一口气继续播。

另外说一下，有些直播间的黑粉是专业级主播故意安排的，为了流量。

第二，贴纸留人法。

当粉丝达到 1000 以上就可以用直播伴侣开播，也就是在直播时添加贴纸。大家经常会看到房地产直播间上方贴着一些字，比如“下阶段楼市是涨是跌”“100 万元在 ×× 城市应该买哪里”“售楼部不会告诉你的买房避坑技巧”等。

添加贴纸可以让客户知道本场直播都有哪些内容，从而留在直播间等待讲解，也会引发客户就上述问题提问，增加互动和时长（见图 3–15）。

第三，互动留人法。

直播时一定要多互动，不要自说自话，一竿子到底。要时刻紧盯屏幕，经常引导大家在公屏提问，对于客户提出的问题也要及时回答，不然其他人看到问问题主播却不回答，就干脆不提问了。房地产直播间流量通常不大，可以照顾到每一个提问的客户。主播对于客户提出的问题一定要讲清楚、讲透彻，让客户有获得感，这样会引发更多人提问，并等待主播的回答，增加客户停留时长。

第四，实物留人法。

直播时可以准备一些精美的实物礼品进行展示，通过回答问题等方式，让中奖客户到售楼部领取。比如“离项目最近的学校是哪一个？前三

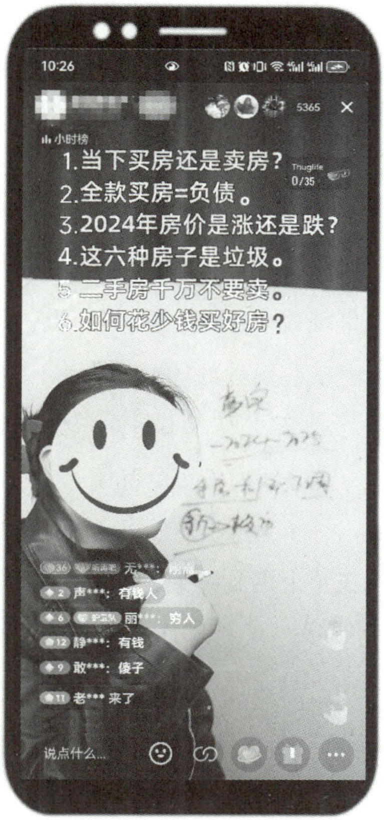

图 3-15　抖音直播贴纸截图

名答对的粉丝可获赠高档水杯一个”等。大家可不要小看了“羊毛党”，“羊毛党”里也是能淘出客户的，最起码来领礼品的时候还可以给我们做二次传播。

第五，福袋留人法。

福袋是最常用，也是最高效的留人方法。福袋吸引的不一定是“羊毛党”，还有很多准客户，同时也是对支持直播间老粉丝的一种回馈。福袋内充值 100~200 抖币，可以设置 5~10 分钟开奖，然后不定时发送，抢过福袋的朋友至少会等到福袋开奖才会离开。

福袋里可以设置一个评论区口令，只有发送这个口令才可以领取福袋，这个口令一般会设置成项目卖点广告或者宣传语。这里有一个非常好用的方法，就是把福袋口令设置成一句互动，比如“我明天去看房有优惠吗？”“我准备买 143 的房子，年底能交房吗？”。这样会让在直播间里的人觉得你们的项目非常受欢迎，销售氛围很好，从而留下深刻印象。

第六，个性留人法。

抖音的底色是娱乐平台，场观最多的直播间也是娱乐直播间，所以我们可以放一点儿娱乐属性进去，让客户在玩的时候被营销。比如，项目是新中式园林，景观区呈现效果很好，就可以用古装出镜，戴上一些现代配饰，形成反差，再加上一些设计好的台词脚本，吸引停留。但凡事要有度，归根到底直播是为了留资买房，不是娱乐大众，娱乐属性只是点缀，不是主菜，娱乐太多了，直播间标签也就乱了。

第七，点名留人法。

现实中，我们如果在路上遇到熟人，装着没看见，那大家就会擦肩而过；如果一方主动打个招呼，双方就有可能攀谈两句，甚至一起吃个饭，说不定就促成了某项合作。其实，很多人进入直播间也是默默地来、默默地走，因此我们在看到粉丝进入直播间的时候，要及时点名打招呼：“欢迎 ×× 进入直播间。”如果看到老粉进来可以说：“哎，×× 你来了，太好了！很久没有来直播间了，最近忙什么呢？”一旦被点名，粉丝就会有种被发现、被重视的感觉，而且有种老朋友串门的亲切感，也不好意思马上走，从而增加停留时长。

3.4 房地产直播间的六类话术

直播和短视频一样都是在一对多输出，但直播有了更多的互动性。短视频需要提前准备好文案脚本再录制，直播同样要提前准备好直播专用话术，否则再优秀的主播也容易出现断片冷场，不知道说什么的情况。

直播话术时间不用长，根据用户进出直播间平均停留时长来定就可以了。一般房地产直播的平均停留时长是 2~5 分钟，所以准备 20 分钟的直播话术完全够用。说完后再重复说一轮，一方面是保证刚进直播间的客户能听到核心信息，另一方面也是过滤已经听过的老粉，从而实现直播间不断互动拉新。房地产直播间具体包括以下六类话术：

第一，开场话术。主要是寒暄，热情地和大家打招呼，做自我介绍，告知直播主题，等待更多人进入直播间。

第二，卖点话术。项目的核心卖点陈述，最好利用绿幕或者手持卡图文并茂展示。讲述卖点的时候最好搭配福袋拉停留，避免大量掉人。

第三，增粉话术。指向自己的头像，并告知关注后的好处，比如“账号会有很多干货输出，关注后方便观看视频和直播，免得一会儿下播就找不到了”。

第四，互动话术。问大家问题和观点，让大家在屏幕上打字、点赞或送礼物，增加直播间数据表现和权重，获得新推流，比如“今年准备买房的朋友打 1，不买的打 2”“大家帮主播点点赞，点赞到 1 万我发福袋”。

第五，留资话术。房地产直播的核心目的就是留资，这点非常关键，我们将在下个小节详细讲解。

第六，下播话术。下播时可以对本场直播的重点再重复一遍，并且告诉大家要下播了，赶快点击小风车留下联系方式，稍后会马上联系送资料。还可以对还在直播间的粉丝一一点名，表示感谢陪伴，同时预告下次直播的时间和主题。

下播时有个技巧叫卡黄线，即快速下播。直播间推流有个机制：下一场直播开场给你推的第一波急速流，就是上一场下播时的在线人数。所以很多大 V 下播时表示感谢后都会快速下播，很少会“为了感谢大家，你们先下，下完了我再下”。

3.5　房地产直播间的六大留资技巧

抖音是典型的公域流量平台，公域流量就像门前河，私域流量才是自家井。公域流量很多时候像过眼云烟，说没有就没有，很不稳定，并且信息触达的即时性也不高，敏感词限制也很厉害。所以我们做抖音一定要想办法多留资，并将其转化成私域流量。

但是抖音平台对留资等站外引流行为非常排斥，直播间更是抖音容忍度最低的场合，一旦主播说留个电话或加个微信，甚至隐晦地说加个地球号等，轻则警告，重则断播。那么，房地产直播间应该如何获取客户的联系方式呢？主要有以下六种方式。

留资技巧一：小风车。

小风车是官方给出的直播留电工具，只要挂载小风车，就可以大大方方地告诉客户，点击下方小风车留下你的联系方式，稍后会有工作人员和你联系。

蓝 V 账号可直接开通小风车，个人账号达到 1 万粉丝或者开通员工号也可以挂载小风车。官方叫法是直播卡片，可以对标题、图片以及表单进行编辑，直播时直接添加组件即可。

留资技巧二：自动回复。

对于蓝 V 账号来说，在主页点击“企业服务中心”“私信管理”，设置自动回复，别人在点进对话栏后就会自动弹出设置好的对话。比如，可以设置成“本人从事地产营销 16 年，帮助上千家庭成功选房，留下您的联系方式或者添加我 V（微信号），将免费送给您我总结的 1 万字买房避坑指南”。

留资技巧三：贴纸福利。

拥有 1000 粉丝就可以用计算机直播伴侣添加直播贴纸，我们可以做一个“关注并私信 666 免费领取购房指南”的贴纸，然后再通过上面讲的自动回复功能引导客户加微信。

留资技巧四：公屏咨询。

在直播中，意向客户往往会问一些关于项目的问题，比如价格、房源、交房时间、配套学校等，此时一定要记录这些客户账号，下播后私信引流。

蓝 V 账号也可以登录抖音网站，进入“后台管理”“直播管理”“场景记录”“评论管理”，输入关键词查找相应的客户账号。

直播间不同于短视频，往往有比较明显的商业行为，最好注册蓝 V 或者员工号进行直播，不然很多功能无法使用，并且很容易断播。

留资技巧五：观看时长排行榜。

愿意花时间待在你的直播间的客户一定是对你讲的内容感兴趣，很可能就是购房意向客户。直播结束后，点开“我的观众”，会出现停留时长 TOP 100，我们可以从上到下关注后私信“感谢您到我的直播间，并且观看了 × 分钟，可以加一下我 V，免费领取我总结的 1 万字买房避坑指南”，以实现留资（见图 3–16）。

图 3–16　抖音主播中心观看时长

留资技巧六：贡献值排行榜。

在互联网上，愿意给你花钱的一定是真爱。直播结束后，点开“我的观众”，会出现贡献值排行榜 TOP 100，我们可以从上到下私信“感谢您在我的直播间刷的礼物，作为回报，可以加一下我 V，免费领取我总结的

1 万字买房避坑指南”，以实现留资（见图 3–17）。

图 3–17　抖音主播中心贡献值

除了以上六种方式之外，还可以在抖音短视频、直播间、个人主页等入口，挂载第三方小程序（小雪花），以实现更高效的引流获客。小程序具有非常丰富的页面模板，客户体验比官方单一模板好很多。可以专为项目定制落地页面，具备预约专车、领楼盘优惠、领红包、资料下载等获客入口。

以“今朝好房”小程序为例，不仅可以更便捷地获得客户留资，还有以下三点好处：一是所有线索，可以通过小程序直接进入内部 CRM 系统，并立即分配给置业顾问进行管理，降低客户流失率；二是所有留资客户，系统会详细记录其在小程序里的访问行为、浏览轨迹，并根据不同行为自动打分，自动筛选和发现高分（高意向）客户；三是根据用户的访问轨迹，自动画像和打标签。比如一个用户持续访问某区域楼盘，且对 130 平方米户型浏览频率较高，系统将会总结这些行为特征，并生成图表和各项统计数据，置业顾问在提供服务时将更有针对性（见图 3-18）。

时间	用户	事件	积分记录	备注
2023-11-27 15:18	1399[redacted]34760-139*****760	阅读资讯	+1	阅读资讯
2023-11-27 14:55	1588[redacted]46665-158****6665	会员注册	+8	会员注册
2023-11-27 14:39	1990[redacted]4416-199*****416	阅读资讯	+1	阅读资讯
2023-11-27 14:15	1778[redacted]4409-王女士	浏览楼盘	+1	浏览楼盘
2023-11-27 14:14	13696[redacted]1615-136*****615	每日签到	+2	每日签到
2023-11-27 14:14	13696[redacted]1615-136*****615	分享资讯	+1	分享资讯
2023-11-27 14:14	13696[redacted]1615-136*****615	阅读资讯	+1	阅读资讯
2023-11-27 14:14	18563[redacted]114-185*****114	每日签到	+2	每日签到
2023-11-27 14:13	13696[redacted]1615-136*****615	分享楼盘	+1	分享楼盘
2023-11-27 14:13	13696[redacted]1615-136*****615	浏览楼盘	+1	浏览楼盘
2023-11-27 14:13	13696[redacted]1615-136*****615	收藏楼盘	+1	收藏楼盘
2023-11-27 14:03	18228[redacted]7670-182****7670	浏览楼盘	+1	浏览楼盘

图 3-18　“今朝好房”截图

3.6 房地产直播的十大断播雷区

抖音是一个限制非常多的平台，而直播又是抖音平台中限制最多的一个场景，有非常多的敏感词语，稍不留神就会被警告或者断播。之前字节跳动的王牌产品“内涵段子”突然被永久封停，差点儿要了半条命，有前车之鉴，抖音在各方面做得都小心翼翼。

抖音实行双重审核机制：机器审核与人工审核。

机器审核会先看画面、声音、文字是否违规，如果存在风险就会限流，短视频只给粉丝或自己看，直播就会提示警告。机器审核之后会进入人工审核阶段，重复抽取关键帧、直播截图、文字标题，如果有问题就会瞬间断播。

抖音实行第一次出示警告；第二次断播 10 分钟；第三次断播 1 天；第四次断播 3 天；3 天后开播还出现问题的，再断播 3 天；倘若又违规，直接断播 1 个月；之后再出现问题，那就断播更久，甚至直接关闭直播功能（见图 3–19）。

在抖音上，房地产属于财经类目，为了避免误导大众，投资消费类属于抖音严管类目，所以才会有那么多关键词不能触碰。

我总结了十大类敏感词汇以供大家参考。

第一大类词汇：极限词。

直播过程中不要提及“最”“首”“绝对”等极限词汇，系统对此考核非常严格，容易导致直播间被封禁：

“绝对”，比如，绝对没问题、绝对不要错过；“最”，比如，最好的楼盘、最划算的价格；“首”，比如，首个养老盘、投资首选。另外，“第一”“唯一”“世界级”“国家级”等极限词都不能说。

第二大类词汇：营销类词汇。

营销相关词语在直播过程中最容易下意识地说出，主播需要在直播前准备一份直播违禁词脚本，尽量防止此类词语脱口而出，避免触及广告内容、夸大宣传等违规处罚。

图 3–19　抖音违规处罚详情

与营销相关的，比如，低首付 0 月供，马上涨价；与活动相关的，比如，全民免单、点击即可领奖、所有人都可以中奖。注意：部分词语单独拿出来说不会违规，但在特定语境下，容易违规，例如，黄金地段、鎏金价值等，因此这类词语也要尽量少说。

第三大类词汇：站外引流词汇。

这类词汇非常敏感，只要你说，马上就被警告，马上就会断播。我就在私域课程直播分享中因敏感词汇断播许多次。

“微信”，比如，加我微信、展示二维码都是不行的；“留电话”，比如，让客户留下电话号码、留下联系方式；其他平台，比如，淘宝、B 站、小红书、QQ、拼多多等都不能说，要说某宝、某站。

第四大类词汇：趋势判断。

主播在直播过程中预测房价的走势以及未来政策的变化方向，会被平台警告或封禁。房价走势、区域引流、贷款方式等都不能讲，比如，房价要涨、这个片区以后是自贸区、组合贷、经营贷等。

第五大类词汇：引导投资。

在主播未进行房产自媒体资质审核前或审核未通过时，不要提及任何理财、金融相关词汇，不然会因涉及讲解财经专业知识而被处罚。

比如升值空间、价值洼地、千亿元价值、投资回报、超低价格、商铺返租、回报率、一铺养三代、以租养贷等都不能讲。

第六大类词汇：政策解读。

宏观政策分析属于财经内容，政策解读容易出现唱衰经济现象，管控比较严格。领导讲话、央行放水、红头文件、国家政策解读、知名领导名讳都不能讲。

第七大类词汇：封建迷信。

房产主播在直播时讲解风水、堪舆等信息，容易触及与封建相关的词语，这类词语尤其要注意，非常容易被封禁。比如：上风上水、藏风聚气、龙脉宝地、贵胄之地等都不能讲。

第八大类词汇：过分夸大。

行业领先的养老专家、城市销量冠军、一站式教育、住房无忧、帝王享受、城市中央、万能户型等，这些词汇在刚开播阶段最好都不要讲。

第九大类词汇：诱导消费。

在直播过程中，画面中出现楼盘价格、楼盘折扣这类信息或者对房价进行过度解读也容易断播。比如，再不买就没了、历史最低价、不会再便宜了、交 1 万元买三房。

第十大类词汇：低俗低级。

“80 后小三房”，虽然这里的“小三房”指的是三室，但是说这个词还是有可能被警告甚至断播的，很多情感类直播间都把“小三”称为“2+1”。

房地产直播间应该如何规避这些敏感词减少警告断播呢？

第一，开通蓝V。开通蓝V后，很多词汇才可以说，很多功能才可以用，因为蓝V的意思就是企业号，企业做抖音肯定有一些营销类的商业行为。

第二，挂载小风车。挂载小风车之后，直播的容忍度提高了很多，部分敏感词也变得没那么敏感了，抖音会识别出你需要营销，需要留资，监控也会弱很多。

第三，去认证。做财经类、房地产类的认证。把你的房产经纪人证书、房地产营业执照等都上传认证，让抖音知道你有一定的专业知识储备和能力来讲解房地产，不存在误导行为。

另外，抖音不杀熟只欺生。如果你是新主播，没开播几场，稍微说点儿违规的，就会被警告断播。但如果你是个老主播，很久都没被警告或者断播的，抖音平台会在很大程度上放松对你的监控，很多限制词语即使偶尔说出来也不会出现断播。所以建议新手直播要好好磨脚本，刚开始要尽量规避敏感词语，等过了一二十场直播之后，平台的监控就会友好很多。

3.7　数字人直播的现状与未来

好的主播是极其稀缺的，需要花大量的精力、物力、财力培养，倘若培养不出来，付出的心血就打水漂了。培养出来的主播往往也很难把控，随着主播的能力提升和业绩贡献增长，其要求的薪酬也会水涨船高，这样就会慢慢吃掉每套房子佣金带来的本就微薄的利润，从而使劳资双方出现矛盾，除非让出大股东身份，否则很可能分道扬镳，甚至对簿公堂。即使主播不辞职也会受时间和精力的限制影响直播效果，因为直播不但是脑力活儿，还是体力活儿，再说主播是肉身，吃五谷杂粮，谁还不生个病呢！

未来已来！随着科技的发展，人类已经可以采用动捕技术获取脸部、声音和动作的细节。目前，数字人直播技术已经成型，一些基础的数字人脸模直播已经用于商业，只是受限于费用和普通 CPU 算力等因素，还没有广泛达到电影级别的颗粒度。

数字人脸模直播有三大优势。

一是省精力。真人定制虚拟数字人，支持从文本一键生成视频，实现短视频内容的快速流水线自动化生成，打造品牌 IP 形象。

二是省时间。虚拟数字人主播能够代替真人主播完成部分直播工作，两者形成互补，且虚拟直播可以 7×24 小时不间断直播，避免了流量流失，从而用更低的成本收获更多的流量。

三是省费用。企业不用花钱雇真人做内容，节省了工资。同时，数字人也可以靠背后的数据库直接更新，不需要再死记硬背，在某些方面也靠谱不少。

数字人直播的驱动模式有以下三种。

一是脸模 + 实时真声驱动。直播时主播的声音是自己的，但是观众看到的脸是采集别人的。比如用了刘德华的脸模，那么直播时客户听到的是你的声音，但是看到的是刘德华的脸。

二是脸模 + 实时声模驱动。直播时虽然是主播在播，但是观众听到的声音、看到的脸都是采集别人的。比如用了刘德华的脸模和声模，那么直播时客户听到的声音、看到的脸都是刘德华的。

三是脸模 + 非实时声模驱动。这种模式的直播就不需要真人实时在线了，只需要做好标准直播脚本录制，就可以反复使用模拟直播。但是为了规避抖音平台不准录播的规定，需要安排人在提前设定好的时间进入直播间，在公屏上互动提问，而录制时要提前预留好提问气口，再回答问题以模拟真人实时直播。当然，客户听到的声音和看到的脸还是别人的。

所以，随着数字人时代的到来，只要我们提前和主播签好脸模和声模的授权协议，就不怕培养出来的大主播再离职了，直播就此进入阿凡达模式。以后比拼的不是谁的主播多，而是谁有更多成熟的阿凡达驾驶员（见图 3–20）。

图 3-20　数字人脸模直播

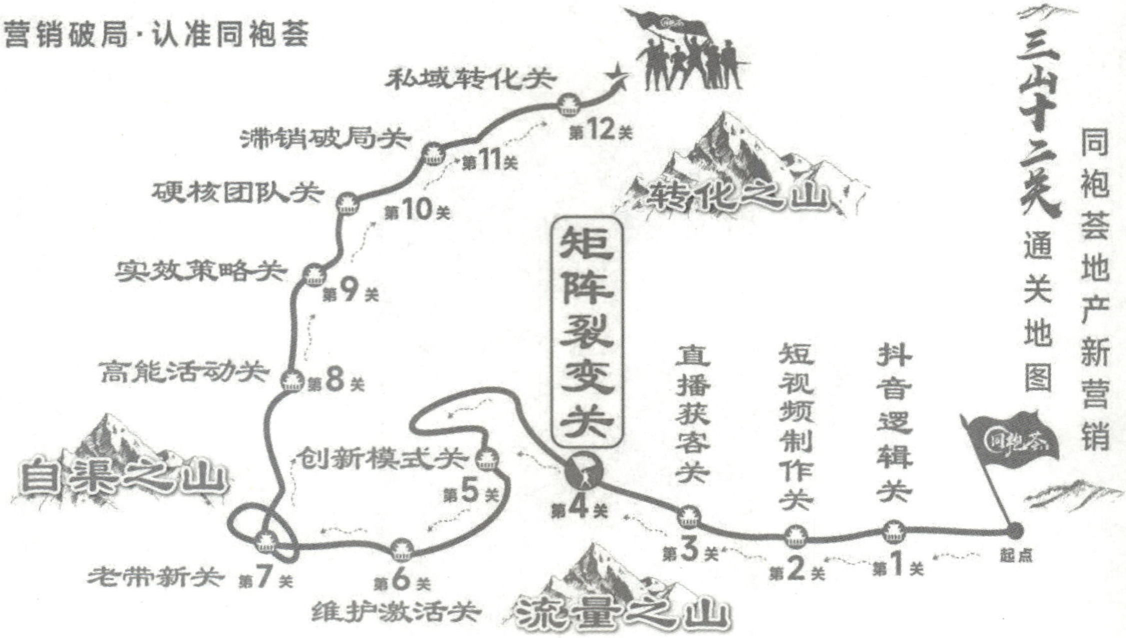

第 4 关　矩阵裂变关

抖音实行的是去中心化的自动分发机制，讲究大力出奇迹，大力是指多发视频、多做直播。但是一个人的时间和精力是有限的，这就需要采用矩阵玩法，多个账号同时跑量，众人拾柴火焰高，就能产生几何级数的裂变效果。

很多大博主都是利用矩阵起号的。比如，商业 IP 张琦，在抖音上就有 200 多个账号、3000 多万粉丝；知识 IP 樊登，在抖音上的账号不胜枚举，粉丝早已过亿。又如，房地产板块的东原集团，是最早的从集团层面自上而下启动抖音运营并做矩阵的房企；万科在抖音上做得也非常好，“万小二”是专门打理抖音账号的职能部门，在各区域也都搭建了抖音矩阵，万科每到 20:30，所有账号一起直播，场观超过 350 万人，直播留资转线下成交首月就突破 2.2 个亿，效果非常明显（见图 4-1、图 4-2）。

图 4-1　矩阵号示例

图 4-2　万科八点半示例

构建账号矩阵有两个好处：一是可以建立多个内容分发端口，让更多人看到项目信息；二是客户有可能多次刷到项目信息，给他造成一种缠绕感，形成项目推广势能。这就像一个人既开车看到了项目广告牌，又在朋友圈看到了项目推文，吃饭时还听朋友说到了项目。

4.1 房地产抖音营销两大矩阵

今朝团队在近两年服务操盘的项目中坚持抖音矩阵探索，总结提炼出了两种跑通闭环的售楼部矩阵打法：群狼阵法和猛虎阵法。

群狼阵法又叫硬广矩阵，主要是项目多个账号同时运作发布项目推广视频和直播，形成流量叠加，从而达到量变到质变的效果。

普通人做抖音，可以抽出一小时制作一条短视频，只要不违规，正常也有 300~500 的基础流量，且安全系数高，难度系数低。房地产作为垂类赛道，高播放量通常也不过 1 万 ~3 万，但是需要花大量精力去研磨文案脚本，拍摄和剪辑也要注意方式，可能耗时一周才能打造出一个爆款。有时候即使花了很长时间，视频播放量也不一定能达到预期，难度系数较高。

假如我们要求 10 个置业顾问或者项目同事每天发送低难度的项目推广视频，每天得到的累加播放量就是几千到几万。如果坚持 10 天、30 天甚至 100 天，项目线上推广裂变的效果就很容易达到。

简单的事情重复做，效果远远大于复杂的事情间断做。

而猛虎阵法又叫网红孵化矩阵，主要是集中所有优势资源，通过抖音的赛马机制，打造超级兵王，本质在于孵化出有网红潜质的置业顾问。

要做网红孵化，在刚起号阶段先不要主动暴露自己是单一楼盘置业顾问的身份，可以以专家人设出现在客户面前，多输出知识类等利他内容，避免硬广式宣传。

刚开始可以全体置业顾问参与，随着账号运作深入，根据数据表现逐步筛选出适合做抖音的置业顾问，然后重点培养打造。在 IP 形成之后，这些置业顾问就不要再做拓客、接待等传统工作了，而是专职做新媒体。可以在抖音上再起几个类似名字的矩阵账号做内容分发，也可以在快手、视频号、小红书上起多平台矩阵号。

以上两种矩阵模型适合不同情况的开发商使用，二者的主要区别体现在如下五个方面。

第一，底层逻辑不同。

群狼阵法以量取胜，通过一定数量抖音号的流量叠加，形成推广势能；猛虎阵法以质取胜，通过平台赛马机制，孵化出 1~2 个网红主播，然后资源倾斜，重点打造。

第二，岗位人设不同。

群狼阵法要求账号越多越好，除了销售部之外，工程、物业、财务等部门都要开设账号；猛虎阵法只要求销售部开设账号，主要从置业顾问里孵化网红。

第三，内容输出不同。

群狼阵法主要是硬广的强输出，不要求质量很高，根据自己岗位的工作内容结合项目卖点，直接拍摄、剪辑即可发送；猛虎阵法要通过选题策划、撰写文案、形成脚本，最后拍摄输出具有利他性和价值的内容。

第四，运营机制不同。

群狼阵法强制参与人员从开始到结尾必须按要求频次发送宣传视频，和工资绩效挂钩；猛虎阵法首先挑选有意愿学习抖音运营的置业顾问参加，然后在孵化过程中根据数据逐步淘汰不适合的，最终孵化出网红置业顾问。

第五，账号质量不同。

群狼阵法不要求每个账号质量很好，粉丝和直播场观也不要求人数很多，只要人设清晰即可，但一定要保证短视频的发送数量，一般不投流；猛虎阵法打造的是网红达人，需要有高质量的内容输出，吸引精准的购房客户关注，引流至私域，最终实现转化成交，必须投流。

关于两种阵法的具体操作流程会在中篇自渠之山里详细讲解，这里不再赘述。

矩阵账号搭建完毕，开发商可以采取以下两种方式进行直播：

一是在同一时间段全员开播。

在流量相对集中的时间，比如 12 点到 13 点、19 点到 20 点，所有置业顾问账号全部开播，这样客户很容易刷到项目的多个直播间，形成推广势能。

二是蓝 V 账号进行全时车轮战。

蓝 V 账号直播是可以更换主播的，我们可以让全体置业顾问从上班到下班，每人一小时轮排直播，这样不仅可以覆盖不同上线时间的客户，增加客户的进入概率，也可以拉长蓝 V 账号的直播时间，提高推流权重。

抖音对直播 3 个小时以上的账号会倾斜推流以奖励主播，比较典型的例子就是东方甄选直播间，多个老师采用车轮战的形式，每场直播都在 18 个小时以上，很多专业的电商直播间也采取“日不落”形式。

对于开发商来说，这种全员全时直播的效果还是不错的，一方面保证了每位主播上播一小时饱满的状态，另一方面在主播下播后也可以有精力趁热联系邀约直播时留资的意向客户，提高转访率。

4.2　他山之石，可以攻玉——利用经纪人账号搭建抖音营销矩阵

除了我们自身的账号之外，还可以利用渠道和中介的账号搭建抖音矩阵，这样推广和留资获客效果还可能更好。因为他们现在也非常卷，线下客户非常少，在 2020 年前后就纷纷开始做抖音。很多经纪人的账号都过了起号期，即已经打上了卖房者的标签，无论是粉丝结构还是视频推流都相对精准。

如何搭建呢？现在渠道费这么高，很多还要求佣金前置，黑铁时代营销预算捉襟见肘啊！我们可以直接和经纪人合作，他们现在都知道抖音好，都想做抖音，但是苦于没有人教，自己摸索往往又事倍功半，有人甚至大半年还是零成交。

叶茂中在《冲突》中说：“冲突在哪，营销机会就在哪。”因此，我们可以广发英雄帖，免费组织同城经纪人开展专业抖音培训。

上午讲解抖音推流机制、短视频选题、文案结构以及各种场景的拍

摄技巧；中午安排在餐厅吃工作餐，并告知下午实景演练，有老师现场指导；下午到售楼部、样板间、景观区等核心展示点在摄像老师的指导下进行拍摄，有问题随时咨询。

对于当天上传视频的账号，我们给予 100 元 DOU+ 投流作为奖学金。这时可不要心疼这 100 元，100 元正常情况下可以加热视频 2000 次，经纪人的账号一般都已经打上房地产垂类标签，这多出的 2000 次精准曝光可是性价比非常高的，想想精准派发 2000 张单页得多少钱！

如果经纪人只来参加培训，不发视频怎么办？一般情况下不会存在太多这种现象。一是我们是免费提供学习和午餐，罗伯特·西奥迪尼的巨著《影响力》中提到人类普遍具有互惠意识，对方也会发一条推广视频回报我们；二是我们还给上传视频的账号提供 100 元投流，这个诱惑一般人没理由拒绝；三是经纪人的账号也需要不断输出房地产垂类内容以强化账号标签；四是我们一般会和这些经纪人单独签署佣金协议，如果视频获客转化成交，还有一笔提成收入。

三天以后，基本流量跑得差不多了，我们还可以接着根据播放量多少得出名次。前三名颁发抖音实战冠、亚、季军证书，并且各追加 500~1000 元 DOU+ 投流作为奖励。这次追加的投流威力更大，因为这些视频都是通过平台算法机制验证过的优质房地产视频，1000 元估计可以覆盖同城数万精准客户。

除了曝光量之外，这么多经纪人参加培训，到景观区、沙盘区、样板间听讲解，亲自录制抖音视频，参加颁奖进行投流，这个过程让他们对楼盘有了更深的印象，和项目销售团队建立起了一定的感情基础，这也便于日后带看过程中对项目的推介。

4.3 他山之石，可以攻玉——利用异业联盟账号搭建抖音营销矩阵

异业联盟曾是地产操盘手的引流神器，但现在为什么效果越来越差

了？因为各行各业都没多少客户。其实，只是线下没客户，对于很多领域来说，线上还是一片蓝海。这时候大家更要互相扶持，抱团取暖，要带着异业一起挖掘线上客户，做到流量互通。比如，我的抖音主页橱窗课程“高效活动 36 计”里提到了“最美老板娘”这个活动，就是利用异业联盟搭建抖音矩阵一起做引流。

地产人在拓客的时候沿街商铺是必达之地。我们发现，沿街商铺的老板们很多都是女性，她们有一定的经济基础和社会认知，都是潜在客户，并且线下实体店也需要流量来支持生意。

而“美女”“老板娘”这类词汇在抖音上噱头十足，倘若联合沿街商铺做一场“最美老板娘”的线上评选活动，可以实现流量叠加互通。同时，也可以将她们转化为经纪人，从而与她们的店铺形成商业联盟，来挖掘她们周边的潜在客户。

首先，可以让她们拍摄自己的创业故事和业务介绍，上传到自己的抖音号上，并 @ 项目蓝 V 账号。然后，把她们分别请到售楼部做访谈，访谈体是非常有流量的一种短视频形式，同时在素材里插入老板娘在样板间和景观区的镜头，以展现项目品质卖点。最后，根据两个视频的点赞量之和排名，颁发“最美老板娘”证书，同时提供给账号 1000~3000 元 DOU+ 定向投流，以进一步裂变其周边资源（见图 4–3）。

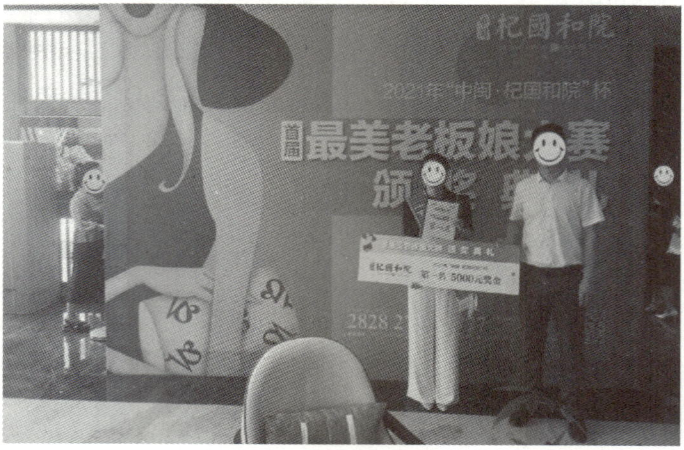

图 4–3　最美老板娘活动

中篇　自渠之山

每一次营销模式的创新都会改变房地产生态格局。从坐销到行销，催生了一批派单公司；从行销到拓客，催生了一批电开公司和拉访公司；从拓客到分销，以贝壳为首的渠道公司遍地开花。

在卖方市场时代，客户足够，渠道的存在感很弱；但是到了买方市场时代，到访不足，需要渠道来补量。自渠由于人数和机制的问题，时效性相对差很多，没有外渠立竿见影。久而久之，自渠瓦解，外渠做大，反向捆绑开发商。这就好比轻微感冒，身体不太舒服，又不想靠自身的免疫系统慢慢恢复，吃药也觉得慢，这时候要直接来点有兴奋作用的药，精神倒是立马提起来了，但是也成瘾了，才知道这东西害人不浅。

渠道现状分析

曾几何时，渠道和开发商也是一对甜蜜的“恋人”，在歌舞升平的时代，只要开发商利益给够，分销小伙子们就可以迅速集结打聚焦，像变戏法一样，找到源源不断的客户，输送到售楼部。不但代理公司完全体现不出价值，就连跟随老板多年，拥有专业营销技术的营销老总们也陷入了尴尬的境地，在刚入行的小白经纪人面前毫无底气，上分销就卖房，不上分销就不卖房。

随着分销一步一步做大做强和市场的 L 形下探，开发商越来越微薄的利润甚至不足以支付分销费！曾经你好我也好的关系，变成了同床异梦、相爱相杀。多少老板重新重视营销总监，重新起用代理公司，纷纷下场学习抖音，目的只有一个：降低成本，解绑分销！很多地方的行业协会还出台了共同抵制分销的契约文件，但是无一例外，都以失败告终。其中比较典型的是 2021 年易居硬刚贝壳失败，2023 年初北京中海大战贝壳也没占到什么便宜。

为什么呢？因为近几年分销在整个地产营销生态中已经占据了绝对的垄断地位，很多城市分销的占比甚至达到了 80%。

表　典型城市 2022 年以来分销渠道成交占比调研情况

城市	分销渠道占比	城市	分销渠道占比
上海	10% ~ 15%	武汉	约 60%
成都	约 15%	广州	约 60%
厦门	约 30%	深圳	60% ~ 70%
长春	30% ~ 40%	青岛	60% ~ 70%
苏州	约 50%	福州	60% ~ 70%
北京	约 50%	昆明	约 70%
济南	约 50%	天津	约 80%

数据来源：CRIC 中国房地产咨询决策系统。

知己知彼，百战不殆！我们先来看一下渠道的优势。

第一，店多人多。

在卖方市场时代，客户普遍恐慌性购买，只要开发商做足推广，售楼部就不缺客户。但是随着市场下行，已经转变为买方市场时代，广告牌和客户的沟通远远不如营销人员和客户面对面沟通。任何开发商在单一城市的营销人员都很难超过渠道人数，并且渠道的店面像毛细血管一样渗透到客户身边，也降低了触达成本。

第二，长期主义。

购买房地产对于一个家庭来说是重大决策，需要一定周期，今年不买可以明年买，渠道人员卖全城房源，也不会因哪个楼盘卖完而跳槽。高瓴资本张磊说：“流水不争先，争的是滔滔不绝”，渠道人员比较容易从长期主义的角度和客户建立关系。而开发商往往在一个新楼盘启动时才开始招聘，房子是新的、人员是新的、客户是新的，要逼客户在短期内作出购买行为。

正如亚马孙创始人贝佐斯问巴菲特：“为什么那么多人赚不到钱？”巴菲特回答：“因为人们不愿意慢慢变富。”

第三，内驱力。

过了三个月，渠道人员基本上就没有底薪了，所以如果开单佣金丰厚，他们就相当于个体户，或者是合伙制，属于“自燃型”，内驱力非常强。而对开发商来说，无论置业顾问还是自渠人员都是要发底薪的，这就会有摸鱼的现象存在，属于“可燃型”，需要外部强管理。一个是我要做，一个是要我做，效果自然不一样。

那么，既然渠道有这么多开发商没有的优势，直接用渠道不就完了，贵就贵点，干吗还要建立自渠。因为不是你想让渠道卖你的项目渠道就会卖的，除了给足佣金点数之外，还要求展示面要好，价格不能高，可能还要有渠道专场特惠，并且很多情况下还要佣金前置。如果不合作，还有口碑翻转、客户被拦截的风险。毛主席说过：“枪杆子里出政权”，部队还是要掌握在自己手里，要不然孙中山先生推翻封建帝制之后为什么那么快就被军阀窃取果实了。

由此，做强自渠，势在必行！

但是常规的多上人、多打电话、多派单肯定不行，我们要向渠道学习以下三点：第一，人数要多。几十个人肯定不行，要几百甚至上千人。第二，长期主义。要变点状的派单拓客为长期在客户身边扎根布点。第三，机制要变。不能发底薪，只给高提成，按效果付费，激发自驱力。

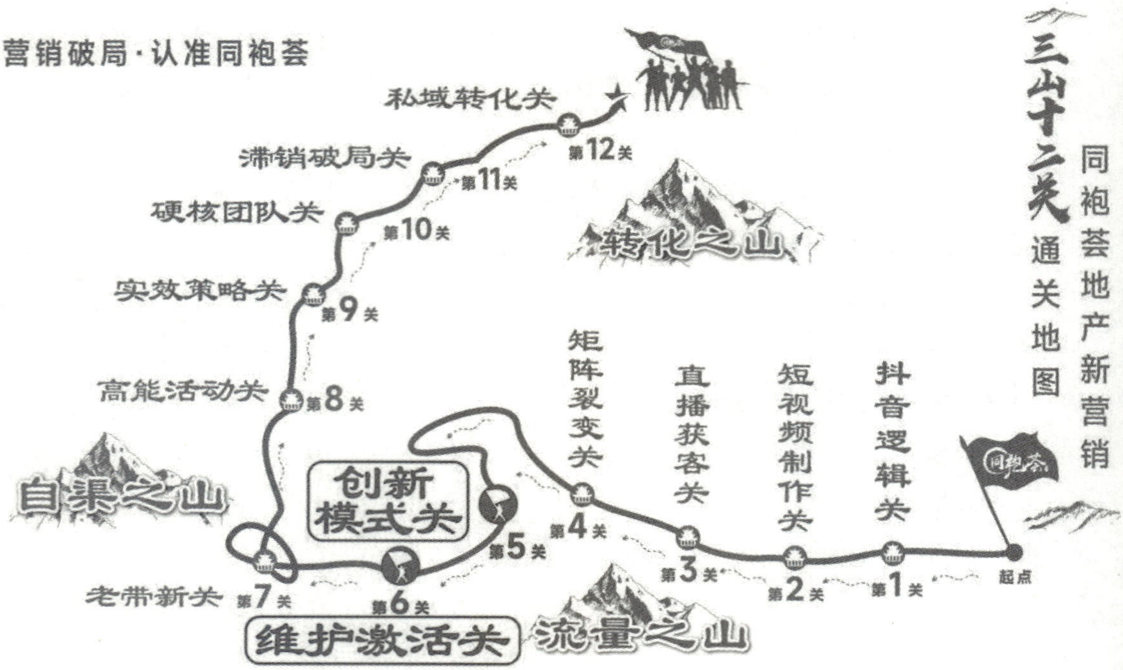

第 5 关 创新模式关 和 第 6 关 维护激活关[1]

今朝中国作为代理公司，也深深感受到了渠道带来的巨大压力，必须深入一线研发出一套强大的自渠模式才能有立足之地。接下来介绍几种我们研发的自渠创新模式。

搭建自渠比较容易，就像发展经纪人一样快，难的是维护激活以产生持续带客。为了减少阅读的割裂感，我把创新模式关和维护激活关合并来写。

我的热卖线上课程“独孤九剑”就是专门介绍创新自渠打法的，总共有九招，这里介绍六招。“红海行动、头号计划、敌后根据地”这三招

① 第 5 关和第 6 关合并成一章，遵循统一原则，标题序号、图号均以“6”开头。

都是在县域操盘的基础上研发的，也可以升级用到地级城市；“百团大战、群狼阵法、猛虎阵法”这三招是为线上营销研发的，适用于一线到七线市场的项目。

6.1　对县域房地产市场的认识

长期以来，很多专家学者都在唱衰县城房地产。我结合多年在县城操盘的切身感受并不这么认为，不说乐观，但绝不悲观。县城是满足教育、医疗、休闲的最小城市单位，是城镇化的桥头堡。目前，新一轮的城镇化战略正在悄然转向。2023 年初以来，国家层面出台多份文件，要求超大、特大城市瘦身减体，严控省会城市规模无序扩张，严控撤县（市）划区，原城区内的城市更新逐渐成为新选择。与此同时，推进以县城为重要载体的新型城镇化建设，正在成为新一轮区域政策的主方向。从 2023 年下半年的政策来看，取消土地限价，取消 1.0 限制，让房子回归商品属性，新加坡的双轨制可能成为房地产改革的新方向。即无论县城还是大城市，刚需保障化、改善市场化，今后核心位置搭载产品力和服务力好的房子，无论在哪级市场都会比刚需更加叫好又叫座。

经济好的时候，大城市的传统就业机会比较多，年轻人纷纷离开县城去大城市追逐梦想，但是随着经济下行，失业率增高，薪酬水平下调，很多年轻人在大城市生存越来越难。同时，随着电商和直播带货的兴起，地域优势越来越不显著，对于会玩流量的年轻人来说，有网络就会有收入。

举个例子，原本在郑州市租一间租金为 2 万元 / 月的商铺卖花生糕，每个月能卖 10 万元，现在到开封杞县的花生地里和加工厂拿着手机做直播，一分钱租金都没有，很可能卖得还更多了。这不是个例，近几年越来越多的年轻人逃离三、四线城市，少数精英到一、二线城市，大部分选择回乡谋生，就是这个原因。

县城客户购房主要有以下三个原因：

排名第一的是结婚。在县城买房，是小镇青年结婚必备的前置条件。你说我在老家镇上盖了三层小楼，还有个大院子，行不行？挺好，但在县城还要买一套商品房才算拿到婚姻的门票，这点比大城市要显著多了。

排名第二的是上学。很多农村老百姓都吃过没文化的苦，所以他们有强烈的愿望让孩子接受更好的教育，脱离农村到县城上学，就是普遍的共识。一个县城的好学校不多，所以县城最好卖的房子往往是学区房。

排名第三的是改善。公务员、医生、教师或者做当地生意的企业主，他们都有生活在县城的需求，但是目前县城的房子大多数还是十几年前建设的家属院或者小产权房，无社区物业、无智能安防、无景观绿化，住着不舒服，说出去没面子，也存在一部分改善购买力。除此之外，就是上文提到的回流创业人员。

根据多年县域地产营销实战经验，我将县城项目客户的组成结构分为以下四档：A 档为品质楼盘，县城核心位置，城乡客户比约 3∶7；B 档为非品质楼盘，县城核心位置，城乡客户比约 2∶8；C 档为品质楼盘，县城非核心位置，城乡客户比约 2∶8；D 档为非品质楼盘，县城非核心位置，城乡客户比约 1∶9。

人往高处走，水往低处流，中国人都是向上一级市场买，县城的主要购买力来自乡镇。所以要做好县城项目，最重要的就是抓好乡镇客户。

乡镇客户有三个特点：

第一，分布非常广泛。乡镇大多相距十几千米甚至几十千米，对于拓客来说，经济成本和时间成本都太高。早上 9 点钟上班，带着置业顾问、小蜜蜂、单页和礼品到乡镇已经快 10 点了，工作两个小时，乡镇人又该吃饭午休了，下午 3 点开始，再发两三个小时单页又要往回赶了，有效工作时长太短。而且每次最多发一两个乡镇，下次再轮回来可能已是半个月之后了，老百姓早没印象了。

第二，找不到决策人。目前乡镇普遍处于空心化状态，除了沿街商铺，基本上找不到家庭决策人，60 岁以上的老人和 16 岁以下的留守儿童占了大多数。到了地方只能跟无头苍蝇一样发单页，前面发着后面扔着。

第三，季节性强。由于大量青壮年外出务工，使得乡镇客户的周期性特别强，旺季不是金三银四、金九银十，而是芒种、清明、秋收、春节这些返乡高峰。

基于以上认知，只有让熟悉情况的当地人作为我们的长线经纪人，并保持维护处于激活状态，才能低成本获取客户。

6.2　自渠独孤九剑之“头号计划”

提到在乡镇发展经纪人，建立推广阵地，估计大家首先会想到饭店。确实，曾经我们也是先做的饭店，把饭店老板发展成经纪人，并且在饭店的墙上、菜单上、手纸盒上打上广告，甚至连一次性餐具的塑料包装上都打上广告。

但是一段时间之后发现没有什么效果。一切答案在现场，于是我们就去饭店观察，看是哪里出了问题。我们发现，原来乡镇老百姓一般在家吃饭，凡是到饭店吃饭的，要么是我们这样的外地人，要么就是几个哥们过来喝酒的，根本不看广告，和老板之间的对话也仅限于点菜和买单。

后来，我们又做了学校和医院，这两个地方也是乡镇人员聚集地，但是教师和医生不愿意当经纪人，更不会主动介绍房子。我们堵在门口发单页也没用，来这里的人目的性都很强，没时间也没兴趣了解房子。

走了很多弯路之后，我们发现了一个神奇的地方，这个地方全乡镇的人都要来，并且每个月都得来一次。这个地方就是理发店！

每次理发大概需要半个小时，理发时什么事都干不了，只能刷刷手机，和理发师聊聊天。而且一般人都是长年不换理发师的，所以在长年累月的交流过程中，客户和理发师自然就成了朋友。理发师对客户的家庭情况，甚至同村情况都比较了解。

通过调研我们发现，一个镇上大概有 15 家理发店，每家理发店有

2000个忠实顾客，总共约3万人，基本上符合目前乡镇常住人口数量。如果与理发店谈好分销合作，把理发师发展成经纪人，把理发店植入楼盘广告，作为营销的前沿阵地，那就能轻松覆盖全镇老百姓，人们平均每个月理一次头，就相当于每个月都有一次推广机会。

我给这个事起了个非常形象的名字，叫“头号计划”。

第一步：洽谈。

经过走访调研我们发现，乡镇理发店理发一次需要10~20元，平均每天有6~10个客户，加上烫染，每月收入在4000~8000元不等。辛辛苦苦一个月下来，除去物品损耗、水电、房租、人工等成本，理发师也挣不了多少钱。我们把理发师发展成经纪人，承诺介绍客户后成交一套给3000元或5000元佣金。理发师只要推荐成交一套拿到一笔钱，这种轻松赚钱资源变现的感受会让他上瘾，以后就会把理发当成副业，主业变成了售楼。

在洽谈过程中，我们也发现一些理发店不愿合作。对此，如果这个理发店的流量还可以，不妨购买200元理发券，这样我们就成了理发店的客户，关系瞬间升温。200元理发券一般可以理发10~20次，这些券可以放到店里，告诉理发师，在聊天过程中如果发现客户有购房意向，可以拿着理发券到售楼部兑换现金，作为店里的老客户回馈。我们也可以把理发券放在售楼部，在接待客户的过程中，发现是同一乡镇的，作为伴手礼送给客户让他免费去理发，为理发店导流新客户，这样理发师不但会感谢我们推荐新客户，还会以老乡身份即第三方视角，相对客观地给客户举出很多同乡人购买项目的例子，引发从众心理。

第二步：广告植入。

这类有门店的经纪人天然具备阵地优势，我们一定要充分挖掘，好好利用。在理发店做广告不会引起人们的反感，因为利用的是大家理发时的无聊时间。视频贴片广告很让人讨厌，但是人们却不反感电梯广告，也是这个道理。理发店广告植入通常可以选择以下形式：

进门地垫。理发店的门口大多都会有一个地垫，我们可以提供赞助，打上项目广告。

镜角。理发是一定要照镜子的，我们可以在镜角放上项目广告。

围裙。乡镇理发店的围裙是长年不换的，其实一个才几十元，我们可以赞助围裙，打上项目广告，客户一低头或者从镜子里很容易就看到。

海报。理发店墙上可以张贴项目海报。最好是三张连贴，第三张倒过来贴，这样更加抓人眼球，也容易引发客户聊天话题。

口播。理发店一般都会播放音乐，我们可以以赠送音响的方式，要求整点播放录制好的项目宣传口播（见图 6-1）。

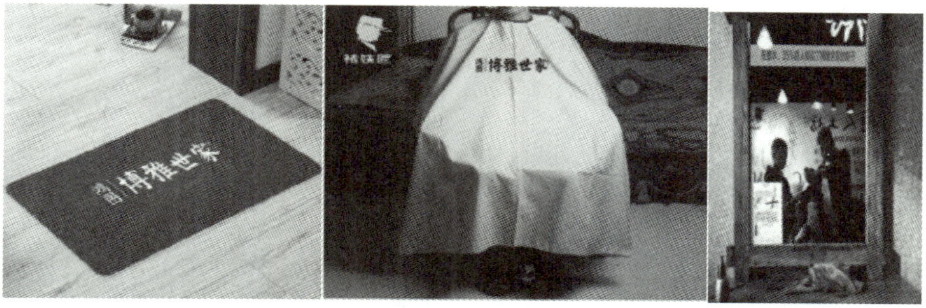

图 6-1　“头号计划”活动宣传道具

第三步：学习体验。

经纪人的推荐效果不理想往往是因为自己对项目不了解，很多经纪人甚至根本没来过售楼部，没有直观的感受，怎么可能生动地把项目价值点传递给客户？所以在发展经纪人之后，一定要多次邀约他们到现场体验学习。

理发店老板普遍很忙，基本每天都有人理发，邀约效果并不理想。但是，我们发现理发店老板对潮流发式和烫染技术是有学习刚需的，过一段时间就要花钱出去学习，最起码也得自己到城市里的大理发店做个头发，亲自感受一下。

营销要有客户思维，要投其所好。于是，我们就请地市或省会的理发老师到销售部做培训和讲座，免费邀约合作理发师参加。上午学习，中午一起吃饭，下午参观景观区和样板间，晚上走之前再送上洗发水、发胶等伴手礼，效果非常好！这个活动一个季度搞一次，且正好都是在换季的时候。这样，理发师对项目就有了较深的感情，不但能更积极地给客户推荐，也能更清晰生动地讲出项目的品质和卖点。

“头号计划”以小博大，花费不高但覆盖面很广，而且每月和客户的触达频次高，尤其在返乡潮的时候威力巨大。中国人都有正月里不理发的习俗，所以腊月理发店人满为患，很多都是返乡客户，这些人正是购房的主力军。在返乡潮前 2~3 个月去拓展理发店，执行“头号计划”，往往事半功倍。

6.3 自渠独孤九剑之“红海行动”

“头号计划”主打乡镇，那村庄怎么建立自渠呢？村庄分布更加广泛，更找不到决策人，在村庄拓客如大海捞针，难度可想而知。

前些年，在乡镇拓客中，我们找过村长，几番交流下来，确实体会到了那句话——“别拿村长不当干部”。我们操盘的各地情况都差不多，以村长为切入点着实不好推进。后来，听说媒婆人脉丰厚、神通广大，又找了媒婆，效果也不尽如人意。一是因为媒婆太滑了，不知道哪句话是真的、哪句话是假的，把我们外拓团队忽悠得团团转；二是因为客户找到媒婆的时候，大多数已经买过房子了。

但在村里拓客避免不了去商店买水买烟。在跟超市老板聊天的过程中我们发现，农村超市的收银员大多就是老板本人，相比一般村民，不但有商业头脑，而且在附近还是有点儿话语权的，普遍还是热心肠，谁家在外面打工挣了多少钱，谁家因为孩子要结婚在看房子，他都非常清楚。不但如此，他跟这些潜在的购房群体还都比较熟，要么是亲戚，要么是同学，要么是从小玩到大的发小，相互之间有天然的信任基础。

这个发现，让我们喜出望外！如果把这些超市都发展成我们的分销点，把这些超市老板都变成我们的分销经纪人，还不用发工资，那不就是一个开发商自己的贝壳体系吗！

于是，我们每谈好一个超市，就在门口醒目位置贴上一个红色的牌子，然后在地图上插上一个小红旗，平均一个月能铺 200 家超市，很快地图上就插满红旗。我们把这套打法称为“红海行动”（见图 6–2）。

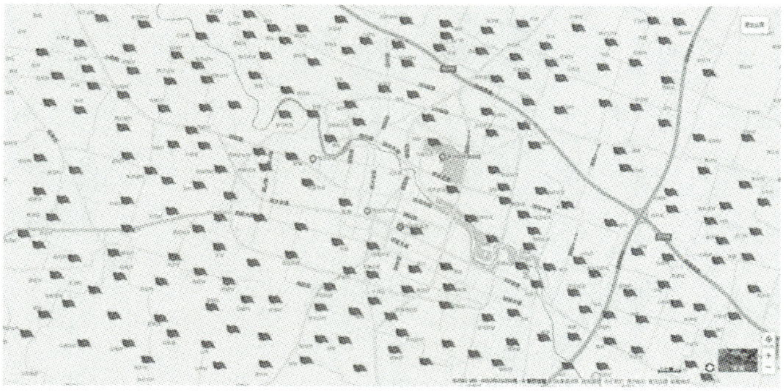

图 6–2 “红海行动”地图

“红海行动”相比“头号计划”执行起来要复杂一些，覆盖门店多，农村老板对新事物的接受程度也低于乡镇老板，今朝团队在不断地使用和完善“红海行动”的过程中也总结出了很多细节要点。通常，“红海行动”的执行有九大步骤。

第一步：人员分工。

首先梳理县城置业顾问的老家是哪个乡镇，或者其爱人来自哪个乡镇，然后安排置业顾问发展各自老家所在乡镇的农村超市老板。这种通过熟人介绍或者同乡关系比较容易接洽成功。

第二步：利益洽谈。

农村超市老板每个月的流水和利润都不高，一箱方便面可能才赚 1 元钱。因此，我们把他们发展成经纪人，承诺介绍客户成功买房，给予 3000~5000 元经纪人费用，这个诱惑很难被拒绝。

需要强调的是，一定要给他们介绍的新成交客户不低于介绍费的额外优惠。大城市全民经纪人非常普遍，卖房子拿佣金心安理得；乡村不一样，这里的人情关系错综复杂，很多是亲戚或近邻，如果被对方知道介绍人拿了介绍费，关系可能就变质了，这也是很多超市老板不愿意介绍客户的顾虑所在。比如，经纪人费用是 3000 元，给新客户的额外优惠要比案场正常优惠多 3000 元，这样超市老板才会放心介绍，甚至觉得很有面子。

第三步：张贴招牌。

洽谈成功后，要在超市门口的醒目位置量好尺寸，回去制作“× × 项目售楼咨询处”的红底白字 KT 板，下次来的时候张贴。

注意这一点是“红海行动”成功的关键（见图 6–3）。

之前也有人发展过超市老板，但是没有效果，很可能就是没有张贴这个招牌。大多数非专业经纪人不好意思主动介绍项目，如果门口贴上这个牌子，就会大大增加客户询问超市老板的概率。

这里有以下两个重要细节要注意：

一是门口悬挂的招牌不要带设计感，容易喧宾夺主，更不要带售楼部热线，否则客户就跳过超市直接联系了，容易影响超市老板的参与热情。

二是不要给张贴费，我们最早开始做“红海行动”的时候也给过张贴费，包括我的很多学员为了提高拓店速度也给张贴费，发现效果不好。因为一旦给钱了，老板就认为是出租位置，会把工作量锚定在一点张贴费上，存在“拿多少钱、干多少活”的心理；如果不给钱，他就会认为这个广告位是自己的投资。有本书叫《金钱不能买什么》，把这个道理讲得很清楚。

图 6–3 “红海行动”合作商家招牌

第四步：颁发授权。

安装完招牌之后，要准备精美的盖了章的销售授权书给超市老板。超市老板一般学历都不高，没什么荣誉证书或者毕业证书，拿到这样的授权书，不但会对佣金承诺更有信赖感，也会有一种自豪感，往往会放在超市醒目位置，这样就又增加了客户询问房子的概率。发完授权书，记得在门口放鞭炮（见图 6–4）。

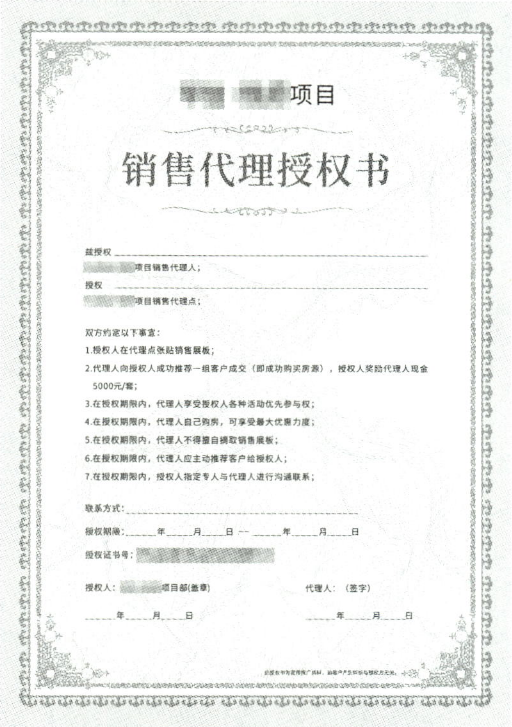
[redacted]项目

销售代理授权书

兹授权 ____________________

[redacted]项目销售代理人；

授权 ____________________

[redacted]项目销售代理点；

双方约定以下事宜：

1.授权人在代理点张贴销售展板；

2.代理人向授权人成功推荐一组客户成交（即成功购买房源），授权人奖励代理人现金5000元/套；

3.在授权期限内，代理人享受授权人各种活动优先参与权；

4.在授权期限内，代理人自己购房，可享受最大优惠力度；

5.在授权期限内，代理人不得擅自摘取销售展板；

6.在授权期限内，代理人应主动推荐客户给授权人；

7.在授权期限内，授权人指定专人与代理人进行沟通联系；

联系方式：____________________

授权期限：______年_____月____日 —— ______年_____月____日

授权证书号：[redacted]

授权人：[redacted]项目部(盖章)　　代理人：（签字）

______年_____月____日　　______年_____月____日

图 6–4 “红海行动”合作商家销售代理授权书

第五步：报备反馈。

要清楚告知超市老板客户的报备方式且要简单易操作，比如微信报备、短信报备等。超市老板报备客户之后，如果只有成交才通知，不成交就没有任何消息是非常不妥的。如果一直没有消息，超市老板会产生疑虑：有没有成交？是不是成交了没通知我？或者是不是没重视？时间久了，超市老板就很难再推介客户了。

所以，置业顾问接到自己发展的超市老板的客户报备之后，应立即向公司报备。同时，邀约看房、接待洽谈、逼定成交等任何一次和客户接触都要及时通报给超市老板，同时还能打听客户的真实情况，让他做些配合邀约和促进成交的动作。

第六步：社群发酵。

各乡镇发展超市老板后要分别拉入群里，由各置业顾问维护。平时可以在群里发一些当地热点新闻、福利团购信息等，并且不定时地在群里发发楼盘广告，记得发红包，10 元 20 个红包，抢到红包的让其帮忙转发广告。

有个细节要注意：不要把所有发展过的超市老板都拉到一个群，而要根据不同乡镇分别建群。这样，我们就可以在群里发一些其他乡镇老板带看或成交的氛围照片或视频。当然，这些不一定是真的。

营销人应该懂得：这个世界没有真相，只有对现象的认知。

第七步：日常邀约。

我们在“头号计划”里讲过，很多经纪人推荐的效果不好，很可能是因为他们根本没来过售楼部，没有现场的体验感受，给客户讲不出来。同样，农村超市老板普遍文化程度不高，只有到现场感受过，才能用自己的语言生动地讲给同村客户听，才更具感染力和说服力。

相比乡镇理发店老板，农村超市老板不那么忙，比较好邀约。我们通常要求置业顾问周一到周五每天每人邀约 2 个超市老板到营销中心，这样 10 个置业顾问每天就能邀约 20 个超市老板。超市老板上午到访，中午一起吃饭，下午参观售楼部、景观区、样板间，然后送上伴手礼离开。

这些超市老板体验之后，回去给客户讲解会丰满、生动很多，推荐客户数量明显上升。此外，每天有 20 个超市老板到访，还解决了售楼部工作日比较冷清的问题。

第八步：定期表彰。

金钱和荣誉是激励人心的两大法宝。为了激活和保证超市老板持续工作的动力，每个季度都要举办一场表彰大会，把超市老板约到售楼部，发放最佳带看奖、最佳成交奖、最佳敬业奖等。请获奖超市老板上台分享，戴大红花，当场发现金和荣誉奖牌，同时在各超市老板微信群做图文直播，激发超市老板们的赚钱欲望和工作动力。

第九步：福利回馈。

前文提到，县城客户的季节性非常强，端午节、中秋节、春节一般是超市的销售旺季，更是返乡潮带来的销售旺季。超市一般会在旺季前进货，我们可以采购相应的方便面、火腿肠等热销货品，让超市老板来售楼部进货，并根据成交情况做不同折扣的补贴，比如成交 3 套以上八折，6 套以上六折，10 套以上三折。看上去我们是提供了一些补贴，但是一方面暖了业绩优秀超市老板的心，另一方面也激发了其他落后超市老板的进取心，非常有利于返乡潮收客。

如果合作的超市覆盖 300 家以上，并且有效互动三四个月，“红海行动”的效果就会非常显著。可能你还会发现，有些超市老板可能已经成为项目业主，因为不断地邀约、到访、体验，加之他们不断地去给客户讲解项目的优势，其实也是说服自己认可项目的过程。

6.4　自渠独孤九剑之“敌后根据地”

“头号计划”“红海行动”是今朝团队在无数场实战中研发的宝贵战术，成本低、效果好且长期受益，其本质是利用渠道公司的特性做异业联盟的升级。这就相当于打台球，中间需要白球传导一下。接下来给大家介绍的四种方式都是直接链接客户的自渠模式。

美国著名战地记者罗伯特·卡帕有一句名言：“照片如果拍得不够好，说明离战火不够近。”我们在县城做项目，如果总是在城区兜兜转转，离乡镇客户很远，效果怎么会好呢？只有深入敌后，建立敌后根据地，才能更好地打营销战役。

按照常规做法，我们深入乡镇去拓客，一天最多两个乡镇，何况置业顾问也不可能天天去拓客，还要在售楼部里做接待，尤其是周六、周日还得在售楼部配合活动。所以，一个乡镇我们去拓客一次之后，下次再到这个乡镇可能已是两三周以后的事了。这种频率拓客很难做透，也很难有杀伤力。因此，乡镇拓客模式要由低频、陌生的拓客拜访行为转变为长期、高效的熟悉驻点模式。

第一，租赁乡镇核心区位商铺，设立销售根据地。

我们发现，基本上每个乡镇都有一个十字街，这就是乡镇的 CBD，自带流量，如果遇上集会，就会车水马龙。即使这么繁华的位置，30 平方米左右的商铺，在河南租金也只要 1000 元 / 月左右。

我们可以租下这样的商铺，然后做一个大大的、非常醒目的门头，相当于户外广告牌。相比乡镇户外广告牌动辄一年两三万元的租金，这个成本非常低（见图 6–5）。

除了门头招牌，门口还要放上 6 个水座旗，以及地毯、音响等物品，音响可以长期开着播放广告，作为引流。室内要设置一个前台，两组桌椅即可，同时配备一台计算机、一台饮水机，一个摄像头。墙上贴上项目区位图、鸟瞰图、户型图、核心卖点等。这样一个乡镇核心位置的销售分部，整体硬性成本不会超过 1 万元。

图 6–5 “敌后根据地”设点

第二，招聘当地人做展点销售员。

可以招聘一位年轻、头脑灵活的人做店长，工资大概 4000 元 / 月，成交一套提成 500 元，这个薪酬在乡镇还是很有竞争力的。再招聘 4~8 名店员，年龄和能力标准可以放宽一点儿，只要吃苦耐劳或者有一定当地资源即可，工资在 1800~2500 元，成交一套提成 1000 元。

因为都是当地人，所以雇佣他们当销售员优势很明显：第一，不用考虑通勤时间和成本，有效工作时间会拉长；第二，他们对自己乡镇和邻近村庄居民情况更熟悉，拓客更加精准；第三，因为他们生活在此，还有一个固定接待点，所以在介绍项目的时候给客户的信任感更强。

第三，把活动放到乡镇展点做。

县城项目的客户大多来自乡镇，现在做活动把客户邀约到现场实在太难，导客成本很高。为此，在各乡镇，尤其是客户核心乡镇的展点建立好之后，就可以把案场活动拿到展点来做，离客户更近，邀约和到访都要容易得多。在遇到集会的时候，还可以举办一些小演出，或者搞送白菜、免费套圈等能扩大影响力的活动。

第四，开通免费班车。

乡镇老百姓经常会去县城办事，我们可以在客户聚集的几个核心乡镇开通定时免费班车，从乡镇展厅出发，第一站到县城售楼中心，第二站到县城地标性的地点，比如某个商场，下午再从售楼部统一发车返程。一辆中巴负责三个乡镇。用不了多久，免费班车的事就会在这个乡镇传开，以此提高乡镇展厅和项目的知名度和到访率。

“不入虎穴，焉得虎子”，“敌后根据地”直接把“炸弹”投喂到“敌营”，效果显著。唯一的问题就是相比其他招数费用稍高。在黑铁时代，我们又研发了两种低成本变形战术。

低成本变形战术一：“商超桥头堡”。

每个乡镇都会有 1~2 个大型超市，面积 3000~5000 平方米，这种大超市相当于乡镇的万达广场，人流量非常大。但是这里的收银员就只是收银员，不是老板，和客户基本不认识，也不交流，所以不能像“红海行动”一样发展成经纪人。

但我们可以租赁超市入口处的桥头堡位置设置临时展点，一个月的租金大概 1500 元，月付且没有押金，也省去了门头费、家具费，只需要一张桌子和几个展架即可（见图 6–6）。因为是短租，也不用招聘当地人作为店长，只需要让置业顾问每人一周轮流值班即可。同时在当地招聘 10 名“小蜜蜂”，工资按日结算，以展点为据点领取单页和礼品进行拓客，拉访来的客户由驻点置业顾问进行接待。

另外，守着人流密集的超市，也要挖掘一下超市资源。比如，超市客户凭购物小票满 88 元可以到展点免费领取水杯等礼品，同时请客户帮我们转发一下楼盘广告，有抖音的话也可以扫一下爆店码进行裂变。

图 6–6 “商超桥头堡”活动

低成本变形战术二：“旅店游击队”。

在做“商超桥头堡”的时候，因为置业顾问需要在乡镇驻场一周，免不了要住旅店。我们发现，旅店老板就是一个信息情报员，知道附近哪个村经济比较好、哪个村谁要结婚买房，信息量非常大。为此，我们研发了第二种低成本变形战术——“旅店游击队”（见图 6–7）。

乡镇旅店的卫生条件和安全系数都不高，所以建议安排男性置业顾问到乡镇旅店居住，居住过程中要尽快和旅店老板搞好关系，比如送给他们一些拓客礼品，教他们做做抖音，或者帮忙做点家务、拉拉家常等。互相熟悉之后，让他介绍周边比较有资源和热心的人做我们的“小蜜蜂”。

“小蜜蜂”工资日结，置业顾问白天带领“小蜜蜂”，根据其提供的信息进行相对精准的拓客，晚上可以拿着拓客礼品对“小蜜蜂”进行家访，与“小蜜蜂”家人聊天，看能不能进一步挖掘客户资源。

镇上不同区位的旅店信息量和客户资源差别还是很大的，镇东头、镇西头、镇南头和镇北头一般属于不同大队，旅店老板的资源也不一样。所以每一周要换个方向重新选旅店，重新招聘“小蜜蜂”，再去洗刷新的客户资源。一个月的时间基本可以做透一个乡镇。

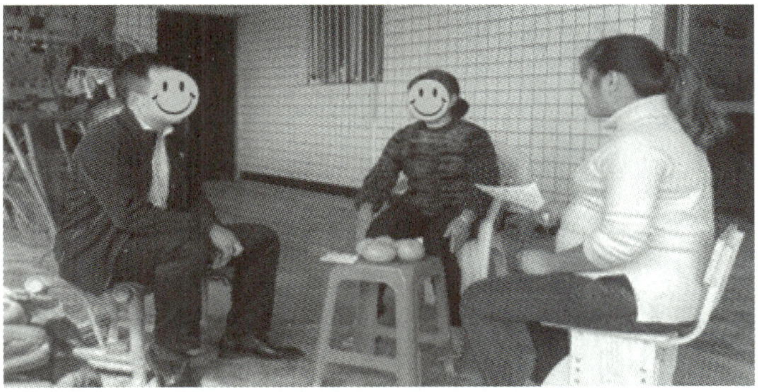

图 6–7　“旅店游击队”客户拓展

6.5　自渠独孤九剑之“百团大战”

我们发现，在渠道中介门店里，往往离项目比较近的门店带客比较多且比较准，因为这些门店的客户大多来自项目附近的地缘性客户。地缘性客户是房地产客户群体的重要组成部分，尤其在项目刚入市的时候，第一波成交客户往往来源于此。随着销售的不断推进，客户半径也会越来越大，但地缘性客户会贯穿整个营销周期。

那么，我们如何通过自渠挖掘周边老旧小区的地缘性客户呢？针对这部分客户，传统的营销方式是公关物业公司管理层，拿到业主电话，然后电开，但是这种方式一方面公关成本比较高，据说很多都达到 10 元一个号码了；另一方面现在电开的接通率越来越低，甚至还有法律风险。

所以，我们也可以退而求其次，转向公关保安，可能两包烟就可以了，但是保安手里并没有业主资料，他能做的只是让你进出小区，发点单页，抄抄停车场挪车电话等，效果也非常有限。

新冠疫情这三年，很多小区业主养成了社区团购的新消费习惯，比如很多小区都自发出现了买菜、买水果的业主社群，且活跃度非常高。这些社群能够形成并且保持高活跃度，原因有以下几点：

一是各团购业主群的团长本身也是业主，和单纯的商家相比，有天然的亲近感和信任感，很可能和客户本身也认识。

二是这些团长基本上都是在自己家里腾出一间屋子放货架或是做仓库，由于没有店铺租金，甚至没有额外的电费和人工，税费可能也不交，成本少了好多，所以价格自然有优势。

三是因为都在一个小区，业主下单之后，无论是自取还是送货都非常便捷，省时省力。

这些囊括了周边地缘性客户和日活度极高的社群，对我们来说简直就是宝藏群。由于人口数量的不同，每个小区的社群数量也不同，但是少的也会有三五个。如果能在项目旁边找十几个小区，那就能获得近百个社群，我们和团长谈好条件，为项目做营销引流客户，效果一定会非常好。

我们给这套打法取了个很带感的名字叫“百团大战”。

看到这里，大家会不会觉得我们怎么给营销策略取了这么多名字，还很有战斗气息，这是由今朝中国的企业文化决定的。地产营销基本都是传帮带似的经验传承，很多都是点状的，没有形成体系化，我们把一套策略在实战中跑通并不断完善，然后起一个名字，这样内部交流起来就非常默契和高效，并且团队干起来也多了一份战斗激情。

“百团大战”可以分为五个步骤。

第一步：找到团长。

找到团长比较简单，有三种常用方法。

一是通过本小区已成交老业主拉人入群。这种社群一般是开放式的，大家可以随便拉人进入，进到社群后再添加团长微信。

二是通过公关保安找到团长。团长平时需要进货，保安一般都会认识。

三是直接让年纪大点儿的同事到小区里找路人询问去哪买菜，本小区团长在几号楼哪一户，然后直接上门拜访。

第二步：利益洽谈。

签订经纪人协议。“百团大战”的佣金不用设置得太高，1000 元即可。因为团长不会主动介绍客户到访，我们只是借贵宝地做做广告。“百团大战”的客户都在项目周边，精准程度和发酵效率相对“头号计划”和“红海行动”都高，属于强连接。对于高能级的团长，建议前两个月发 1000~2000 元的基本工资，第三个月以后可以对团长业绩进行评比，业绩前十名的团长可以继续领工资，或者社群有客户成交就发工资，没有成交工资减半，次月再没有成交工资取消。

第三步：社群渗透。

渗透社群时，千万别以为你和团长签了经纪人协议，甚至发了工资，他就会让你在群里发广告，你发完广告再发个红包都不可以！这些团长深知社群就是他们的安身立命之本，并且同小区各社群之间竞争还是比较激烈的，业主进社群也是为了更便宜、更便捷地买菜、买水果，而不是看房地产广告。

那该怎么办呢？

我们发现，各社群虽然团长不一样，但是发布的商品和内容都是一模一样的，价格当然也一样，比如“邻居们期待已久的大凉山冰糖心苹果上市了，近 2700 米海拔，20℃温差造就了味道极好的大苹果，酥脆爽口，汁水充盈，让你一口爱上她，团购价每斤 6.5 元”。因为价格一样，各团长为了维护自己的客户，除了提升服务之外，没有任何办法（见图 6-8）。

蔬菜和水果价格普遍都不高，如果我们给合作团长的社群每斤补贴几毛钱，优势就比较明显了，比如“邻居们期待已久的大凉山冰糖心苹果上市了，近 2700 米海拔，20℃温差造就了味道极好的大苹果，酥脆爽口，汁水充盈，让你一口爱上她，团购价每斤 6.5 元，现【华信悦府】每斤补贴 0.6 元，本群特惠价每斤 5.9 元”。这样一来，团长用价格优势维护了客

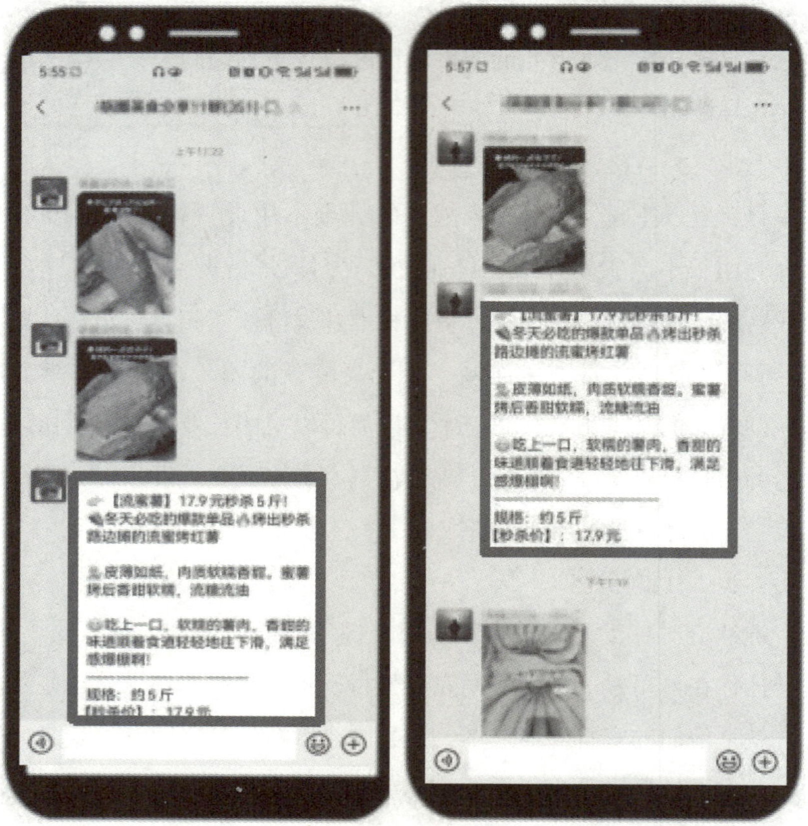

图 6–8 “百团大战”社群商品

户，客户落得了实惠，开发商做了项目推广，三方共赢（见图 6–9）！

我们还可以让置业顾问进到合作团长的社群，把头像和群昵称改成项目广告，比如，“首付 2 万元住华信悦府学区”，然后在里面多聊天互动，这样每聊天一次，广告就软性植入一次。在发布团购跟帖的时候，也可以每隔几个人跟一次帖，也是非常好的广告植入，因为客户落得了实惠，所以也不会反感。

第四步：阵地包装。

在社群跟帖下单后，基本都是客户到团长家里自提货物。可以在团长家大门贴上海报，门口放上项目信息地垫，仓库墙上贴上项目海报，空置位置摆放项目展架（见图 6–10）。

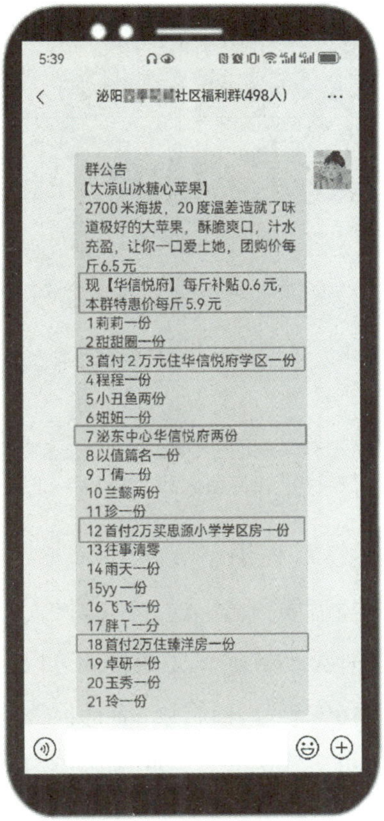

图 6-9　“百团大战”社群广告

图 6-10　“百团大战”仓库广告

可以给团长提供带有项目广告的塑料袋，也可以升级成无纺布袋。按照我们的经验，换成无纺布袋效果特别好，因为可以重复使用，深受阿姨们的喜爱，平时他们去商场或菜市场也会拿着，相当于行走的广告位（见

图 6-11)。

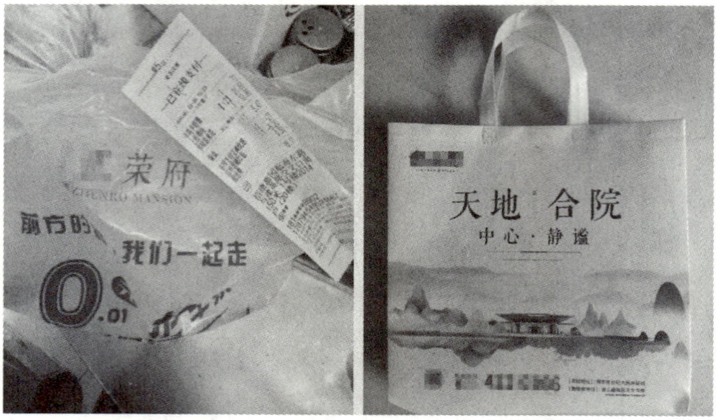

图 6-11 “百团大战”提货手提袋

第五步：线下导流。

客户领取货物的时候需要扫墙上的二维码付款，可以在二维码下面贴上一个字条，写上“凭消费截图到 × × 售楼部可以返现 10%”。一般买菜、买水果都是几十元钱，10% 就是几块钱，而且售楼部又离得近，可以以极低成本有效导流地缘客户。虽然会有一些水客，不过即使人气客户也不会便宜到几块钱一组吧，性价比非常高。

除了返现，还可以设置成凭 100 元以上扫码截图到售楼部领取米、面、油或者其他礼品一份。记住：一定要设门槛，越设门槛，上门率越高。

还有一个很有效的动作，团长一般都有很多小区业主的微信，尤其是自己社群成员的微信。视频号有个重要的推送规则是，推送朋友点赞的视频。所以可以要求合作团长给我们视频号里的视频点赞，点一个赞 10 元钱，这样我们的视频广告曝光给地缘性客户的概率就会大大增加，比付费投流划算多了。

6.6 自渠独孤九剑之“群狼阵法”

在上篇流量之山的抖音矩阵关我综合介绍了“群狼阵法”和“猛虎阵

法”的主要逻辑和区别，接下来我们介绍具体玩法。

一般售楼部做抖音仅仅运营官方蓝 V 账号。虽然蓝 V 账号对营销属性的内容有一定包容性，但是作为项目官方抖音号，对发布内容顾虑比较多，很多符合抖音流量算法的视频不适合在这里发布。同时，抖音的流量有叠加效应，只有一个蓝 V 账号，未免势单力薄。

蓝 V 账号相当于航空母舰，没有哪个国家是只开出去一艘航母就直接去打仗的。航空母舰的威力来自以航母为中心，配备舰载机、巡洋舰、驱逐舰、护卫舰的整个战斗编组。同理，蓝 V 账号必须搭配多个维度人设账号相互配合，才能形成强大的营销传播战力。

比如，一个项目抖音矩阵的“群狼阵法”由 21 个账号组成，可做如下分配：1 个蓝 V 官方抖音账号，10 个销售岗账号，5 个物业岗账号，3 个工程岗账号，1 个财务岗账号，1 个行政人事岗账号。

由前文我们知道，抖音分为 8 级流量池，最低一级是 300~500 的播放量，如果我们要求每天每个矩阵号只发 1 条项目宣传视频，即使质量一般，第一级流量池都没冲破，10 个账号加起来也有 3000~5000 的播放量，相当于一天对外发放了 3000~5000 份电子传单，且成本可以忽略不计。

各维度人设账号的主要内容可以做如下设计：

蓝 V 账号：不用搭建人设，作为项目整体介绍、节点发布、活动发布、营销剧情发布的平台，也是直播主阵地，可以用后置摄像头进行 IP 直播。比如，“× × 项目是集团 20 年大成之作……”“1000 平方米的恢宏营销中心将于本月 18 号正式对外开放……”“感谢 2000 名老业主的信赖，值此中秋佳节来临之际……”

销售岗账号：可以分为管理层人设账号和置业顾问账号，主要发布项目卖点、房地产知识、热销氛围等。比如，“买房首先看地段，我们项目雄踞……”“今天用一分钟给你揭秘买房十大必备技巧……”“累死了，今天带 5 组客户看房，现场成交 2 套……”

物业岗账号：可以分为保安、保洁、客服三类人设，发布工作日常、细节标准、励志价值观，或者一些搞笑娱乐类内容。比如，“今天我总共敬礼 25 次，有 4 组客户对我微笑示意……”“我们每天都要对绿植上的每一片叶子擦拭两遍……”“虽然在水吧忙了一天，但是晚上我必须背 2 个小时的单词才能睡……”

工程岗账号：可以分为景观、工程、监理三类人设，发布工作日常、项目进度、价值观等。比如，“这是第 6 轮景观方案了……”“今天我们来看一下防水是怎么做的……”“工程施工来不得半点儿马虎，我每天都要……”

财务岗账号：晒订单、晒现金、晒加班等，可以多用图文体。比如，“看看今天的成果……”“都什么年代了，还背着一麻袋硬币来买房，猜猜业主是干什么的……”

行政人事岗账号：发人文关怀、招聘信息等。比如，“今天是这个月的生日会，正好我们上个月卖了 15 套的销冠今天过生日……”“区域品质项目，高流量楼盘，底薪 1 万元，诚聘全城销冠……”

各项目可以根据自己的项目卖点和员工数量分配不同维度账号的数量，比如，主打景观的可以多做几个工程账号，主打服务的可以做多几个物业账号。

账号名称也是一次重要的信息传递，“群狼阵法”的底层逻辑是通过硬广的累加达到推广的质变，账号命名应该直击案名，统一使用“案名 + 工种 + 昵称”的格式。比如，万科翡翠城销冠小李、万科翡翠城景观张匠人、万科翡翠城礼宾王哥、万科翡翠城财神高姐姐等。

既然是一个航母编队，就要有机联动。每个“群狼阵法”矩阵账号每天发布视频时都要添加项目话题 # 万科翡翠城，并且 @ 项目官方抖音号，让客户可以轻松实现一键跳转，为蓝 V 账号导粉。在蓝 V 账号做车轮战直播时，也可以让做得不错的矩阵账号挂麦，发挥增加场观和导粉作用。

参与“群狼阵法”的各矩阵账号可以给予一定的经济补贴，但是每天发布和项目相关的推广视频一定要和绩效工资挂钩，这是“政治任务”，不以个人意志和能力为转移，这一点和猛虎阵法有很大不同。

在“群狼阵法”落地的过程中，如果发现非销售团队素质和态度无法满足账号的专项工种视频更新，也可以退而求其次，仅仅征用他们的抖音作为推广阵地，视频由公司统一安排，减轻大家的工作难度提高执行度。具体做法如下：把公司全员平均分成网格建群，每个置业顾问是一个网格长，每天由置业顾问拍摄5~10条项目素材视频，每条3~5秒，比如大门、景观区、砸金蛋、配套，然后发到网格群里，并配简单的大标题文案。然后由网格群里的同事自行选择下载其中的几条，用剪映一键成片做成前文讲到的新闻体大字报视频，一分钟完成制作和发送，这样做既简单又避免判重，有客户咨询时再通过SOP话术导流到网格长微信。

6.7　自渠独孤九剑之“猛虎阵法”

抖音对绝大多数地产人来说还是新生事物，算法深奥多变，不是很容易掌握，“群狼阵法”遵循的是简单的量变到质变的逻辑，目的是形成缠绕式推广势能，属于初级玩法。如果想真正掌握流量密码，达到相对持续且稳定的留资转化，还需要花费大量精力培养专职新媒体团队。

但是一个销售团队中每个人的特点不一样，每个人的精力也是有限的，我们要求置业顾问既要搞抖音又要搞拓客，还要负责带看、谈判、签约，拿三四千元的工资干三四万元的活儿，这是不现实的。

我们可以根据每个置业顾问的特点搭建售楼部海陆空立体作战体系。

陆军就是我们的内场销售团队，主要做转化。单兵作战能力强，与敌人正面交锋，要求情商高、懂人性，可以准确判断客户的真实需求，听出弦外之音，把各种优惠政策、营销道具玩弄于股掌之间，既懂欲擒故纵吊胃口，又可杀伐决断敢逼定。

海军就是我们的外场拓客团队，作战范围广，于本土之外搜寻敌人，利用“头号计划”“红海行动”等主要增客储。除了吃苦耐劳之外，要求逆商高，特点是要见面熟，牛鬼蛇神皆是兄弟姐妹。当海军最好有一定的生活阅历，上可九天揽月做团购，下能五洋捉鳖玩地推。

空军就是我们的线上新媒体团队，主要做裂变。空军驾驭高科技武器，于三万英尺之上降维打击。除了颜值担当之外，要求智商高，特点是要有网感，懂推流，文武全才。既能提笔写文案，又能直播留客资，手机就是作战部，指动之间樯橹灰飞烟灭。

2012年之前，是陆军为王的时代，相当于第一次世界大战，谁坦克多谁就厉害；2012—2022年，是海军为王的时代，相当于第二次世界大战，航母和飞机占主导优势；2023年之后，是空军为王的时代，相当于海湾战争，信息技术成了关键制胜因素。

如何从置业顾问中挑选优秀的空军人员呢？

俗话说：“相马不如赛马。”我们要先普遍撒网，全员进行抖音培训，全员同步起号，然后交给平台算法。看数据，筛选出最优的1~3名组成专职空军部队，再将重点资源倾斜，专项强化。

第一步：分发账号。

“群狼阵法”可以使用个人账号，但是“猛虎阵法”建议使用公司统一下发的蓝V账号，因为“猛虎阵法”牵扯到孵化陪跑和投流，一旦起号成功，置业顾问很容易离职，做渠道要比做置业顾问佣金高多了，这种案例比比皆是。到那时，公司不但面临人财两空的局面，很可能还会多一个分流客户的竞争对手。

另外，在做抖音孵化之前，很多置业顾问的抖音号可能没有规划，视频都是乱发的，账号标签已经混乱，这时我们同时标准化起号，也不利于统一陪跑后的数据监控和评比。

第二步：主页搭建。

“猛虎阵法”的主要目的是孵化筛选少量专业的房地产主播，不是硬广传递。所以，在账号名称和简介上最好不要主动暴露单一楼盘营销人员的身份，避免发什么内容都像在做广告，不利于起号。不过，如果你所在的项目是有很强公信力的大房企做的，也可以带上集团的名字为自己背书。比如，可以叫“南京小王说房”“郑州房企卧底”“重庆龙湖大张总”“万科销冠丽丽姐”等。简介主要突出自己的从业年限，获得过什么荣誉称号，帮助多少家庭成功选房等，以展现个人职业价值（见图6-12）。

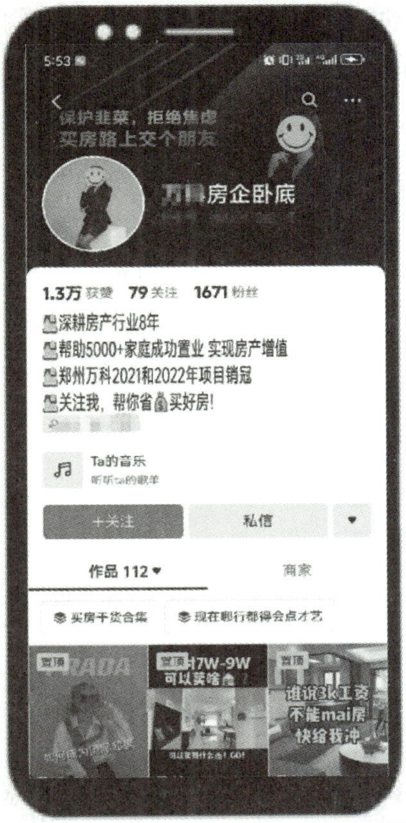

图 6–12　“猛虎阵法”抖音账号简介

第三步：内容筹划。

视频内容以利他型知识输出为主，一般有以下四个方面：

一是时事热点。剖析楼市资讯、地产要闻；从购房者的视角剖析地产事件，发表专业观点和建议。比如，“新政发布一周，市场反应如何，今天给你看看真实数据……”

二是知识讲解。讲解房地产知识、买房建议等。比如，“顶楼到底能不能买？给你看看我的三个客户的真实案例……”

三是购房技巧。如何要优惠、看房子的注意事项等。比如，“看完这条视频，你买房少踩 5 个大坑，一般人还真不告诉他……”

四是楼盘盘点。楼盘盘点类的视频流量一般不错，比如，“盘点一下全市重点中学的学区房，赶快点赞收藏……”“今天跟大家说说年底前可以交房并且首付 10 万元以内的小区有哪些，第一个是……”当然，这类视频都是选取自己楼盘比较优势相对明显的因素进行盘点，从而让客户更加认可自己的项目，实现留资转访。

除此之外，还可以少量发一些项目上的优质广告，比如，我们前面介绍过的新闻体、吵架体广告。由于抖音特殊的推流机制，视频并不会大量推给粉丝，所以不影响人设的稳定。更何况我们在留资转化到私域端之后，客户还是会知道我们是这个楼盘的营销人员，只不过那时通过大量短视频种草和直播互动，客户对我们已经有了很好的信任基础。

“猛虎阵法”各矩阵号的文案是由公司策划或者陪跑公司统一策划选题和撰写的，按照不同阶段统一下发，置业顾问只需要负责录制、剪辑、上传即可。由于主播、场景、剪辑细节均不相同，所以抖音平台一般不会对只有文案相同的视频做判重处理（见表 6–1）。

表 6–1 “猛虎阵法”抖音矩阵账号文案主题

姓名	周一	周二	周三	周四	周五	周六	周日
地产小李	知识讲解	技巧讲解	区域规划	全国热点	本地楼盘	人设打造	买房建议
小丽说房	买房建议	本地楼盘	知识讲解	人设打造	区域规划	技巧讲解	全国热点
小周地产观	区域规划	全国热点	技巧讲解	本地楼盘	知识讲解	买房建议	人设打造
小廖聊地产	全国热点	人设打造	本地楼盘	技巧讲解	买房建议	区域规划	知识讲解

第四步：投流加热。

我们总共要进行三轮投流，才能起到孵化和筛选的作用。

第一轮投流。在统一上传短视频后的 24 小时，对播放量前三名的账号进行 100 元 DOU+ 投放。选择 24 小时、选择播放量、选择同城、选择年龄段，不选择兴趣、不选择达人。

第二轮投流。在统一发布三个视频之后，对三个视频中累计播放量第一名的账号进行 300 元三个视频批量 DOU+ 投放。选择 24 小时、选择播放量、选择同城、选择年龄段，不选择兴趣、不选择达人。

第三轮投流。第二轮跑完之后，对批量投放数据最好的视频再次追加 100 元 DOU+ 投放。选择 24 小时、选择粉丝、选择同城、选择年龄段，不选择兴趣，选择同城 20 个达人。这条视频经过层层筛选，质量已经经过数据验证，除了起到曝光作用外，已经有资格拿去洗同城达人的粉丝了。如果涨粉数据不错，即单个粉丝获取成本低，则可以再次或多次对这条视频追加投放。

第五步：筛选优化。

几个回合下来，谁是千里马、谁是骡子就清晰可判了。做抖音除了比拼能力和数据外，更重要的是比拼心力。看到辛辛苦苦做出来的短视频没有流量、没有点赞，很多人会产生怀疑，轻易放弃。不同于“群狼阵法”要和绩效挂钩强制去做，“猛虎阵法”自己首先要有强烈的意向去做，其次数据要跑得出来才能脱颖而出成为空军，因为后面的直播对心力要求更高。一切智力劳动最后拼的都是体力，一切体力劳动最后拼的都是智力。

第六步：扩大势能。

在成功孵化出 2~3 名置业顾问后，就不要再让这些精英做拓客、带看、谈判、转化的事了，而应该专职攻线上。除了这个账号之外，可以再以这个人设建立多个矩阵号，比如，“郑州宋博说房”“郑州宋博地产观”“郑州房哥宋博”等，只需要把之前发过的视频稍微剪辑一下直接分发即可。

如果还有精力，也可以选择适合自己和楼盘风格的其他短视频平台建立账号，比如，快手、小红书、视频号等。快手更重娱乐性，比较适合四、五线城市的刚需楼盘；小红书高知女性看得比较多，一般是图文体，适合刚改和二改项目；视频号视频比较长，质量比较高，受众一般年龄比较大，付费能力强，适合改善盘和豪宅。

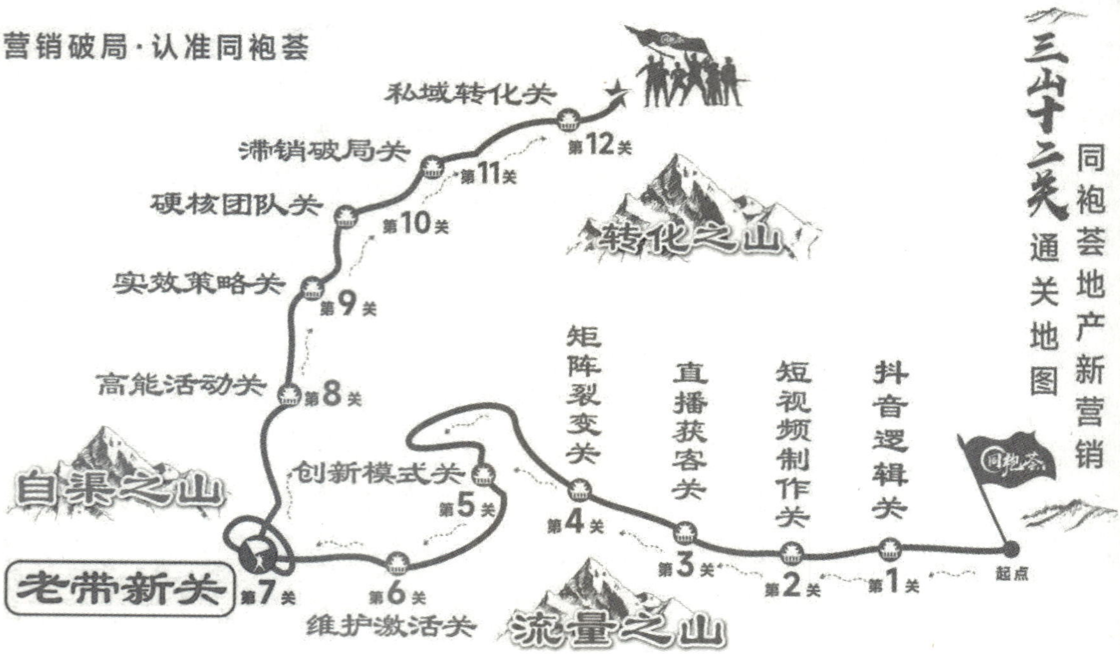

第 7 关　老带新关

每个人的收入相当于身边关系最好的六个朋友收入的平均值，并且在很大程度上，一个人对事物的喜好也跟这六个朋友相似。

对于低值易耗品来说，能否做强很大程度上取决于老客户复购率，因为减少了广告成本、触达成本、成交成本、售后成本等，客户体验好，复购基本是件丝滑顺畅的事。大宗物业的交易同样如此，虽然客户复购率不高，但是房地产交易中往往新客户的触达成本和谈判成本很高，如果维护好老业主，与之建立起很好的统一战线，由老业主帮我们介绍其身边的好朋友，营销就能事半功倍。

老业主是地产营销的大金矿，常挖常有，甚至可以说取之不尽、用之不竭，这一点楼盘品质越高越明显。

7.1 老业主的社群运营

前几年，房地产行业为了提升老带新的效果，特别流行做社群。最早是郊区大盘热衷于做社群，因为项目体量大，销售周期长，通过社群做好服务，能形成良好的口碑传播，有效提高老带新效果。像阿那亚、麓湖、蓝湾小镇、普罗旺世理想国等大盘，老带新都超过90%，最高能达到97%。后来，很多市区项目也开始做社群，像绿城、建业、金茂等房企都在重仓建设房地产社群。曾经建业集团凭借其社群君邻会，没怎么花营销费，便成功销售北龙湖君邻大院600套房源，达到近40亿元的销售额。

不过，也有非常多跟风的中小房企做社群无疾而终的。那为什么大多数房地产社群都做不起来呢？原因有以下三点：

首先，产品质量不过硬，最好不要做社群。有些房企，房子还没盖好就跟风搞社群，下场可能会很惨。因为一旦项目出现质量或延期问题，业主很容易抱团维权，如果处理不得当，必然发展成群诉事件，社群很快就从开发商的营销场演变成业主维权的战场。

其次，老板或管理层不重视，也别做社群。行业内社群做得好的项目，大都有老板的高度参与。比如，阿那亚老板马寅是社群群主，聚龙小镇老板一开始就想打造一个熟人社会，麓湖总裁经常会亲力亲为参与社群活动。房地产社群前期需要投入大量时间、人力物力，周期长、回报慢。有些快周转房企等不起，有些房企老板或管理层缺乏初心和情怀，卖完房子就撤掉，这样底下的人再努力，最终也是白费。

最后，目的不纯粹，最好不要做社群。企图心决定起手式，很多房地产公司做社群只是为了卖房，组织活动就希望业主尽快促成老带新，目的不同，效果也不同。社群做得好的项目，出发点都非常纯粹，即为了提升业主服务，为业主创造美好的生活，老带新只是顺带的附加值。

老业主口碑好，做好社群的公司都是由三四个人单独成立客户关系部，而不是由销售部或者物业公司负责运营，也不是统一建一个业主群，而是按业主兴趣爱好，分别建立社群部落，经常组织非营利性的成长型、健康型、娱乐型、亲自型、社交型活动。

7.2 老带新效果不好的常见原因

除了做好社群之外，还有很多常用的维护老客户的方式。但是现在大家普遍觉得老带新的效果越来越差了，常见的有以下五个原因：

第一，钱没给够。“竞品项目老带新奖励 1 万元，我们项目就给 5000 元”。其实，你的品质和服务做好了，给得再少，老业主也乐意介绍。

第二，钱给得慢。“竞品项目签约就兑现奖励，我们项目拖了两三个月才兑现”。其实，拖着总还是会给的，有客户不介绍就什么都没有，这种额外收入客户也没那么着急要。

第三，宣传不到位。“竞品项目铺天盖地宣传老带新政策，我们只是发发朋友圈和海报”。其实，老带新天天挂嘴边不一定是好事，更何况都什么时代了，谁还不知道介绍客户开发商有奖励。

第四，导给渠道。置业顾问和老客户串通，把本该是老带新的客户做成高佣渠道方的，给老客户分得更多。其实，这是人性问题，不是人品问题，谁让你给渠道和老客户佣金不同呢，厚此薄彼。

第五，负面影响。小马宋在《营销笔记》里说：“营销的营，首先是经营的营。”打铁还需自身硬，介绍房子和介绍对象差不多，中间人也是要拿人设做担保的。降价、减配、停工甚至烂尾，你是老业主你会介绍给朋友吗?

7.3 老带新第一法则：先交朋友，再谈生意

辛弃疾在《贺新郎·甚矣吾衰矣》中有言：“我见青山多妩媚，料青山见我应如是，情与貌，略相似。”

人心换人心，你怎么对待老业主，老业主可以感受到，如果你把老业主单纯看成赚钱的工具，老业主也就场面性地敷衍你一下。如果你走心对待老业主，老业主也会把你当朋友。为什么有些置业顾问接新访不多，业绩却很好？因为老带新做得好！很多聪明的销冠成交之后，出于感恩也好，布施也罢，会更加用心服务老业主。最不明智的置业顾问总会在成交之前热情似火，成交之后却冷若冰霜，前后判若两人。

做到以下三点，可以轻松和老业主交朋友：

第一，找到共同点。

人总是对有共同点的同类天然地感到亲切。在老业主接待、成交、签合同、办按揭过程中，我们有很多机会找到和他们的共同点，以此为切入点拉近与客户的心理距离。比如，是不是老乡关系？是不是一个学校毕业的？有没有共同爱好？有没有共同的当兵经历？大家共同生活在一片蓝天下，只要用心去发现，一定能找到与客户的共同点。

初次找到共同点之后不要多说，接下来立刻去查阅大量相关资料，做好功课，等到下次见面时，有的放矢地去强化共同点，主动引导客户阐述更多相关信息。比如，老业主喜欢钓鱼，那就约他一起钓鱼，在这个过程中以学生的身份去求教，可以极大地让老业主获得情绪价值。每个人都好为人师，都想去分享一些自己拿手的东西，在他给你讲的过程中，你们的关系潜移默化地就从买卖双方升级成了朋友。

第二，赞美差异点。

利他是最友好的商业模式，而赞美是最便宜的利他形式。

每个人都喜欢听到赞美。有些人听完之后，好心情很容易显露出来；有些人听完之后，欢喜不形于色，但内心早已乐开了花。赞美的过程，就是让对方更加喜欢我们的过程。每个人都有出众的地方。女性一般喜欢听人夸自己年轻、漂亮、身材好、知性、温柔、有涵养；男性一般喜欢听人夸自己成熟、稳重、格局高、健康、乐观、又多金。一定要对老业主有明显优势的方面进行赞美，且合理有度，不要过于牵强和频繁，否则可能会适得其反。

第三，非业务范畴的关心，这是最重要的。

我们和客户之间的关系是从房屋买卖开始的。客户花钱买房，置业顾问卖房拿提成，本质上是赤裸裸的金钱关系。后续维护中一定要多去关心房产之外的东西，才有利于转化关系属性。

一是关心客户目前关心的问题。比如，在邀约客户到访过程中，客户说父母风湿病犯了，一直在医院照顾，没时间看房。这个时候，你不能听完当没听见，说过几天再打电话邀约。应该马上询问具体情况，表达关心，然后放下电话去搜集资料，比如风湿病特效药，哪家医院有比较好的医生，然后把整理好的资料发给客户，过几天再次关心客户情况，绝口不提房子的事。人往往在困难时感受到的温暖效果是会放大的，并记忆深刻。

二是关心客户的事业。比如，某个客户是开珠宝店的，而我们工作中很容易知道哪个客户有钱，并且喜欢珠宝。这时，就可以让案场组织一些沙龙，让开珠宝店的客户参与进来，相互认识，建立生意链接，平时也可以帮客户发一些软性广告。

三是好好给客户过生日。生日是每个人的专属节日，倘若泛泛地去做生日会，领蛋糕、唱歌、拍照、走人，流于形式，完全无感，置业顾问就好像在完成任务。这样做会让客户觉得这是标配，只要买房子，就有权利去领蛋糕。如果执行过程中漏掉了哪个客户，还会招致很大意见，觉得自己应得的东西没有得到，好事变坏事，这种生日会完全是徒耗钱粮。

我们收获的一定是自己之前向社会投放的。不是老业主不懂投桃报李，而是我们根本没有认真对待人家的专属节日。生日会一定要甄选 KOC、KOL 客户并为其量身定制，做好一场重要客户生日会好过走形式。

生日蛋糕是最重要的道具。要根据客户的特点和爱好定制专属蛋糕，比如，客户喜欢打麻将，就定制麻将生日蛋糕；客户喜欢豪车，就定制豪车蛋糕；客户喜欢包包，就可以把生日蛋糕做成大牌包包。客户见到蛋糕就会感受到我们的用心，拿出手机拍照发圈。

我们还可以准备“雨天晴”祝福卡。大家有多久没有手写贺卡了，是不是朋友生日的时候都是打个电话、发条微信，最多发封电子邮件。其实，我们可以提前让项目上的所有人根据自己的岗位特点和客户情况手写祝福卡片，生日当天送给客户。

如果客户是一位教师，可以参照下面的格式手写祝福：

项目的物业保洁张姐可以写“王老师，感谢您选择我们项目。我对您印象深刻，一看您就是有文化的人，非常有礼貌。我们每天都会认真打扫小区三遍，保证您的居住环境优美舒适。祝您生日快乐！您的美好生活护航者　保洁张 ××”；

项目的工程李工可以写“王老师，感谢您选择我们项目。您平时讲课辛苦了！有我在，请您放心，我一定保证每一块建筑材料和每一处施工细节都是高质量的。祝您生日快乐！您的美好生活护航者　工程李 ×”；

项目总经理刘总可以写“王老师，感谢您选择我们项目。您是我们尊贵的客户，更是我们全项目同仁的朋友。教师是个高尚的职业，您的入住会提升整个小区的人文气息，祝您生日快乐！您的美好生活护航者　刘 ××”。

在这些卡片一个一个交给客户的时候，客户会非常感动，并且会好好地收藏。我们可以告诉他，这叫“雨天晴”，就是在心情不好的时候可以拿出来看看，知道很多朋友在关心你、祝福你，心情会雨转晴（见图 7–1）。

图 7–1　“雨天晴”卡片

一般客户都会在信息表中填写紧急联系人，大多是他的至亲，可以提前去联系这些人录制祝福视频，在生日现场给客户带来惊喜。

看完视频之后，就进入吹蜡烛、切蛋糕的高潮，一定要把仪式感拉满，让销售员，包括物业客服人员，提前排练好热情洋溢的舞蹈，现场播放海底捞版生日歌，瞬间就可以把售楼部变成热情的海洋，让客户感动爆棚，记忆深刻。

7.4　研究老业主样本，绘制精准客户地图

市场行情好的时候，客户恐慌性抢购房源，开发商弹药充足、火力全开，推广新冠疫情罗地网，拓客大开大合。这时的操盘手看上去意气风发、挥斥方遒，其实是站在时代的潮头，即使垂拱而治，效果也差不了多少。

三年河东，三年河西，现在市场状况大不如前，地主家也没余粮，销售额 TOP 100 几乎变成爆雷 100，原先，营销总们拿着“AK47”，动不动就扫一梭子，现在变成“汉阳造”，一颗子弹必须放倒一个敌人，这就必须做好客户地图，精准拓客。

客户地图就是按照客户生活和工作规律，把客户落位到地图上面，从而直观地看到客户的活动范围。客户地图是一个很好的营销获客工具，是拓客团队的 GPS，在营销操盘中具有重要意义。

首先，要按照不同户型分别绘制客户地图。如果把所有户型的成交客户都做到一张图上，将来某个产品滞销时，按照地图笼统地寻找客户往往效果不佳，毕竟买 110 平方米中间户小三房和买 140 平方米边户大三房的人群会有不小差别，买高层和买洋房的人群差别就更大了。等房子卖了一半了，出现户型去化不平衡时再重新绘制，工作量就更大了。

其次，每类产品的客户地图都要按居住地、工作地、休闲地三大场景落位（见图 7–2）。

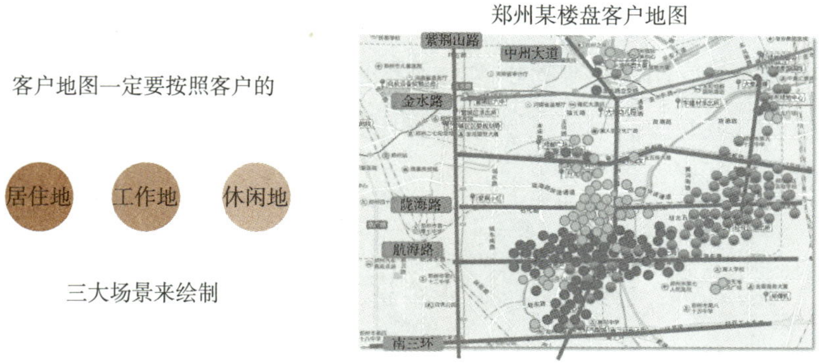

图 7-2　客户地图

第一场景：居住地。不要落位老业主的身份证信息，一定是现在常住社区的地址，标注红色。

第二场景：工作地。标注蓝色。

第三场景：休闲地。经常去的商场、公园等。标注黄色。

有了客户地图，接下来如何进行拓客呢?

第一，居住地。可以铺社区道闸、电梯广告等传统媒体，也可以运用前文介绍的“自渠独孤九剑之‘百团大战’”。

第二，工作地。最好用的就是电梯广告，也可以和骑手小哥合作，在送外卖的时候赠送带有广告的鼠标垫或者用餐垫纸。

第三，休闲地。传统拓客方式即可。

对的时间遇到对的人，才能把事情做对。生活如此，工作亦如此。在不同场景下、不同时间段，兵力分布也不一样。上班时间可以去工作地拓客；下班之后可以去居住地拓客；周末可以去休闲地拓客。

第一波拓客完毕，可以在这些核心区域再重复两到三次，等区域客户新增速度明显下降时，就以集中地为圆心，以同心圆的方式外扩 2~5 千米，逐步扩大搜索范围。客户地图不是一成不变的，一定要每周根据新增客户的样本更新。地图是死的，人是活的，每周内场团队和外场团队一定要在一起开个拓客总结会，根据拓客效果灵活调整，这样客户地图才能发挥最大效用。

客户地图不仅仅是上述物理位置的表达形式，还可以根据老业主画像扫描同类人员。相同行业的收入大抵差不多，比如，老业主是绿化公司老板，就可以想办法把附近区域所有绿化公司老板的资源找来，看他们是不是也有购房需求。

7.5 老带新核心命门：多为老业主制造被动询问的场景

中国人普遍比较含蓄，信奉中庸之道，即使我们的项目哪哪都好，老带新佣金也不低，兑现也及时，绝大多数时候老业主还是不会主动帮我们打电话给朋友介绍房源，谁都不想被朋友说重财轻友，唯利是图。

但是如果朋友知道老业主买房了，恰巧此时也在看房，就可能主动问他买房的情况，此时老业主就可以顺理成章地介绍房子，并把置业顾问推给朋友添加。因此，我们要尽可能多地给老业主制造被动询问的场景，以提高老带新概率。

“红海行动”里门口贴的红色 KT 板发挥的也是这个作用。可是老业主没有门店，我们又不能去贴广告，应该怎么做呢？当然是让老业主多把项目信息发到他的社交媒体上，比如微信、抖音，然后等着有买房意向的朋友看到后被动咨询。

常规的做法是，通过活动或者赠送礼品，让老业主帮忙转发项目广告，但是现在这种方式的效果越来越差，要么是不愿意发，要么是发完很快就删了，并且现在各媒体平台对营销类信息都很不友好，不是折叠就是限流。

我们翻看老业主抖音会发现，基本都是晒吃、晒娃、晒旅游、晒自拍，毫无垂度可言，简直是披着抖音外衣的朋友圈。为什么这样的账号还会有几十个，甚至几百个粉丝呢？通过了解我们知道，那都是亲戚、朋友、同学友情互关的！这一特点正好可以被地产营销利用，粉丝都是亲朋好友，如果他的朋友能通过老业主的抖音视频看到我们的项目信息该有多好！

大家还记得 2022 年足球世界杯吗？很多球赛时间都在凌晨，大家爬起来熬夜看比赛，发现销声匿迹多年的万达还没死，并且把广告打到了国外，还有海信、蒙牛等（见图 7-3）。

图 7-3　世界杯广告画面

这点给了我们很大的启发。从此以后，在做业主活动的时候，我们都会专门置景，把项目广告放进去，然后安排专门人员拍照摄像，记录客户的欢乐时刻，当新冠疫情就剪成唯美、炫酷的小视频发给客户，让客户转发抖音。

这些视频不是广告，而是幸福生活的记录，也有利于打造顾家爱家的美好形象。有些客户可能不一定愿意转发朋友圈，但是很多客户都愿意转发到抖音上。我们可以再为每位转发的业主充值 100 元 DOU+ 加热一下，这样又可以增加大概 2000 次播放量，根据平台算法，会有一部分流量推送给更多业主通讯录里的好友。利用这一规则，也可以把成交客户和意向客户的电话号码都输到自己的通讯录里，以增加自己账号的精准曝光度。

需要提醒的是，第一，不要业绩不好了才想到老业主，有事没事要和老业主多频链接，能见面就不打电话，能打电话就不发微信，不要普遍撒网，要把 80% 的时间花在 20% 的重要客户身上。

第二，最好不要主动建业主群。不要想着建个业主群省事，把老带新政策、活动信息、优惠政策往群里一发，等鱼自动上钩，我们又不是姜太公。做营销一定要清楚，普惠的关怀是义务而不是服务。就像前面说的生日会，如果往业主群发“本月过生日的业主，15 号来售楼部统一参加生日会”的通知，业主就会觉得来参加生日会是应有的权力，而不是对自己的特殊关怀，就是走个过场。另外，业主群同样是放大器，任何项目上的负面信息都会快速裂变放大，比如降价、减配、延期等，所以建群一定要慎之又慎。

罗伯特·西奥迪尼在《细节》里说：“负面线索比正面线索有指导价值，但是如果给正面线索加上当下的时间维度，就会变得威力巨大。”比如，我们正准备在大众点评上看看吃什么，突然看到一条评论“这家饭店我刚吃完出来，非常不错”，是不是也很想去试一试。我们可以在客户定房之后，让客户发一条晒定单的朋友圈，比如“今新冠疫情我在 ×× 项目买房了，从今新冠疫情起当个幸福的小房奴”，等到交首付签约的时候还没删除的话，额外减免房款 2000 元或者送台液晶电视。这条朋友圈威力可不小，不但点赞会非常多，而且很可能会有朋友询问房子，引发老带新。

通过极致服务也可以促成老带新。在河南金沙集团，每个小区的地下停车场都配备了一个业主洗衣房和洗车店，业主洗衣服是市场价的五折，而清洗一辆车更是低至 10 元钱，并且只要给物业打个电话，还能上门送取衣物和车钥匙，不但省钱还省时间。通过口碑相传，与业主关系好的朋友串门时也会经常拿着衣服来洗。久而久之，不但提高了小区的社交属性，还大大提高了老带新比例（见图 7–4）。

图 7–4　金沙集团洗车洗衣服务

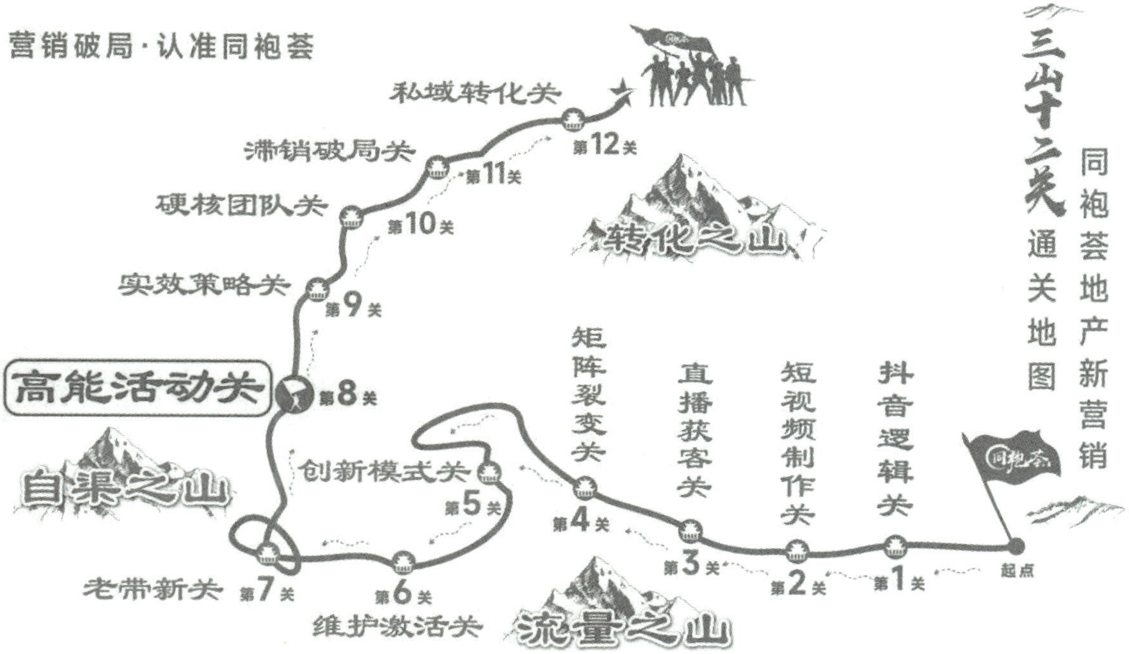

第 8 关　高能活动关

如果你要问什么是售楼部上客最快、最便宜的方式，那一定是活动。王健林说："购物中心是吃出来的。"我会说："售楼中心是玩出来的。"任何时候来参加活动，都是客户到访售楼部的一个非常好的理由。

按活动性质分，可以分为节点活动、暖场活动和影响力活动。

节点活动主要是用来逼定客户的，营销是变速跑，只有不断地制造节点才能保证对意向客户的挤压，比如"6·30 年中冲刺""6·18""双 11 大促""12 月底全年收官之战"等。

暖场活动在周末举行，一般花费一两千元不等，以各种 DIY 为主。不过，可不要妄想暖场活动能带来多少新客户。这种活动的目的主要有两个：一是给销售团队一个回访邀约客户的噱头；二是增加周末自然访客户的停留时长。

影响力活动一般在小长假或者黄金周举行，花费几万元到几十万元不等，可不要妄想影响力活动能带来多少转化。这种活动是为了扩大知名度，增加新客户储备的，平销阶段大活动不用多，每年 3~5 场即可。

很多项目在做影响力活动时会有两个认知误区：

第一个误区是我们项目已经卖一两年了，谁还不知道，没必要再做大活动。殊不知营销有三度：知名度、美誉度、忠诚度，而知名度是永远不嫌多的，它等于销售优先权，要不然为什么茅台酒供不应求却还在打广告。房地产大多打的是持久战，项目的市场热度很重要。

第二个误区是做大活动花费多，就必须要有很多成交转化，甚至要求营销老总签军令状再批活动。大活动往往在一两新冠疫情内上客几百组，而项目上就那几杆枪，去瞄准谁呀！即使能瞄准，搞定一组客户不得花上几小时接待，这么大的流量岂不浪费！影响力活动就像直播，多留资才是重点，后面半个月到一个月再通过二次邀约、磨客转化才是正确姿势。

黑铁时代，营销费用有限，不能像之前一样全年高频做活动，那应该如何铺排呢？电视剧里常有这样的情节：只有一梭子弹，一定要等敌人靠近了再打。比如，开盘前一个月集中做活动，花掉营销费用的 70%，后面靠老带新做增量；或者县城项目平时做点小暖场，等到春节返乡潮那个月集中火力花掉全年营销费用的 70%，这样可以让项目在短期内达到集中轰炸的效果，给客户有实力、热卖红盘的即视感。

如果只有一颗炸弹，那一定要扔到敌人的弹药库里。脑白金创始人史玉柱在刚刚启动市场时，手里仅有 15 万元广告费，他决定先进攻一个局部市场——江阴。第一个月赚了 30 万元，紧接着将这 30 万元全部投入了更大的无锡市场，第二个月又赚了 100 多万元，随后一个个市场被打开。

在售楼部做活动上客难、费用高，我们也可以使用前文介绍的“敌后根据地”策略，选取客户来源集中的一两个区域，集中兵力打透。我们一个旅，对方一个营，如果我们一个连一个连地上，最后肯定占不到多少便宜，要集中全部兵力，以绝对优势打歼灭战。

今朝中国成立以来服务了近百个项目，策划执行大小活动近万场。但新周期下，绝大多数活动都过时或失效了，这里我总结了目前既省钱又有效的几类活动。

8.1　反差类活动

人们对司空见惯的东西并不感冒，对于比较少见的事物常抱有浓厚的兴趣。这就像北方人喜欢看海，南方人喜欢看雪一样。做反差类活动比较容易吸引客户，以下是几个我们常用的反差类活动。

第一，“鸡蛋换黄金”。

鸡蛋，日常多见的低价值物品；黄金，日常少见的高价值物品。鸡蛋能换黄金，反差感十足。活动规定，客户只要转发项目广告并集赞 30 个，就可以在活动当天拿着 10 个鸡蛋到营销中心换取千足金转运珠一枚。10 个鸡蛋几块钱，千足金转运珠 30 元左右，相差二十几元，即使水客占据到访的多数，上客费效比也很不错了。

一是前宣广告提前一周出街造势。“鸡蛋换黄金”的标题党广告流量一般都不会差，为项目知名度和热度提升助力不少。

二是换取黄金，最好和项目某个重要节点结合，比如营销中心开放等。正常情况下活动当天都会人满为患，记得多拍照录像，及时剪辑完宣发出去，让大家感受到项目的人气很旺，关注度很高。

三是利用收到的鸡蛋在周末搞蛋壳 DIY 等亲子暖场活动。

四是再过一周，推出“感恩回馈送福蛋”活动，把收到的鸡蛋送给老客户或者敬老院、环卫站，再带动一波品牌宣传。

鸡蛋换黄金，花一次钱做三次活动，这是费用紧张的黑铁时代操盘宗旨之一（见图 8-1）。

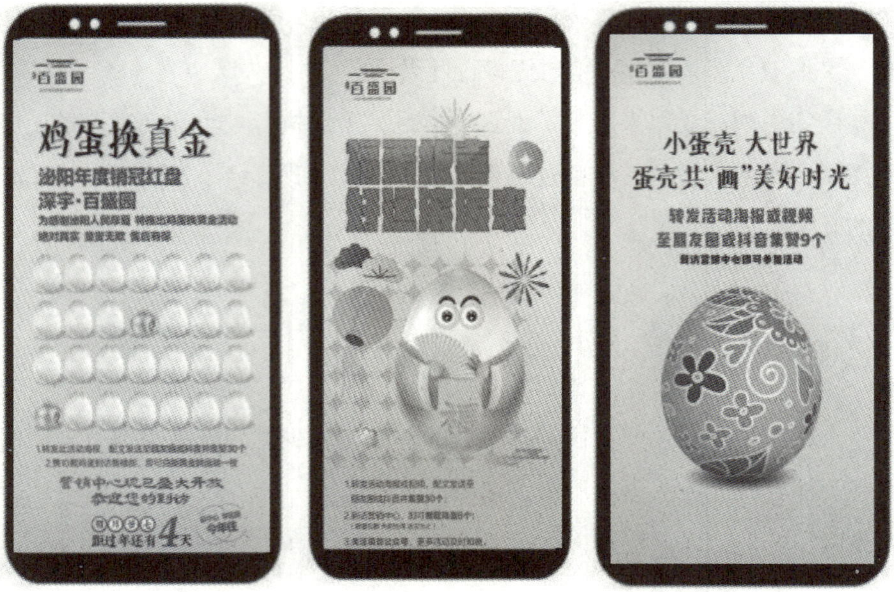

图 8–1　鸡蛋换黄金宣传海报

第二，“蜜雪冰城”。

反季的东西往往很吸引人。孩子们放暑假期间，天气炎热，人们都想找个凉快的地方带孩子玩玩。如果有一个冰雕乐园，又可以送一杯蜜雪冰城饮料，那一定很吸引人。

这个活动就是利用了温度的反差，可以在项目上找一个 500 平方米以上的空地，搭建一个冰雕乐园，里面除了娱乐设施，记得多做些卖点广告牌，同时和附近的蜜雪冰城店开展异业合作，到访的每个人送一杯蜜雪冰城饮料，或者凭消费小票到销售部报销，相互导流。

优点是人气足，大量客户都会拍照发圈，带来二次传播裂变；缺点是费用高，做一周得 10 万元左右（见图 8–2）。

第三，“一瓶米换一平米”。

一瓶大米几元钱，一平方米房子几千元甚至上万元，两者之间可以交换，反差感很强。这个活动用于项目启动的入会登记阶段，客户交纳一瓶大米或者花 5 元钱在售楼部购买一瓶大米就可以入会，享受开盘时抵扣一平方米房款的优惠。后期在开盘前做价格表时整体上翻即可。收到的米和

图 8–2　蜜雪冰城宣传活动

钱还可以做一场公益活动，捐赠给福利院，同时邀请一些当地媒体免费报道，增加项目入市期的品牌曝光度。

8.2　健康类活动

现在人们压力大，同时营养过剩，很多人都处于亚健康状态，大毛病没有，小毛病不断。健康是永恒的话题，尤其是经历新冠疫情后，人们更加关注健康。做健康类活动参与的人多，花费又不高，并且大家在健身时还普遍有发朋友圈、发抖音打卡的习惯，有助于二次裂变，是当下房地产营销的好选择。以下几个是我们经常组织的健康类活动。

第一，“称霸天下”。

称霸天下就是平板支撑大赛。动作简单，一看就会，不需要特殊场地和器材，通过海选和决赛两轮决出名次，颁发奖品和购房抵用券。

第一步，前宣造势。除了线上常规的活动介绍之外，还可以拍摄不同人群都在做平板支撑的照片以九宫格发圈，比如保安、施工员、厨师、白领、学生等，给人一种全城都在做平板支撑的感觉。

第二步，洽谈健身房。健身房会很乐于合作，不但愿意相互放置展板，线上转发活动海报，组织会员参加，还会免费让私人教练在比赛时当裁判。

第三步，海选。选择几处人员密集地作为海选场地，比如商场、广场等。搭建舞台放上瑜伽垫，只要转发活动广告即可报名，领取带有项目广告的文化衫一件，套上后即可参加海选，20 人一组，只要撑过 66 秒，就可以进入决赛。

第四步，决赛。决赛场地可以在项目上找个大空地，也可以在体育场或者市民广场，摆上印有项目定制 logo 的几百个瑜伽垫，各角度架好直播设备即可开始，逐个淘汰，直到冠军产生。

我们在某五线城市举办“称霸天下”线下活动时，冠军是一位在网上看到活动宣传后，自己从南京坐火车过来的老大爷，他竟然是平板支撑的吉尼斯世界纪录保持者，来参加活动时已经 62 岁。他 60 岁时在深圳撑了八个多小时，一举打破平板支撑的吉尼斯世界纪录（见图 8–3）。

图 8–3 “称霸天下”活动

第二，“甩掉天价肉”。

很多人运动是为了减肥塑形，尤其是女性，基本每天都上秤。我们可以举办一个减肥比赛，参加的人先统一到售楼部称重，然后各自进行15天的减肥运动，每天上传朋友圈和抖音打卡并@项目官方抖音号，15天后再到售楼部称重。我们可以给减肥冠军减免相应体重的房款，比如，减肥3千克，就减免3平方米的购房款，倘若自己暂无买房计划，还可以转让，没有获奖的朋友赠送1千克牛肉，吃了不发胖。

2022年4月，新冠疫情非常严重，恰逢刘畊宏爆火，于是很多人在家跳起了毽子操。今朝团队在服务的许昌建业项目上搞了一场“甩掉天价肉”活动，抖音播放量1000多万，60%的老客户参与其中，效果非常不错（见图8–4）。

图8–4 “甩掉天下肉”活动

8.3 儿童类活动

大人的兴趣阈值比较高，必须是“新奇特”或者“薅羊毛”的活动才能吸引到访，成本普遍较高，即使到访，多数情况下也都是一个人。相比之下，做儿童类活动性价比就高多了。孩子对很多事情都感兴趣，很容易满足，而且只要来都不是一个人，小手拉大手，有时一个小朋友参加活动能把全家人都带来，现场人气十足。比如，做儿童才艺赛，可以找地缘性儿童艺培机构合作，在售楼部举办海选和决赛，不但推广效率可以提高很多，活动成本也可以节省不少。

举办儿童才艺赛有三个好处：一是活动周期一般为一个月，可以让热度持续发酵；二是大人再忙，也会参加孩子的比赛或演出，邀约起来相对轻松；三是可以通过孩子学习才艺的成本投入，判断一个家庭的经济实力，对位营销。

儿童类活动还有很多，比如近郊采摘、趣味亲子运动会等，这里不再赘述。

8.4　老带新活动

老业主是营销人的大金矿，几乎所有项目都非常重视维护老业主，端午节、中秋节、春节等节日还提供各种福利。诚然，老业主活动确实是最精准的圈层营销了，值得比其他类型的活动花更多心思。但很多老带新活动仅仅是玩一玩，拿些礼品就走了，链接度严重不够。以下是一个我们经常用的沉浸式老带新活动——“样板间燎锅底”。

燎锅底的意思是在乔迁新居之后，邀请亲朋好友到家里吃饭，很多地方也叫暖房。如果把活动放在样板间里，让业主邀请朋友提前来参加家宴，就可以大大提高业主朋友对区位、景观、户型甚至物业的体验感。

选定参加活动的家庭后，可以做一封精美的电子邀请函，里面放上项目核心卖点以及家宴的时间、地点，相当于一份项目微楼书，让客户发给来参加宴会的朋友。

在“样板间燎锅底”活动正式举办前，还要跟客户进行充分沟通，提前搜集一些有家庭特质的元素，比如婚纱照、全家福、奖牌证书等，也可以是一些老物件，摆放在样板间，让客户的朋友一进门，就有进到客户家里的感觉。

样板间一般通电不通天然气，所以要提前准备好预制菜，现场加热一下，20 分钟一桌菜就好了，旁边一定要有亲和力不错的物业小姐姐，彬彬有礼、服务到位，让客户和朋友充分感受到尊贵贴心的物业服务。席间，朋友一般都会询问房子的细节，业主也会自豪地介绍项目。

8.5　借势类活动

房地产进入黑铁薄利时代，很多时候想造势但是英雄气短，借钱做活动不如借势做活动，借钱要还，借势不用还。只要不是负面内容，热点在哪，流量在哪，我们的营销就借到哪。

比如，2022 年 5 月，陈奕迅一首毫无童趣的歌曲《孤勇者》竟然在全国小学生中风靡，听说还成了陌生小朋友之间的接头暗号，萍水相逢你唱上句他唱下句，很快就交上朋友了。网络上只要是小朋友唱《孤勇者》的短视频，流量都不错，大小都是个爆款。于是，我们就在几个服务项目上推出了儿童唱《孤勇者》大赛，基本没花钱，就做了一些证书，但是参与度非常高。

2023 年 5 月，又出了个热点现象——小学生开始盘串了。现在小学生在盘串，中学生在算卦，大学生在看动画片，可为什么我们一直盯着小学生不放，因为小学生的家长们是大多数房地产项目的主力客群。小学生们盘的手串很便宜，两三元一条，八字盘玩得很溜。于是我们就在售楼部里搞手串 DIY 和一分钟盘串大赛，500 条手串才 1000 元，场场爆满，性价比真高（见图 8–5）！

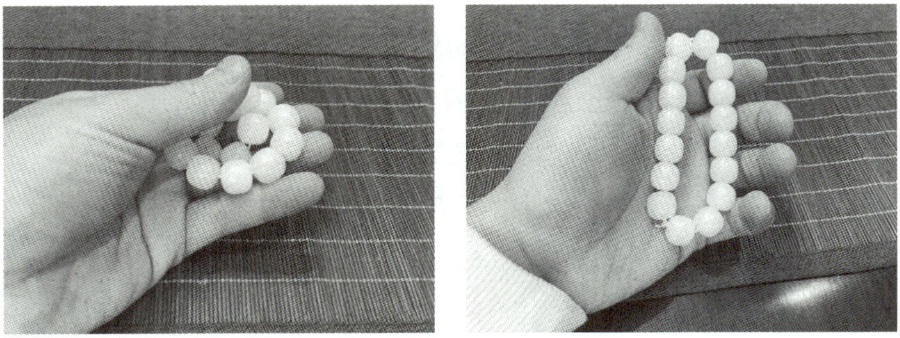

图 8–5　手串

8.6 噱头类活动

噱头类活动的底层逻辑都是一样的，即将案场的正常优惠额度包装成一个非常有噱头的特殊事件。比如，我的“高效活动 36 计”课程里介绍的“买房送茅台”“买房送猪蹄”“你结婚我摆宴”等，这样一来，项目推广有了抓手很容易出圈。其实，整个活动只是一个噱头，并没有任何额外支出。这种玩法比较有名的是 2022 年 5 月火爆全网的“大蒜换房”（见图 8–6）。

图 8–6　噱头类活动宣传画面

“大蒜换房”发生在河南开封杞县的一个建业代建项目上。杞县是全国闻名的大蒜之乡，当时大蒜的市场价是 3 元 / 千克，而此项目以“爱心助农”的名义，用 10 元 / 千克的价格收购大蒜。当时正值大蒜交易旺季，一时间吸引了全城老百姓的关注，并意想不到地迅速在全国发酵。

很多圈内圈外的大 V 都在解读，有说建业现金流吃紧要爆雷的，有说现在房地产太难干了都开始以货易货的，还有几个伪专家出来煞有介事地解读建业集团正在转型，要下一盘全球农产品期货大棋……

事实上，对于这个代建开发商而言，“大蒜换房”不过就是一个噱头类活动而已。当时，大蒜的收购价格是 3 元 / 千克，开发商按照 10 元 / 千克的价格收购，每千克补贴 7 元，最高补贴 5000 千克，即 3.5 万元，而当时此项目案场正常定房优惠就是 3.5 万元。

可能有人会问，如果客户没有 5000 千克大蒜怎么办？如果客户没有按照 3 元 / 千克卖掉，而是 2.6 元 / 千克卖掉怎么样？或者广告出街了，客户直接拉着 5000 千克大蒜到售楼部怎么办？

其实很好办，无论客户有没有大蒜，无论卖了多少钱，哪怕你不是农民也没关系，只要你买房，该给你的补贴、优惠一分都不会少，这本来就是案场正常定房优惠。因为是在活动执行期间，所以置业顾问会让你回去写份 5000 千克大蒜买卖合同带来，有没有大蒜、卖不卖、卖多少钱你自己决定。这个活动出街之后，短时间之内来电来访量大增。

更多高效活动可以添加微信，发送关键字“创意活动”，领取相应资料包。

下篇　转化之山

正文开始之前，我们先来看两个故事。

第一个故事：相传，印度王打算奖赏他的宰相西萨发明了国际象棋，西萨说："陛下，我不要黄金，我只要把麦粒放满 64 格就可以。请您第一天在棋盘的第一格内给我 1 粒麦粒，第二天在第二格内给 2 粒，第三天在第三格内给 4 粒，以后每一天给我的都是前一天的两倍，直到把 64 格排满。"印度王心想，那才多少麦粒，就欣然答应了。结果呢，按照西萨的要求，即使拿出全印度的粮食，国王也兑现不了他的诺言。

这个故事告诉我们：不是策略没用，是你没用。

第二个故事：相传，一个农民听说了"小麦棋盘"的故事，觉得这个点子非常厉害，于是跟地主说："老爷，我不要你每天给我饭吃了，我也不要年底的工钱，你看这样好不好？你第 1 天给我 1 粒米，第 2 天给我 2 粒米，第 3 天给我 4 粒米，以后每一天给我的都是前一天的两倍，两个月以后我什么都不要了！"地主想这农民一定是脑子有毛病，于是就答应了。结果，农民大喜过望，到第 5 天，就饿死了。

这个故事告诉我们：不是策略没用，是当下情况根本不适用。

这两个故事中，主角采用的策略是一样的，但结果却完全不同。因为两个人的自身条件是不一样的，一个贵为宰相，吃喝不愁；一个是农民，吃了上顿没下顿，同样的策略只会是"彼之蜜糖，吾之砒霜"。

很多大集团的操盘手坐拥平台和时代红利，曾经名噪一时，而现在时代变了，大家纷纷抱着降维打击的心态给中小房企出策略。中小房企老板不采纳，自己心里还觉得"竖子不足与谋"。营销的"营"首先是经营的"营"，不懂企业经营之道，不了解企业经营现状，只能是纸上谈兵，给不出落地有效的策略，严重的还会南辕北辙、贻误战机。

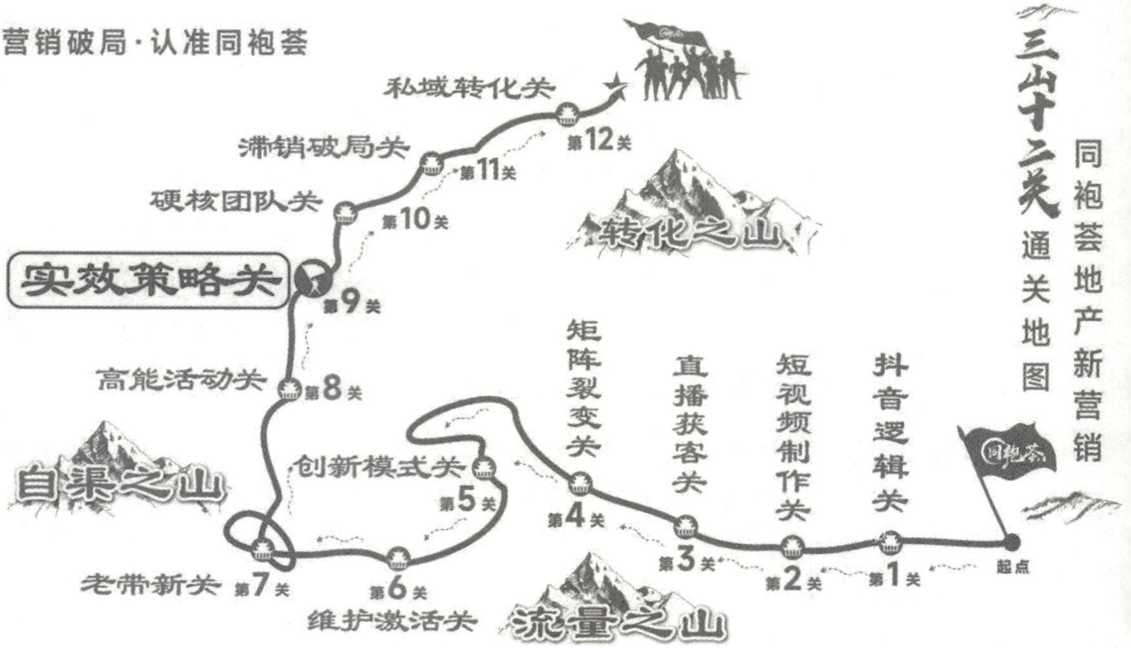

第 9 关　实效策略关

杰罗姆·麦卡锡在其 1960 年出版的经典著作《基础营销学》中提出了迄今为止全球最著名的营销理论 4P 模型，即产品（Product）、价格（Price）、渠道（Place）、促销（Promotion）。其中，关于渠道，在本书中篇已经详细阐述，本关内容将从产品、价格、促销（推广、推盘、成交）方面逐一展开讲解。

9.1　实效定位策略

定位定生死！

在不考虑非个体可控制的大环境情况下，一个项目操盘成败，40% 看地段、30% 看定位、20% 看营销、10% 看竞品。在占权重 30% 的定位中，重点在于产品定位。它起于客户、终于客户，决定价格，支撑形象。客户来不来看地段，买不买看产品，产品是定位的外在表现。

在高周转时代，很多大开发商基本是套用规划模板，拿地之后要求设计院稍作修改即可。而中小开发商拿地之后，大多并不找专业策划公司或者市场调研公司，而是直接找到设计院，闷着头开几个星期的定位设计会。由于设计院很多都不是当地的，对于当地情况不了解，基本凭借过往经验和开发商老板的描述做定位规划。

很多中小房企老板在定位阶段都会去一二线城市考察优秀项目，看完总想借鉴过来做当地最高端的项目，或许是为了彰显品位，或许是为了回馈乡里，总之此时情怀侵占了理性的位置，他们忘记了自己商人的身份。

另外，开发商处于房地产食物链顶端，身边充满赞美、附和之声，很容易陷入信息茧房，认为自己的项目哪哪都好，很多朋友都打招呼要买，但往往想法并不一定贴合真实市场需求。

“老板情怀 + 信息茧房 + 设计院经验”，这样碰撞出来的定位很容易出问题。往往印证那句老话：营销人眼里流的泪，都是前期策划人脑子里进的水。

那么，应该如何做出有效定位呢？

要遵循“项目定位 = 板块特征 + 客户量级 + 团队基因”的原则。

首先看板块特征。

我们把视野拉至全球，为什么非洲基本是贫穷国家，欧洲大多是富有国家，亚洲大多是发展中国家？表面看是文化、政治、军事、科技、经济五大要素在起作用，实际上是板块的威力！这一说法可参阅施展于 2018 年出版的《枢纽》一书，全书以上帝视角，气势恢宏地拆解了为什么世界是现在的世界，读来酣畅淋漓。

中国各板块区分也是非常明显的，黑河—腾冲线即“胡焕庸线”，线东南半壁 36% 的土地，供养了全国 96% 的人口；西北半壁 64% 的土地仅供养 4% 的人口。西北片区房子均价不足 1 万元 / 平方米，而长三角房子均价超过 7 万元 / 平方米。

城市板块也是如此。以郑州为例，郑州有两个地方都叫“龙湖”，北面的叫北龙湖，南面的叫南龙湖，两者车程 40 分钟。北龙湖是城市重点打造的低密宜居板块，豪宅林立，均价 5 万元 / 平方米；南龙湖是主要承接郑州外溢的板块，刚需扎堆，均价 1 万元 / 平方米。也就是说，在北龙湖拿地，一般的项目单价也低不了 5 万元多少，而在南龙湖拿地，即使做高品质项目，单价也超不了 1 万元多少。

所以，经常遇到的一个错误策略就是，开发企业在一个 C 类板块拿了块地王，企图通过做高品质的别墅洋房或大平层产品拿溢价，这种纸上富贵只能存在于报告里。现实中，你把百米飞人放到沼泽地里，他也跑不动。

为什么板块对房地产项目有这么大的影响？这是城市发展和区域配套不平衡造成的。一个城市的公建配套，比如学校、地铁、公园等，是用这个城市全体老百姓纳税的钱来修建的，好的板块配套比较完善，相当于多吃多占了其他板块的税收红利，自然地价、房价水涨船高。

其次看客户量级。

我们建出来的是商品，不是作品。房子不是拿来欣赏的，而是要以预计的速度卖给足够多的客户。放大船还是小船，不取决于造船厂，而取决于水有多深。摸清客户量级是定位的重要前置动作。

对于某一种产品来说，并不是占比大就是房源“多”，销售压力大；占比小就是房源“少”，不会卖不掉。很多时候恰恰相反。当一种产品面对的客户需求基数非常庞大时，推出即售罄，再多也没有什么销售压力；反之，当一种产品面对的客户需求基数非常小时，怎么努力都门可罗雀，再少也是建多了。

这种情况经常见于刚需项目的楼王产品，很多老板在设计院做定位规划的时候，执意将项目最好的楼王位置做成大平层或复式，认为套数不多，肯定能卖掉。结果从开盘到交房，楼王都没卖完，卖到最后还不如普通楼座的价格高，只能抵工程款或费大劲改规划，后悔如果做成主流产品，早就溢价卖完了。

忠臣死于谏。下次老板再一意孤行做楼王大户型的时候，可以问他这三个问题：

“这个市场上，跟你身份相当，不差钱的人有多少？”

“可不可以请你这些说买楼王的朋友先交 30% 的定金且不予退还？”

“如果你这些朋友要求按照八折友情价卖给他，你能接受吗？”

最后，还可以追加一个灵魂拷问：“现金流和朋友感情，您觉得哪个更靠谱？”

那如何摸清客户需求和量级呢？当然是做调查。毛主席说过：“没有调查就没有发言权。”

营销发展了这么多年，市场调研报告已经有很成熟的格式和模板了，这里就不介绍了。不过需要提醒一点：调研中很可能存在误导，基于错误结论做出的定位，很可能会引发滞销现象。

福特汽车创始人亨利·福特曾经说过：“在汽车出现以前，如果我去问顾客想要什么，他们会说‘想要一匹更快的马’。”

为什么？因为对于一种新产品来说，客户并没见过，他们根本不知道自己的需求是什么，这和曾经一直引领时代的苹果手机差不多，乔布斯曾经说过：“客户并不知道自己想要什么样的产品，他们只知道要更舒适、更便捷、更好玩、更爽。”同理，很多开发商想做产品创新，就去问客户：“你喜不喜欢第四代建筑？”结果可想而知。

那是不是对于常见的产品就可以相信调研结果呢？也不一定。我们以好孩子婴儿车为例。

正在用功看书的你，往下看之前不妨先想想：如果我去买婴儿车，考虑最多的因素是哪个？是美观、便捷、舒适还是价位？

好孩子婴儿车为了提高销量，准备改良产品设计，也做了一个客户调研，得出的结论是“安全”。这是一个匪夷所思的结论，因为大多数家长买婴儿车的时候都不会想到这一点，但为什么是“安全”呢？因为调查问卷里有这一项。为人父母，看到“安全”这一项想必都会勾选，于是统计结果出来后就是“安全”排名第一。如果企业直接拿着这个报告去改良，那应该重点考虑更厚重的材料和更好的刹车系统，但这样的话，就和真实需求南辕北辙了（见图 9–1）。

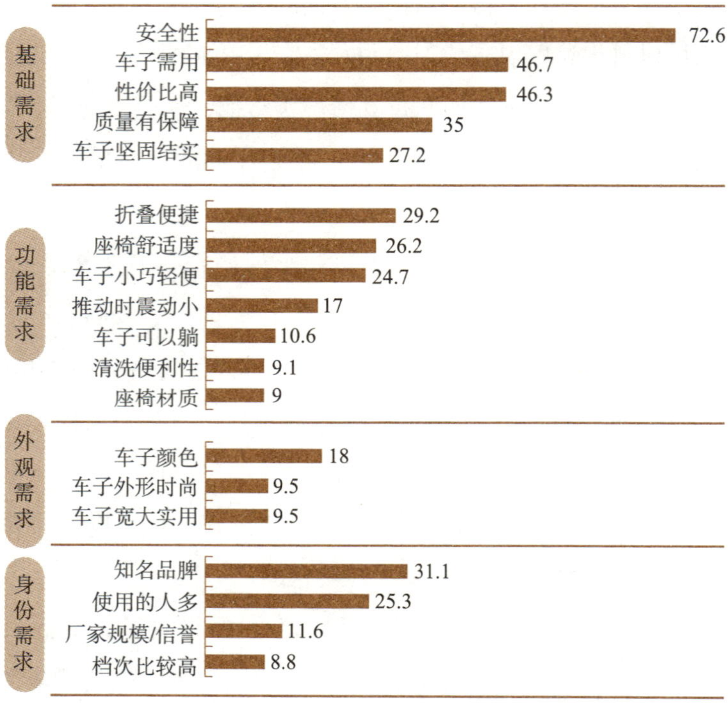

图 9–1　购买好孩子婴儿车关注的因素

之于房地产，比如，如果把“学校”放在买房问卷里，估计所有客户都会勾选，即使他的孩子早已毕业；如果把恒温、恒湿、恒氧放在问卷里，应该也会有很多人勾选。因为客户现在又不用掏钱，基本都是“既要、还要、都要”的心理。

那如何才能得到相对正确的调研结果呢？定量问题提高颗粒度，定性问题问现状痛点。

客户对未知的事情可能处于猜的状态，对于现状可是有足够的认知。比如，调研买房配套和建标需求，可以问客户目前居住情况和不满意的地方，这些都可以作为项目未来卖点。

最后看团队基因。

基因决定物种，大树的种子会长成大树，小草的种子再怎么浇灌培育，最多会长成一棵很高的草。团队基因包含两个维度，一是品牌，二是战略。品牌背后是产品力、团队技能和企业价值观。

比如，恒大、碧桂园主做刚需产品，在高周转时代，他们的销量让很多房企难以望其项背，但是即使销量再高，也很少有一线城市高端项目。而龙湖、绿城主打高端产品，让他们以高周转的模式，大量做刚需，团队也会不适应。

郑州市场销量最好的不是建业，而是正商。正商集团连续 12 年蝉联郑州销冠房企，以刚需项目为主。近年来，正商想改变在大家心目中的刚需王形象，先后在北龙湖拿下 5 块地王，均打造低密豪宅住区，结果几年下来，在老百姓心里的刚需形象改观并不明显。

每个房企都有惯用的产品体系和常年在消费者心中形成的形象。因此，我们做定位一定要和团队基因匹配，“小马拉大车”和“大炮打苍蝇”在当下容错率很低的黑铁时代皆不是明智的选择。

战略是一家房企运作的整体指导方针，战略不同，定位也不同。

对于多项目集团化公司来说，很可能不是根据一个地块属性来做定位，而是整体统筹下一盘大棋。有的是利润盘，规划品质产品，打集团形象，定价可以高一些，牺牲一定流度，赚取超额利润；有的是现金流盘，规划主流产品，价格有相对优势，快进快出，充沛的现金流保证集团安全运转；有的是市场卡位盘，经济指标放在第二位，甚至可以适当亏损，主要是为了赢得市场占有率，保证公司持续平稳发展。

9.2　实效价格策略

成交 =N+ 价格。

价格的重要性不言而喻。定价过低，楼盘利润降低；定价过高，会影响去化速度，甚至导致现金流断裂，引发爆雷。利润相当于国库，现金流则是军队。一个国家国库空虚几天或许没事，但如果没有军队，就会瞬间覆灭。很多企业爆雷，不是没利润，而是现金流断了；很多暂时亏损的企业，只要现金流没断，也有机会熬过寒冬。

先说定价。定价一般有三种方法。

第一，成本反推法。用楼盘成本加上预期利润，再除以项目总建筑面积，得出项目单价。这种方法完全没有道理，早已过时，但很多中小房企还在使用。成本根本不决定价格，成本只决定利润空间，价格是由供求关系决定的。LV 一个包成本只有几百元，却能卖几万元，而普通皮革厂的真皮包能卖一两千元就不错了。可能有人会问：“天底下谁会做亏本的买卖？”从古到今，亏本的买卖多了，看你怎么算账。

第二，市场比较法。通过主要竞品价格和项目各项指标综合对比打分，计算出项目价格。这是现在比较流行的定价策略。只是要注意两点：一是注意选取竞品样本的去化速度。一定要在品牌、区位、景观、户型、工程进度、推广强度等客观因素打分加权之后进行去化速度修正。比如，对方每月卖 15 套房子，通过市场比较法得出来的价格，我们也可能每月卖 15 套上下，要想增加销量，就需要向下修正价格。二是得出价格表之后要爬楼实地检查。因为垂直差和水平差都是在计算机上调出来的，要根据实地感受查看是否存在不利或有利因素，再进行价格修正。比如，有装饰腰线条影响采光的房源，可以适当调低房价，能利用商铺楼顶平台的房源，可以适当调高房价。

第三，客户摸排法。根据销售团队对入会认筹客户的心理价位摸排制定价格。这种方法实用，但不一定准确。买卖双方不一心，买方永远希望用最低的价格买到最好的房子，追求的是性价比；卖方永远想卖出更高的价格，追求的是利润。这就导致客户在价格摸排时会“骗人”，想买房的客户可能会把价格报得很低，随便看看的客户可能会为了面子把价格报高。为此，我们要通过培训，不断提高置业顾问的识别能力，同时给置业顾问打分，对于判断比较准确的置业顾问报上来的价位信息，可以加大参考权重。

有一点需要强调，并不是说定价越低越好。

很多时候定价不在营销范畴内，而属于战略范畴。比如，星巴克走的是高价策略，而瑞幸咖啡走的是低价策略；苹果走的是高价策略，小米走的是低价策略；等等。但是长期舍弃利润带来的低价并不是正道，只有低成本带来的低价，从而引发薄利多销的规模效应才是正道。

低成本来自两个方面：技术创新和流程再造。抖音裂变属于营销技术创新，独孤九剑属于拓客流程再造。

再说出价。

第一次出价是认筹阶段，这个阶段要始终高于客户心理价位出价。分为三步。项目刚刚入市，各种展示效果和卖点还没有呈现，营销动作也没有展开，客户对价格无从判断，只能与周边楼盘进行对比。这时只讲优势价值，不讲价格，用周边楼盘价格为项目价格筑底。等到营销中心、样板间、景观区以及各种活动接连展示时，趁着营销热度报一个稍高的宽泛价格区间，上限要达到楼王的锚点价格，这时一定要敢于报价。开盘前一周，再报一个回落一些的较窄的价格区间，上限以主力户型预计售价为主，主要是为了最后阶段冲量，同时邀请客户到访试算。

第二次出价是开盘阶段，无论前期定价使用的是成本反推法还是市场比较法，或者是老板拍脑门定的，开盘一定要低于认筹客户心理价位5%定价，只有这样才能形成卖压，不浪费几个月的辛苦付出。开盘不是为了一次性卖完，也不是为了优质房源的去化，而是利用强烈氛围尽可能多地提前去化问题房源。

第三次出价是平销阶段，主要指的是谈判优惠的释放。有很多老板甚至营销总监认为房地产是大宗交易，客户不会为了区区几千块钱的优惠影响自己的决定。事实并非如此，因为客户要的不是便宜的商品，而是占便宜的感觉。什么叫占便宜的感觉？就是极少数人才能享受到的特殊待遇，而案场的常规优惠是普适的。

所以案场一定要留有谈判优惠，并且要由管理层释放，决不允许置业顾问提前暗示客户或者直接释放。品质项目谈判优惠要多留，刚需项目可以少留；城市量级越高，谈判优惠越少；城市量级越低，谈判优惠越要多留一点儿，比如县城，几乎每个成交客户都能通过关系找到开发商老板。

最后说调价。

操盘就像一场赛跑。它既不是马拉松，大多时间都在匀速跑，也不是百米冲刺，从开始到结束都是高潮。更多的时候，它像一场障碍赛，变速跑才是正确姿势。比如，对于一套房子，客户这周来看、下周来看、下个月来看，价格一直不变，那客户为什么要今天下定呢？价格一定要有起伏，根据营销现状和市场情况调价，通过洞察变化，判断价格未来走势，提前下手。

哪些变化需要我们格外关注呢？

从宏观方面，不要只看政策。要看国企、央企是否还在当地拿地，只要还拿地，当地情况就不会太差，不过城投除外。接下来看库存量和一年半内拍地量总建筑面积之和是否超出 18 个月安全去化线，如果超过很多，就要尽快抛售上岸离场。

从中观方面，看市场近三个月的销量。销量永远是价格的先锋官和晴雨表，城市量级越高反应越快，城市量级越低传导越慢。同时，看竞品中全国性上市房企披露的上阶段报表，如果有明显衰退，很可能会启动大幅降价，尤其是率先抛售低能级城市的项目，一定要抢在他们开炮之前抢收客户，不然整个区域只能看着他们卖完才能卖。

从微观方面，看自己的客户储备和资金情况，如果客户基数较大，就涨价；如果客户基数较小，并且等用钱就降价。

但是，为什么有些项目降价了销量还是上不去呢？那是因为只知道降价，不知道降价的操作要点。

降价的第一个操作要点是一定要率先降价！域内第一个降价的楼盘，才能最大限度地收割下探区间内的客户，而社会在短时间内是无法产出更多有相同购买力的客户的，所以跟随降价的项目效果就会大打折扣。

降价的第二个操作要点是一定要猛降，一次性击穿客户心理底价！小幅多频降价只会加重客户观望情绪，并且容易引起竞品楼盘反击。

比如，现在楼盘价格是13000元/平方米，客户心理价位是10000元/平方米。第一次降价降到12000元/平方米，让置业顾问通知客户，但是因为高于客户心理价位，所以不买；第二次降价降到11000元/平方米，再打电话通知客户，还没到客户心理价位，还是不买；第三次降价降到9800元/平方米，低于客户心理价位，第三次打电话通知客户，结果三次连续降价，让客户觉得还可能继续降，所以还是不买。如果一次性从13000元/平方米降到9800元/平方米，相信会是另一番景象。

另外，降价一定要偷偷降，闷声发大财，不要大声喊！降价除了带来短期业绩增长之外，没有太多其他好处，会使老业主口碑不好、市场舆论不好、项目形象受损、项目品质受质疑、项目利润降低。

有人会说："为什么朋友圈那么多降价海报？"很有可能它不是真降价，只是在利用噱头吸引客户，或者迫于形势，跟风降价：既然大家都在喊降价，那我也喊。

并非只有降价才能促销，很多时候涨价也可以促销。降价是为了迎合大众贪婪心理，增加客户基数，从而促进成交；涨价是对存量客户再次逼定，激发损失厌恶心理，从而促进成交。

涨价的操作要点和降价完全相反。

涨价一定要后涨！不要做第一个吃螃蟹的人，如果只有你涨价，别人都没涨，你的客户很可能被驱赶到竞品楼盘，竞品楼盘也会拿"涨价事件"当说辞来抢客户。

涨价一定要慢慢涨！小幅多频，逐次收割。随着工期和配套的完善，项目有充分的理由多次涨价，每次涨价都是一次价值兑现的官宣推广，幅度每次最好不要超过3%。

涨价一定要大声喊出来！无论是真涨还是假涨，都要大声喊出来。一方面，向正在犹豫的客户传递信息：你买不买？不买我就涨价了！另一方面，向社会传递一种声音：我们卖得不错，产品保值增值，否则怎么敢涨价。如果涨完卖不动，后期可以通过优惠再把价格降下来，明涨暗降也是一种屡试不爽的营销套路，把涨出来的优惠空间作为逼定筹码，让客户有一种占便宜的感觉。

举个例子。

河南建业许昌某项目，2021 年及 2022 年上半年售价都在 5100 元 / 平方米左右。楼盘品质不错，但市场很差，月销量只有个位数，整个区域十几个竞品楼盘，月销量都在 10 套左右。

2022 年 6 月第三周，此项目闷声做了一个动作，把价格直接降到 3600 元 / 平方米，降价空间高达 1500 元 / 平方米。区域客户心理价位在 4000~4800 元 / 平方米，一次性击穿了客户心理底价，直接从月销个位数变成了一周卖 130 套，达到清盘状态。不但把自己的客户，还把整个区域内其他十几个楼盘该成交的客户以及未来两个月的客户也几乎收了进来。

这个项目的调价策略完全符合前面说的操作要点：第一，区域内率先降价，如果再晚几个月，市场急剧降温，即使降到这个幅度也不会有这样的效果；第二，一次性击穿心理底价，全面收割区域内所有客户；第三，没有大声喊，朋友圈连降价海报都找不到，只是置业顾问口对口通知客户，同时通知了合作渠道。

9.3 实效推广策略

约翰·沃纳梅克说过：“绝大多数企业都浪费了一半广告费，但不知道是哪一半。”

移动互联网时代，信息量呈爆炸式增长，从文字到图片，从短视频到直播，每一个环节都让顾客接受信息的渠道越来越多元化。很多老板都感觉推广没效果，因为广告打出去，别说来访了，连个电话都没有。但钱浪费到哪了，应该怎么调整，谁也不知道。

推广的目的不是让客户充分了解我们的项目，记住我们的所有好处，而是对项目的某一特点印象深刻，在客户心智中形成有竞争力的鲜明定位。比如，提到奔驰就是尊贵感，提到宝马就是驾驶感，提到沃尔沃就是安全感。其他卖点不是不可以说，而是要聚焦尖端优势，猛打狂砸，用时间发酵，让客户记得住，愿意来看看。到访之后再逐个释放其他非核心卖点作为补充，也可不在销讲中体现，而作为谈判中的小惊喜说出，完成临门一脚。

那么第一个问题来了，推广时怎么找立足点，应该说什么呢？

当然不是拍脑门，虽然很多项目的推广立足点都是在会议室里有模有样地开几场头脑风暴拍脑门出来的。推广时找立足点大体可以分为两个阶段：入市期和销售期。

入市期主要是说卖点，销售期主要是说买点。卖点是站在开发商角度提炼的项目独特优势，买点是站在客户角度提炼的客户感知到的切身利益。

先看入市期。

卖点是策划找出来的，主要是站在项目卖方的角度审视项目，告诉大家项目的最大优势是什么，都有哪些证据能够证明。卖点不是随便找的，龙湖有套非常好用的方法叫逻辑五分法，即城市逻辑、土地逻辑、产品逻辑、品牌逻辑、客群逻辑（见图 9-2）。

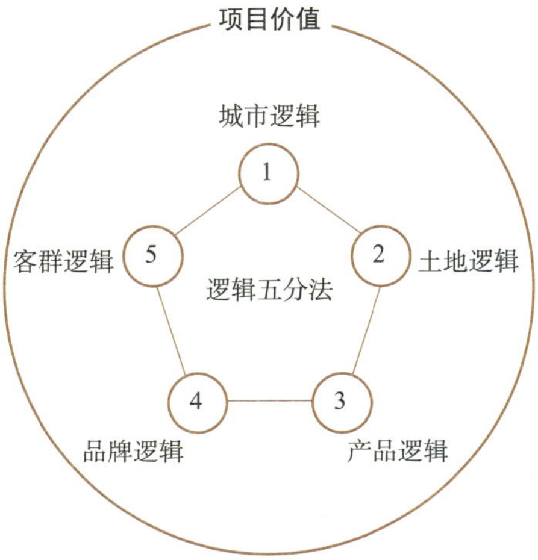

图 9-2　逻辑五分法

城市逻辑。主要用于新区或者城市发展方向地块，周边配套尚不成熟的项目。要研究城市规划和产业转移，卖未来，比如武汉的长江新城、珠海的唐家湾北围。

土地逻辑。主要用于城市核心板块的项目，现状就是“白富美”，强调对名校、商圈、公园等稀缺资源的绝对占有。土地逻辑直接放入案名是非常有效的推广策略，比如龙湖颐和原著（北京颐和园）、建业九如府（郑东新区九如路）。其实，我认为每一块土地都有自己的神性，只是有的凸显，有的隐藏，高手不是创造价值，而是发现价值，然后转译出来。

产品逻辑。主要用于开发商打造的已交付的高口碑产品线，比如万科翡翠系、绿城桃李春风、金茂府等。单项目开发商精雕细琢也能打造出非常优秀的产品，只是在入市期，如果同城没有很好的已交付社区做体验背书，用产品逻辑做推广相对费劲。随着出生率的陡降和政策的改变，中国房地产正从人口红利向人才红利过渡，好的产品力愈发重要。

品牌逻辑。主要用于客户已经完成了买房、交付、入住等，体验了品牌的完整服务，在同等情况下愿意为品牌支付更高溢价的情况，比如绿城、龙湖等。也可以只做透一个区域，比如河南的建业、商丘的金沙等。推广可以主打品牌，比如“有一种骄傲叫住建业”。做品牌的目的是高价卖货、快速卖货、持久卖货，其底层逻辑是向社会承诺给客户兜底，出事时是要认错的，接受客户的惩罚，如果推卸责任、逃避惩罚或者无力承担惩罚，品牌会自动失效。

客群逻辑。研究产品匹配的某一类细分客群，用理性推导客群的敏感点，再用感性手法将这一敏感点放大。如果客群都是小太阳家庭，可以在社区里多做一些亲子空间；如果客群是高端商务人士，可以做一些第二会客厅或者会所；如果客群以中老年人为主，可以做一些坡道、拉手、动捕摄像头等适老装置。然后根据这些独特配套以走心文案和温情画面输出推广。

我们只需要从逻辑五分法中选取其中的一个点，最多两个点，作为入市期的推广立意就可以了。《道德经》里说：“多则惑、少则得”，因此不要选多。

例如，今朝中国在开封尉氏代理的一个楼盘是品质项目，位于老城区，周边都是老破小家属院，没有学校、公园、商超等配套。客户买房一般选择新城区，虽然项目品质不错，但是只打品质不足以支撑较高的房价。经过走访调研，我们发现买此项目的客户基本是周边3公里内的家属院居民，年龄普遍在50岁以上，他们在这里住了一辈子，一下楼就是熟悉的饭店、商店，门口都是可以唠嗑、下棋的老哥们儿、老姐们儿，新区再好他们也不去。于是，我们就从客群逻辑出发，收缩拓客范围，主打“老地方，新生活”：这里人车分流，再也不用担心孩子回来没地方停车，孙子被碰着；这里电梯洋房，老胳膊老腿不用再爬楼，回个家也不用歇好几次了；这里有景观、有物业、有暖气，生活惬意自在，多活20年；这里，是老城区最后一块地，仅此308套。

再说销售期。

销售期有了成交客户，也就有了研究样本。推广立足点要从卖点转到买点，毕竟掏钱买房的是客户不是策划人员。买点是站在客户角度审视项目，找到打动客户，让客户愿意为之付费的关键点。

第一个问题：怎么找？

稻盛和夫说：“现场有神灵，一切答案在现场。”策划人员最知道卖点，销售人员最知道买点。这个阶段策划人员不能只在办公室和会议室苦思冥想，而要深入销售中，深入客户中，亲自参加销售盘客会议，亲自和成交客户座谈，才能找到成交客户的买点真正是什么，很多时候会发现之前对外宣传的卖点，客户根本不关心。

今朝团队服务的一个焦作龙头房企的项目，园林景观做得非常好，在当地可谓鹤立鸡群，对外推广一直是“骨子里的中国”“北方的拙政园”之类，但开盘第一波之后销量平平。后来，经过和销售人员沟通、和客户座谈才发现，园林是挺好，客户也都非常认可，但是之所以买这个项目，主要还是因为旁边的好学校，后来改成“买××项目，上××学校”，到访和成交明显放量。还有开封尉氏县的一个项目，位于老城区，而新盘大多位于城市新区，之前打的广告都是“项目高品质”，通过和销售团队及成交客户座谈，发现经过郑州7·20洪水之后，很多客户觉得老城区地势高，下雨不积水，而新城区下雨积水严重，于是项目调整了价值说辞，对于成交临门一脚非常有帮助。

第二个问题：如何说？

先看两个常见的推广画面（见图9–3、图9–4）：

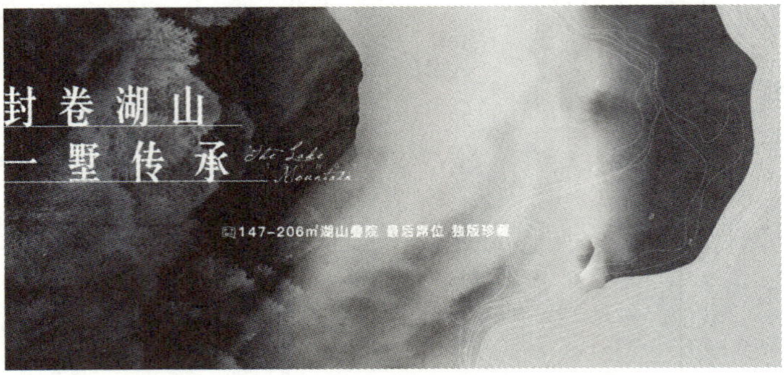

图9–3　推广画面一

图9–4　推广画面二

记住了什么？如果这个广告不是出现在书里，而是出现在路边广告牌或者朋友圈里呢？估计客户不会有任何印象。因为画面和文案都出了问题，这也是营销人经常犯的毛病——自嗨式推广。

做推广就是向客户发信号。小说《三体》里讲为了给外星生物发信号，专门造了个大基站，信号强烈，对方容易收到；信号微弱，对方收到的概率就低很多。同样的道理，好的推广文案要符合阅读习惯，好的推广画面要符合货架思维。

什么是货架思维？想象一下我们去超市的情景，在货架上选购商品，一眼就能发现的包装就符合货架思维。放到房地产推广里，就是客户在刷朋友圈时，让其一眼就能看到的广告，并且不用点开大图就知道图文表达的核心内容，就叫货架思维。运用货架思维做推广才有效。

货架思维，就是追求客户惊鸿一瞥的效果。使用货架思维时要注意以下三个要点：

第一，主标题的字要大。

如果是小字、留白，突出逼格与调性，这样的画面放在朋友圈里，谁能看清楚？所以，主标题的字一定要大，主要信息要按照 F 形排列（见图 9–5）。

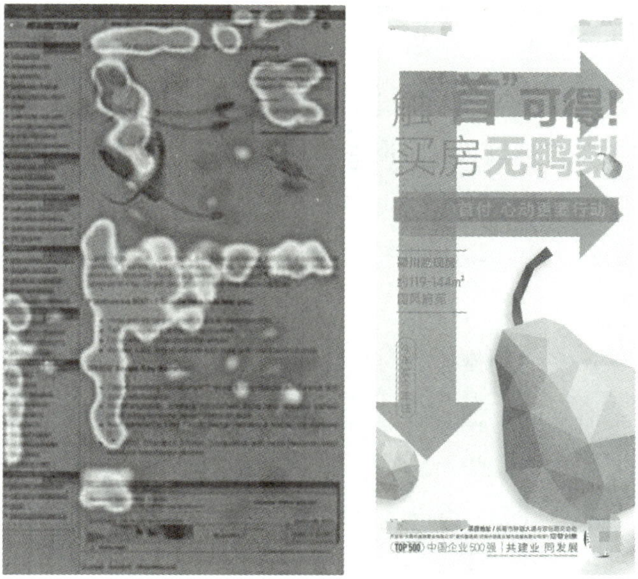

图 9–5 F 形眼球轨迹

美国工程师尼尔森在《眼球轨迹的研究》中指出，人们在第一次观看画面时，视线会呈 F 形游走。读者的眼睛首先扫过图片的上半部分，这样就形成了一条横向运动轨迹，这就是字母 F 的第一条横线。然后眼光略微下移，扫描比第一步范围较短的区域，这就又画了字母 F 中的第二条横线。最后读者朝画面左边的部分进行垂直扫描，往往会更短，这样就画了字母 F 中的一条竖线。

第二，画面要有创意。

不要总是放楼，放水景，放草地，千篇一律，非常无聊；也不要经常做番茄炒蛋式的红底黄字热销海报，客户早已厌倦。一定要有创意，提升画面张力，增加客户关注度。

怎么做创意？抄啊！我们又不是艺术家，卖的不是画而是房子，犯不着花大精力原创，那样不经济也不安全。毕加索说过：“聪明的艺术家模仿，伟大的艺术家偷窃。”“广告之父”奥格威也说过：“搜寻全世界，把最好的创意偷来。”怕的是，抄都不会抄！

第三，主题色不变。

用色如用兵，主题色换来换去，兵不识将，将不识兵，怎么能打好仗。好多营销总监走马上任第一件事就是换推广公司，新推广公司进场第一件事就是重新提案，更换主题色基本是标配，以显示自己技高一筹。通过前期大量的推广铺设，客户刚对项目有了一定的视觉锤，主题色一变，还以为又出了一个新项目呢！我们发现，世界上卖得好的商品，主题色都是长久不变的，比如爱马仕始终是橙色，可口可乐始终是红色。

文案是推广的灵魂。

好的文案不是使用排比、对仗等各种修辞手法，也不是为了彰显专业度，经常说些客户听不懂、想半天的话，而是不用解释客户就能一秒钟看懂。再说，我们根本就没有给客户解释的机会。所以，下次广告公司提案的时候，不要听他讲解，自己能看懂的就是好文案。

首先，一定要口语化。

研究表明，“汉字的序顺并不定一影响阅读”这句话大家都能看懂，虽然有文字错误，但大家第一眼看到，读的就是“汉字的顺序并不一定影响阅读”。我们从小到大都习惯用“口语化”的语言交流，已经完全熟悉其语法格式，阅读速度非常快，意思领会也非常快。在信息大爆炸的今天，阅读速度是推广的重要考虑因素，好的推广要让客户一眼就能看懂我们表达的意思，比如“妈妈，华信悦府的院子好大”。

其次，少用形容词，多用名词加动词。

形容词虽然华丽，但是很虚幻，无根，放在谁身上都可以，比较浮躁，比如“皇家园林”“鎏金旺铺”，高端楼盘可以用，刚需楼盘也可以用，客户怎么会有识别感和记忆锚。要多用名词加动词，名词更加具象，动词发出行动指令，比如“怕上火，喝王老吉”“买房，看了普罗旺世再决定”。

华与华在《超级符号就是超级创意》中讲道：“推广不是我说一句话给客户听，而是我设计一句话他会说给朋友听”，这样才能“推”而“广”之，达到“播传”的效果。当被朋友咨询买哪里的时候，就可以说“买房，看了普罗旺世再决定”。很多“80后”男性，应该都听女朋友说过同样一句话：“爱她，就带她看《雪狼湖》。”

再次，最好加个预制件，绕过思考直接判对。

预制件指大家平时耳熟能详的固定话语，可能是一些自古流传下来的老话，经过了时间的检验，或者是一些大家普遍知道的名人名言。这些话大家不用思考，自动认为是对的，如果在我们的推广里加上这类元素，营销效力就会加大。比如，我们就把前文提到的焦作园林非常好的学区房推广改成了“住 ××××，望子成龙不是梦”，望子成龙就是预制件。

受此理论启发，今朝中国的推广语也从“用实战技术让你的项目卖得更快、更多、更贵”，变成了“数地产营销，还看今朝”。

第三个问题：在哪说？

现在推广的载体有很多，也早已不是疯狂的卖方市场时代，客户看到广告之后就扑向售楼部恐慌性抢购。目前，市场不明朗，客户犹豫观望，随着收入的减少，普遍陷入了不花钱的低欲望状态，不是信息的单一触达就能勾起消费的欲望，需要多频次、多渠道反复触达刺激才可以。比如，我之前在朋友圈里刷到“二舅”的视频，起初并没有什么兴趣，但是往下刷又看到一个人发，接着又看到三四个人发，这才点开看看到底是什么内容。相关统计显示，一个信息一般要在短时间内触达客户七次，才会引发客户了解的兴趣。

房地产推广载体有很多，目前来说，效果最好的是抖音，本书也以大量篇幅对此予以介绍。但是不管是从哪个推广载体过来的客户，最终还是要到售楼部的，而售楼部往往是大家忽视的最重要的推广载体。就像对一件商品来说，最好的推广载体是包装袋，自己能把自己卖出去，不需要售货员讲解才是最好的营销推广。

除了豪宅项目的营销中心要化繁就简彰显高冷范之外，刚需楼盘和改善楼盘还是要多接地气，热销的氛围更重要。在营销中心里，置业顾问是有声的、良莠不齐的物料；物料是无声的、整齐划一的置业顾问。

我们要提高物料的数量和水平，条幅、墙贴、桌贴、地贴、展板全部上齐，把冷冰冰的售楼部变成热销的海洋。同时，置业顾问即使经过培训，水平也参差不齐，接待过程中也可能受到自身情绪状态影响，而物料是整个案场销售和策划水平最高智慧的展现，且图文并茂更有利于辅助置业顾问打动客户（见图 9-6、图 9-7、图 9-8）。

图 9-6　售楼部物料包装一

图 9-7　售楼部物料包装二

图 9–8　售楼部物料包装三

单页和户型图要格外重视。前文所说的反对派单，是反对满大街盲目发单页，而给到访售楼部客户的单页就不一样了。单页和户型图是到访客户需要拿走的物料，而且很可能会拿回家给家人看，如果家人没有来过售楼部，只能通过单页和户型图上的信息考虑买不买。

可以说，在街上发的单页是广告，在售楼部发的单页是产品说明书。我们在设计单页和户型图时，要注意以下三点：

第一，要用好纸张。客户对房产不专业，但是他们会通过接触到的物料档次来感知项目品质。对于高端项目更要注意，我们可能只需在户型图上加一缕丝绸，逼格立马就会提高。

第二，多主题定制。每个项目的客户群体都不止一种，客户买点也分几类，可以针对不同人群设计侧重不同主题的单页，比如青年客群更看重价格，中年客群更看重教育，老年客群更看重公园等（见图 9–9）。

图 9–9　多主题单页

第三，户型图生活化。老人的未来生活是什么样的？儿童房怎么布置？主卧装修后是什么效果？要让客户的每位家庭成员都能在户型图上找到属于自己的领地。客户来不来看区位，定不定看户型，好的户型图设计是客户成交的催化剂（见图 9–10）。

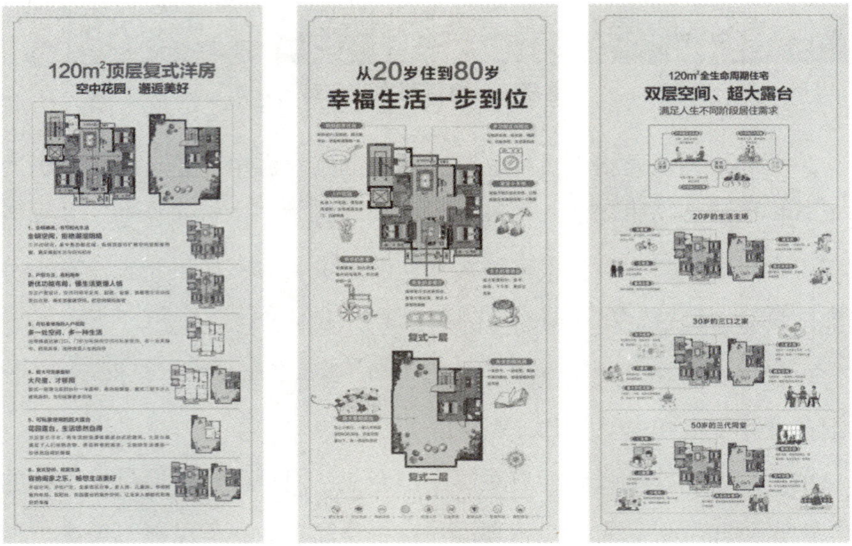

图 9–10　生活化户型单页

9.4　实效推盘策略

推盘对一个项目营销的成败非常关键，很考验操盘手的功力。选择什么样的时间，推出什么样的房源组合，就像排兵布阵，做好了可以极大地提高整个战场的效力，不但可以指导销售，也可以指导工程开工时间和顺序，以销定产，最大限度保证去化速度和资金安全。

波士顿矩阵由美国人布鲁斯·亨德森在 1970 年提出，是全球范围内应用最广泛的推货选择分析工具之一（见图 9-11）。

图 9-11　波士顿矩阵

波士顿矩阵根据两个维度划分：横轴为相对市场占有率，纵轴为市场增长率。套到房地产行业，横轴为客户喜爱程度，纵轴为房价高低。第一象限是婴儿产品，客户接受度低、价格高；第二象限是明星产品，客户接受度高、价格高；第三象限是瘦狗产品，客户接受度低、价格低；第四象限是金牛产品，客户接受度高、价格低。

婴儿产品：此类房源的市场需求度不高，但价格却不低，就像婴儿一样，现在无法做贡献，却需要花钱照顾。婴儿产品具有成长性，需要培育周期，如果条件改善，会成为金牛产品；如果条件不好，会沦为瘦狗产品。因此，婴儿产品要延后出货，根据市场变化和培育状况最终定价。

明星产品：此类房源的市场需求高，人见人爱，但价格太贵，不是所有人都买得起。就像明星一样，颜值高、身材好，人人喜欢，但欣赏就好。这类产品要提早推向市场，不为卖货，只为提升楼盘逼格与品质感，使其成为整盘价格锚点，衬托其他产品性价比，掩护出货。

瘦狗产品：此类房源的市场需求不高，价格较低，瘦得像条狗一样，没有油水，未来涨价空间有限。它的优点就是价格低，可以用低价撕开市场，进行破冰。

金牛产品：此类房源的市场需求度非常高，价格不高，在接受范围之内，可谓物美价廉，就像老黄牛一样兢兢业业，为整个项目提供现金流。金牛产品不能一次全部推完，否则就没有钩子吸引客户了。当然也不能推货太晚，否则营销前期就没有产品保证现金流安全了。金牛产品一定要整盘统筹，均衡推货。

图 9-12 是一个简化的楼盘示意图，整个楼盘由 7 栋住宅楼组成，我们按照波士顿矩阵进行楼座分析。

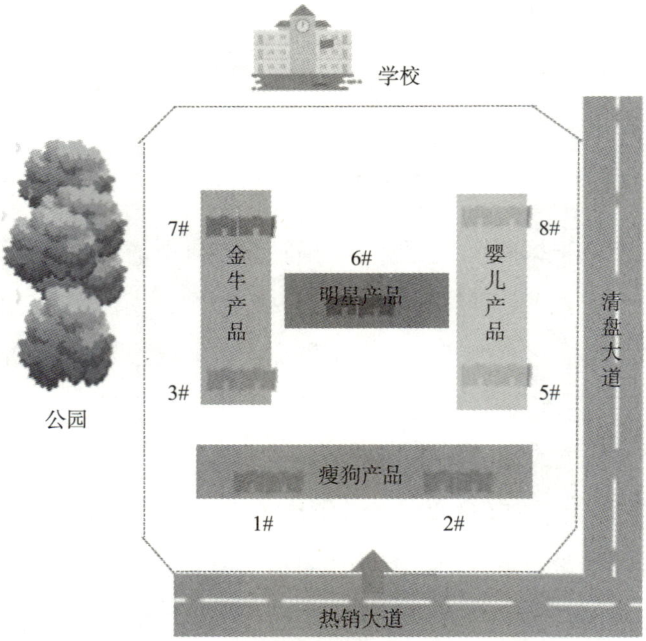

图 9-12　波士顿矩阵理论分析

6#——明星产品。

楼王位置，前后无遮挡，楼间距足够宽，景观效果最佳，位于社区中央，没有不利因素，私密性好，是当之无愧的明星产品，价格最高，是整盘形象和利润的担当。

5#、8#——婴儿产品。

有一定景观资源，但东侧临主干道，有一定噪声影响，且私密性不是很好，优势、劣势都很明显。如果后期社区景观效果好，且楼盘口碑不错，那婴儿产品就可以转化为金牛产品；如果后期景观一般，楼盘卖得也不是特别好，需要降价促销时，可以推出这两栋楼，这时就变成了瘦狗产品。

1#、2#——瘦狗产品。

位于最南侧，无小区景观视野，且临主干道和大门，私密性差，卧室噪声影响严重。未来这两栋楼升值空间最小，所以定价要低一些，尽早出货，撕开市场。但是有些地域，人们喜欢住在大门口觉得进出方便，就另当别论了。

3#、7#——金牛产品。

位于小区中间，有一定景观资源，西侧紧邻公园配套，不临路、无噪声、私密性高，客户接受度高。因为不是楼王位置，价格合理，在需求端和价格端可以达到均好的表现，它们承担了整个项目现金流安全的保障作用。

根据以上分析，可以分三批推货，以保证整盘均衡去化。

第一批推出 1#、2#、3# 和 6# 的西单元。

1#、2# 是瘦狗产品，低价入市，撕开市场；3# 是金牛产品，保证初期现金流的安全；6# 是明星产品，品质好、价格高，可以在前期推出慢慢卖，拔高整个项目的调性和价格锚点，突出其他楼座性价比。

第二批加推 7#、5#。

7# 是金牛产品，每批次均衡入市。等示范区、样板间等形象入市之后，销售也会因为老客户的存在而有了一定基础，此时婴儿产品 5# 就有了入市条件，可以转化为金牛产品搭配出售。

第三批推出 8# 和 6# 楼的东单元。

此时的婴儿产品 8# 已经具备转化为金牛产品的属性，整个楼盘价值完全兑现之后，明星产品的价格也不会显得过高。另外，楼王作为收官之作，用“珍藏户型，热销加推”的概念推向市场。最后的产品以最高价推出，资产增值，也有助于老业主整体满意度的提升。

说完推货的组合策略，再说一下推货的节奏策略。

开发楼盘，大部分成本在拿地时已经锁定，利润在销售时才兑现。房地产是天时和地利强相关的行业，但是天时远大于地利，准确判断天时，什么时候该给货，什么时候该囤货，对整盘利润有着非常大的影响。

郑州北龙湖某豪宅项目，2013 年入市，辛辛苦苦卖了 4 年，2016 年 4 月最后一套房子卖完。可就在2016年7月，郑州下饺子似的连拍7个地王，直接导致房价飙升。这个豪宅项目的清盘节点刚好在大涨之前，整盘只赚了 500 万元，如果晚卖一年，利润翻十几倍应该不是问题。

好的操盘手要提前判断市场变化，在大涨之前捂盘惜售，并且催促工程多开工、快建设；在降价之前多多加推房源以图逃顶，同时通知工程部调慢建设速度。而水货操盘手在涨价之前就傻呵呵地把房子卖完邀功请赏，大涨来临只能断货当看客；降价之前故作老成守价不推货，降价来临后陷入滞销，回天乏术。

如何判断走势呢？大的周期是很难判断的，有很大赌的成分，也别听所谓专家故弄玄虚，大多是事后诸葛亮。而小的时机是有章可循的，房地产走势和股市差不多，基本都是成交量走在价格前面，大概分为四个阶段，循环往复。

第一阶段：价格横盘，销量增加。

价格在区间范围内小幅震荡变化，购房者感觉价格没什么下探的趋势，需求开始释放，特别是婚房、学区房等刚需客户开始进场。

第二阶段：价格开始提升，销量继续增加。

通过两三个月的客户进场，销量持续增加，市场就会纷纷涨价。“追涨杀跌”是人性使然，当房价开始上涨时，客户会陷入恐慌式购房情绪，这段时间可谓房地产商的黄金时刻。

第三阶段：价格继续提升，销量出现掉头趋势。

凡事有度，当价格涨到一部分人接受不了时，这部分人就会离场，持币观望，销量开始下跌，市场逐渐变成有价无市的局面，但此时市场价格反应还没那么迅速，仍然会惯性上涨。

第四阶段：销量出现明显下降，价格开始下降。

随着销量逐渐下行，一些头部房企或者对市场敏感度较高的房企开始降价，并迅速引起其他竞品楼盘跟进，购房者发现价格下跌就更不敢买房了，害怕自己高位站岗，所以就会出现“你越降价我越不买，我越不买你越降价”的局面。直到房价跌无可跌，在触底的状态进行震荡，就又回到了第一阶段。

大的推货策略确定了，还需要搭配一些调整具体房源推货节奏的销控策略。好的销控就是让相对差的房源早卖掉，相对好的房源卖高价，平衡整盘的去化结构，调节整盘去化速度，最终实现项目利润最大化。好的销控主要有以下三个方式：

第一，直接销控。

直接销控，顾名思义就是对一些房源封着不准卖。有时封的是热销房源，有时封的是滞销房源。封热销房源主要是防止一些游击队式的操盘手或者代理公司把好卖的房源都卖完，看着歌舞升平，其实危机四伏，最后剩的都是难卖的问题房源；封滞销房源主要是给客户看，显示我们这类户型也卖了不少，只有这几套可以选了，以激发客户的从众心理，同时避免选择恐惧症。

第二，价格销控。

价格销控，实际就是调整房源的性价比，把有对比性的热销房源价格调高，把难卖的房源价格调低，形成相对优势（见表 9–1）。

表 9–1　价格调控案例一

	西户	西南户	东南户	东户
去化率	55%	45%	50%	70%
价差（元）	0	–50	–20	+50

	西户	西南户	东南户	东户
去化率	70%	50%	55%	75%
价差（元）	0	–50	–20	+100

某项目西户去化 55%，西南户去化 45%，东南户去化 50%，东户去化 70%。西南户和东南户去化相对平衡，但是东户和西户去化不平衡。

然后看价格，西户作为基准价，西南户单价便宜 50 元，东南户价格便宜 20 元，东户单价贵 50 元。虽然东户贵，但仍然去化比西户快，说明价差制定小了，可以把东西户价差拉到 100 元。中间户去化相对平衡，没有必要再动价差（见表 9–2）。

表 9–2　价格调控案例二

	112m^2	106m^2
去化率	55%	31%
价差（元）	0	–50

	112m^2	106m^2
去化率	65%	36%
价差（元）	0	–80

	112m^2	106m^2
去化率	70%	55%
价差（元）	50	–100

价格销控需要试探市场反应，有可能需要多轮调整。

表 9–2 中，112 平方米和 106 平方米的户型都是三房，面积只相差 6 平方米，去化率却相差较多。112 平方米的去化率达到了 55%，106 平方米的去化率只有 31%。106 平方米的单价比 112 平方米便宜了 50 元，为了提高 106 平方米的去化率，把 106 平方米的单价降低 30 元，价差拉到 80 元。

经过一个月的去化，112 平方米的去化率达到了 65%，106 平方米的去化率达到了 36%，但还是处于去化不平衡的状态，因此要进一步拉大价差。112 平方米的户型涨价、106 平方米的户型降价，两个户型之间的价差拉到了 150 元。又经过一个月的去化，112 平方米的去化速度明显减缓，去化了 5%；而 106 平方米的去化了 19%，达到了 55%。这样就达到了通过价格销控引导客户消费的目的，使整盘平衡去化。

如果价格不方便调整太多，也可以设置购买条件进行销控，比如指定热销房源必须绑定车位、储藏室才能销售，或者一次性付款才能销售，以刺激滞销房源的去化。

第三，佣金销控。

置业顾问一般都是拣着好卖的房源先卖，实在没有好房子了，才会去卖难卖的房源，这不是人品决定的，是人性决定的。在操盘过程中，一定要学会宏观调控，人为干预控制节奏，在强销期必须让置业顾问吃五花肉，有肥也有瘦。

可以把好卖房源的佣金调低一点，难卖房源的佣金调高一点，比如设置为难卖的房源提成4‰，好卖的房源提成2‰。也可以将置业顾问的底薪设置成包含难卖房源的必卖套数，如果完不成，底薪打八折，完成任务后再拿全额底薪。

好房源通过不断的价值兑现，最后都可以卖掉。难卖的房源如果趁着营销费用充足、优秀置业顾问还在的时候卖不掉，后期就更难消化了。

以上说的是项目正常状态下的推盘策略。如果项目资金链濒临断裂，此时最重要的是活下去，客户要哪套房源就给哪套，并且价格一定要向市场妥协。“留得青山在，不怕没柴烧”，只有熬过黑夜，才能看到光明，不要临死了还不愿把新楼栋打开，降价以利润换现金，而是到处高息举债融资，端着金碗要饭吃。

9.5 实效成交策略

房地产项目的全营销周期中，最大的成交战役是开盘。如果开盘之战打好了，口碑一炮而红，对后续营销大有裨益。如果第一枪就哑火，后面要花大量金钱和精力，才可能扭转局面。

开盘受很多因素的影响。“天时”，市场好的时候开盘，解筹率普遍比较高；市场不好的时候开盘，很难交出满意的答卷；“地利”，位置好的项目和位置差的项目，开盘情况大多有明显的区别。这两个方面都非营销人能左右，但是我们可以做好“人和”。

“人和”不像“天时”和“地利”一样，可以在很大程度上影响开盘的绝对值，但是一个经验老到的操盘手，通过精准盘客、落位装户，可以准确预测开盘解筹率。这一点非常重要，试想如果老板问开盘能卖多少套，操盘手说能卖500套，结果卖了300套，这就很影响整盘的推货节奏和现金流安全；或者一下卖了800套，貌似是个大惊喜，实则很可能是价格定低了，影响利润。因此，“靠谱”很多时候比多卖都重要。

盘客一般在开盘前10~30天进行，过早盘客会影响准确性。因为不少客户交钱认筹后，还会去关注竞品楼盘动态，或找身边比较懂房的朋友咨询，具体意向可能会发生变化。因此，前期我们应该把精力主要放在价值输出和提升心理价格上面。

通常在认筹阶段，我们可将盘客表分成五个维度进行打分（见表 9–3）。

表 9–3 盘客表五个维度

类别	到访次数				主动来电次数				楼盘满意度（对比竞品楼盘个数）				价格接受度（与项目价格差距比）				整体态度（给置业顾问判断力打等级）			
权重系数	10%				20%				20%				30%				20%			
评分分类	3 次	2 次	1 次	0 次	3 次	2 次	1 次	0 次	3 个	2 个	1 个	0 个	15%	10%	5%	不敏感	非常满意	很满意	一般满意	不满意
对应分值	76~100 分	51~75 分	26~50 分	0~25 分	76~100 分	51~75 分	26~50 分	0~25 分	0~25 分	26~50 分	51~75 分	76~100 分	76~100 分	51~75 分	26~50 分	0~25 分	76~100 分	51~75 分	26~50 分	0~25 分

第一个维度：到访次数，权重 10%。

认筹阶段活动多，礼品也多，客户到访并不一定是来咨询房子，可能不买房的反而更多，所以此项权重 10% 即可。

第二个维度：主动来电次数，权重 20%。

对客户而言，主动来电除了咨询房子，是没有任何实际好处可拿的，主动来电的次数越多，说明客户的意向度越高。

第三个维度：楼盘满意度，权重 20%。

客户对比的楼盘越多，被竞品分流的概率就越高，如果客户没有什么对比楼盘，那说明非常认可我们项目的质素，成交概率就高。

第四个维度：价格接受程度，权重 30%。

成交 =N+ 价格，价格是成交与否的决定性因素，客户对价格的接受程度是盘客中最重要的参考指标。

第五个维度：整体态度，权重 20%。

每个人的行为习惯不一样，可能有少部分客户做事风格和大众不同，比如只来过售楼部一次，也没怎么主动打过电话，开盘时却直接购买；也可能来过售楼部很多次，也经常咨询项目，但是开盘时却没买。这个维度就是给置业顾问一个修正机会，要凭借自己和客户的接触来判断其意向。

需要注意的是，操盘手要对每个置业顾问的判断力有准确的认知。

加权相加得出最终分值之后，可以按照分值把客户分为四档：A 档为 76~100 分，意向非常强，开盘后大概率会购买；B 档为 51~75 分，意向还可以，通过引导逼定，应该也会买；C 档为 26~50 分，意向一般，可买可不买；D 档为 0~25 分，基本不会买。

举例来说明一下（见表 9–4）。

表 9–4　盘客表五维度案例指标

姓名	到访次数	主动来电次数	楼盘满意度	价格接受度	整体态度
张建国	2 次	3 次	1	5	非常满意
分值	68 分	90 分	72 分	70 分	85 分
权重比例	10%	20%	20%	30%	20%
权重值	6.8 分	18 分	14.4 分	21 分	17 分
总分值	77.2 分				

客户张建国，男，36 岁，家住城郊乡，个体户，在镇上开了个五金店。家里有两个孩子，大的 11 岁，小的 5 岁。比较认可项目周边的学校和公园，购买动机是希望孩子能够到城里上学。共来过两次，一次是参加示范区开放活动，另一次是交钱认筹，期间有过 3 次来电，均是询问价格和开盘时间。看过其他楼盘，但是对竞品的户型不太满意。置业顾问对客户释放的价格是 5000 元/平方米，客户的心理预期价格是 4800 元/平方米。

把客户的这些白描信息装到表格里面看一下：

第一维度：客户到访两次，属于第二档；有一次是单纯参加活动的，没有达到 75 分的满档，打 68 分；按照 10% 的权重，分值为 6.8 分。

第二维度：客户主动来电 3 次，属于第一档；通过他询问的问题和语气判断意向不错，打 90 分；按照 20% 的权重，分值为 18 分。

第三维度：客户有一个对比楼盘，属于第一档；但不是很满意，可以打 72 分；按照 20% 的权重，分值为 14.4 分。

第四维度：销售释放了 5000 元/平方米的价格，客户心理价位是

4800 元 / 平方米，差值为 5% 左右，属于第三档；可以打 70 分；按照 30% 的权重，分值为 21 分。

第五维度：在整个接触过程中，置业顾问判断客户意向度较好，置业顾问打 85 分；按照 20% 的权重，分值为 17 分。

五个维度分值相加，最终得分 77.2 分。接待他的置业顾问经验丰富，对客户的把控比较靠谱，分数不需要再修正，这位客户属于 A 档客户。

A 档客户用三角形，B 档客户用正方形，C 档客户用六边形，D 档客户用圆形，也可以标注不同颜色后按认筹序号落位（见表 9–5）。

表 9–5　第一轮客户落位案例

楼号	10#			
户号	01	02	03	04
面积	130.74m²	120.55m²	120.55m²	130.74m²
11F				
10F				38 12
9F	19 25 26 52	28		17 3 6 31 36
8F	16			10 33 39
7F	22 30 52		15	1 2 9 20 56
6F	13 29 27 50 55	35		7 11 32 53
5F	23		18	5 8
4F				
3F				57
2F				
1F	51			37

第一轮落位后，就要根据落位表开始邀约客户进行引导了。当排号靠后的 A、B 类客户意向房源与排号靠前的 A、B 类客户意向房源发生冲突时，要引导靠后的客户调剂到其他房源，无法调剂的要给出第二、第三意向选择，并按图 9–13 所示进行标注。

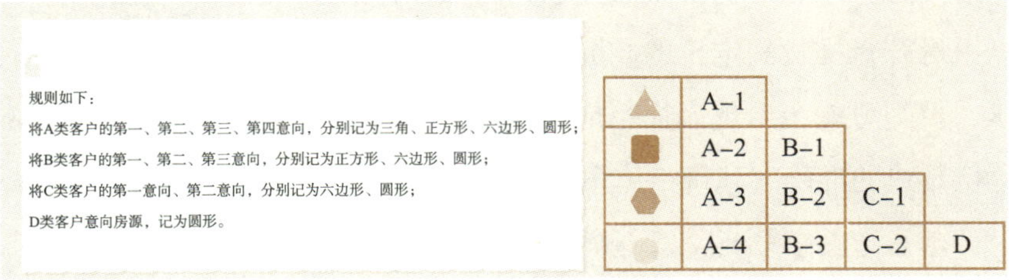

图 9–13　盘客表一

根据图 9–14 所示规则合并，得出全是三角形的落位图。

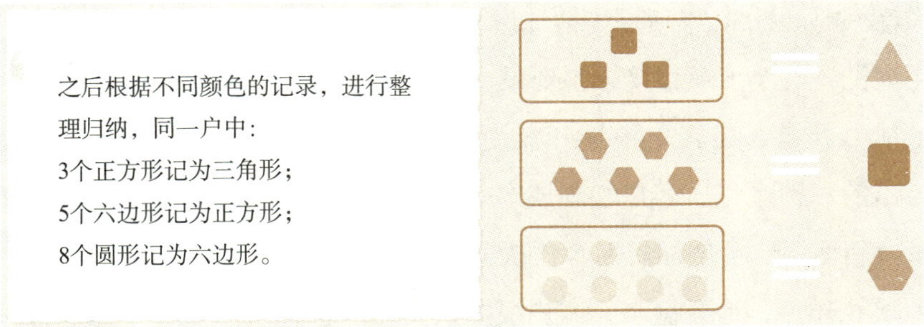

图 9–14　盘客表二

这样就可以看出每套房源的冷热情况，比较热门的房源向上修正价格，比较冷门的房源向下修正价格。同时，再次约访客户，用预估价格差异引导排号靠后选择热门房源的客户选择其他房源，提高开盘当天的均衡去化效果。

在盘客装户过程中，有一种情况要照顾，就是必须购买意向房源的客户，选不到就不买了，这类客户基本都是 A 档客户，成交不了比较可惜，建议通过特殊技术操作提前锁定房源。

以上操作适用于顺号开盘的情况。如果是摇号开盘，选房不看顺序，全凭运气，则仅做第一轮落位即可，不用做二次引导散热。落位之后，根据客户意向集中度修正价格。

无论是哪种开盘形式，尤其是顺号开盘时，在认筹期间，切勿给置业顾问设置高处罚和高奖励措施。否则，认筹金可退，又往往伴随着认筹礼品，过高的奖惩容易引发大量充水的情况发生，从而造成虚假繁荣，影响操盘手对开盘推货和定价的判断。也不要对落位引导不力的置业顾问过多施压，否则可能会出现谎报军情的情况，落位表牵一发而动全身，影响整盘落位装户的准确度和价格体系。

开盘是选择摇号还是选择顺号解筹率更高?

2012 年之前，无论市场如何变化，基本都是顺号开盘，裹着被子彻夜排队的现象屡见报端。2012 年之后，市场快速发展，逐渐出现摇号开盘。2016—2018 年，房地产迎来大牛市，客户量激增，房源供不应求，摇号开盘风靡一时。2020 年新冠疫情肆虐，市场陷入低迷，摇号开盘和顺号开盘使用混乱，甚至出现直接开售现象。

摇号开盘，是客户根据开盘当天抽签顺序选择房源。抽签选房是没有付出的一种运气，客户心理成本较低，可以减少排号靠后客户的购买焦虑。换句话说，会增加后面客户认筹的积极性。

顺号开盘，是开盘当天客户根据认筹顺序选择房源。客户需要提早交钱卡位，心理成本较高，排名靠前的客户，只要房源及价格不是太离谱，都会有比较高的成交率，但是不利于后面客户的认筹和成交。

摇号开盘和顺号开盘并没有固定场景，我们总结的操盘经验如下：牛市时客户量大，多选择摇号开盘；熊市时客户量少，多选择顺号开盘。开盘价有优势时，多选择摇号开盘；开盘价格较高时，多选择顺号开盘。开盘房源较多时，多选择摇号开盘；开盘房源较少时，多选择顺号开盘。认筹时间较长时，多选择摇号开盘；认筹时间较短时，多选择顺号开盘。

需注意淡季市场，更要多组织开盘。

有很多人认为现在是淡市，没什么客户积累，不用认筹开盘，直接平销即可。不可否认，此观点有一定现实意义，毕竟目前市场客户不多，各家都非常珍惜每一组购房客户，所以加大优惠，提高逼定力度。因此，在认筹期，客户有可能在开盘之前就被竞品楼盘“截和”。

淡季是买方市场，客户观望情绪浓厚，购买谨慎。平销期价格波动不大甚至下调，售楼部每天都门可罗雀、冷冷清清，加之大家都知道定金不退，逼定客户是比较困难的。如果是在认筹期，认筹金可退，金额门槛更低，就能降低客户思考时间，容易让客户缴纳认筹金，开盘当天再适当增加逼定氛围，成交概率较高。

但认筹时间不宜过长，根据市场和客储情况，以一到两周为宜。第一周的周一启动认筹，第二周的周六进行开盘，第二周的周日利用开盘余温再次逼定，这两周的意向客户要么成交，要么逼死。在下一轮开始前，就不要再去操心本轮客户，而要集中精力去做新客储。

认筹金不要设太高，1000 元足够，1000 元抵 10000 元。最好有新房源加推，但是由于计划多次短蓄短爆，不一定加推整栋楼，可以分户型、分楼层推售。比如，两梯四户的楼栋，每个户型都像一条“腿”，每次开盘可以按照“腿”来推售，也可以拿出不同楼层的半条腿来推售（见图 9–15）。

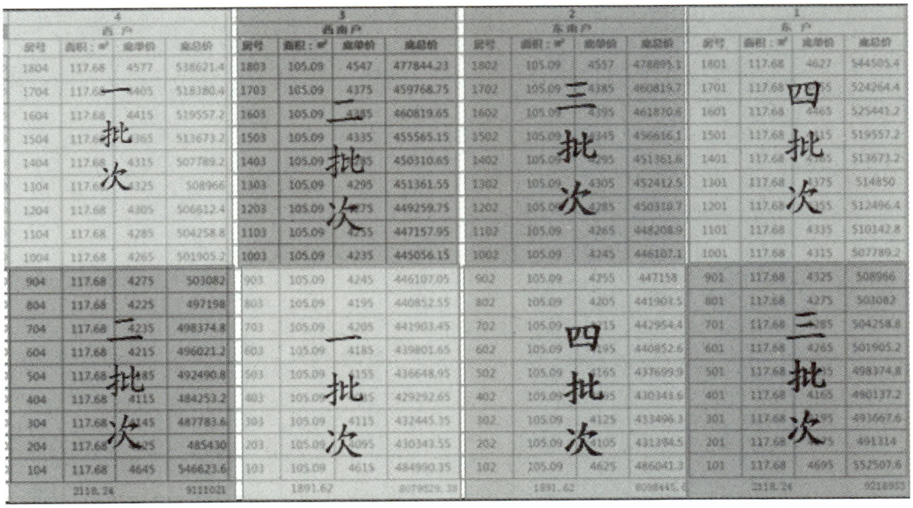

4				3				2				1			
西户				西南户				东南户				东户			
房号	面积：㎡	底单价	底总价	房号	面积：㎡	底单价	底总价	房号	面积：㎡	底单价	底总价	房号	面积：㎡	底单价	底总价
1804	117.68	4577	538621.4	1803	105.09	4547	477844.23	1802	105.09	4557	478895.1	1801	117.68	4627	544505.4
1704	117.68	4405	518380.4	1703	105.09	4375	459768.75	1702	105.09	4385	460819.7	1701	117.68	4455	524264.4
1604	117.68	4415	519557.2	1603	105.09	4385	460819.65	1602	105.09	4395	461870.6	1601	117.68	4465	525441.2
1504	117.68	4365	513673.2	1503	105.09	4335	455565.15	1502	105.09	4345	456616.1	1501	117.68	4415	519557.2
1404	117.68	4315	507789.2	1403	105.09	4285	450310.65	1402	105.09	4295	451361.6	1401	117.68	4365	513673.2
1304	117.68	4325	508966	1303	105.09	4295	451361.55	1302	105.09	4305	452412.5	1301	117.68	4375	514850
1204	117.68	4305	506612.4	1203	105.09	4275	449259.75	1202	105.09	4285	450310.7	1201	117.68	4355	512496.4
1104	117.68	4285	504258.8	1103	105.09	4255	447157.95	1102	105.09	4265	448208.9	1101	117.68	4335	510142.8
1004	117.68	4265	501905.2	1003	105.09	4235	445056.15	1002	105.09	4245	446107.1	1001	117.68	4315	507789.2
904	117.68	4275	503082	903	105.09	4245	446107.05	902	105.09	4255	447158	901	117.68	4325	508966
804	117.68	4225	497198	803	105.09	4195	440852.55	802	105.09	4205	441903.5	801	117.68	4275	503082
704	117.68	4235	498374.8	703	105.09	4205	441903.45	702	105.09	4215	442954.4	701	117.68	4285	504258.8
604	117.68	4215	496021.2	603	105.09	4185	439801.65	602	105.09	4195	440852.6	601	117.68	4265	501905.2
504	117.68	4185	492490.8	503	105.09	4155	436648.95	502	105.09	4165	437699.9	501	117.68	4235	498374.8
404	117.68	4115	484253.2	403	105.09	4085	429292.65	402	105.09	4095	430343.6	401	117.68	4165	490137.2
304	117.68	4145	487783.6	303	105.09	4115	432445.35	302	105.09	4125	433496.3	301	117.68	4195	493667.6
204	117.68	4125	485430	203	105.09	4095	430343.55	202	105.09	4105	431394.5	201	117.68	4175	491314
104	117.68	4645	546623.6	103	105.09	4615	484990.35	102	105.09	4625	486041.3	101	117.68	4695	552507.6
	2118.24		9111021		1891.62		8079829.38		1891.62		8098445.6		2118.24		9218955

图 9–15　楼栋“分腿”推售

淡季短蓄短爆小开盘的优势有以下四点：

第一，收客门槛低。1000元可退的认筹金相比10000元不能退的定金，收客难度小很多。

第二，集中开盘氛围好。淡季案场氛围普遍不好，不利于意向客户成交，可以把客户攒起来集中开盘，还可以安排一定数量的托儿，瞬时卖压就形成了，有利于成交。

第三，利于塑造逆势红盘形象。两天卖一套不如一天卖十套，前者不好做宣传，最多发个成交砸金蛋；后者有开盘当天的大量人气照片和视频，还可以适当包装成交数据。市场没有真相只有认知，很容易塑造出逆势热销红盘的形象，吸引新客户关注，促进犹豫客户成交。

第四，形成多次沟通。淡季邀约客户到访比较困难。可以利用小开盘，使得客户认筹时要来一次，开盘时要来一次，不买了退筹还要来一次，而每次到访都是一次很好的营销机会。

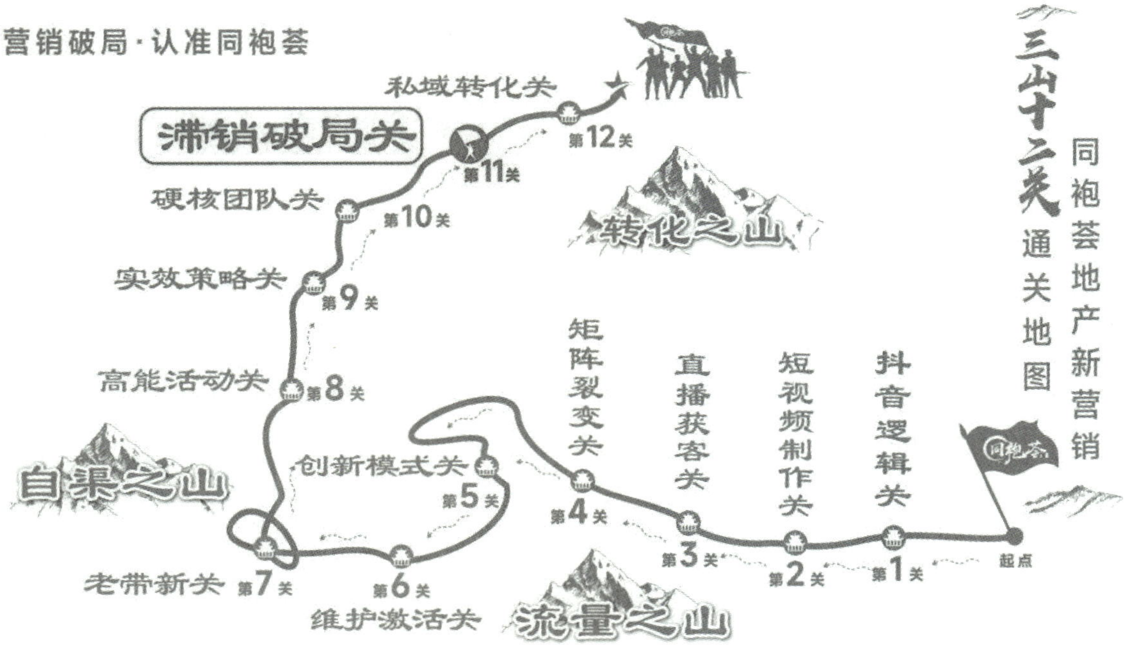

第 10 关　硬核团队关

在房地产经营中，我们会打造两个产品交付给客户：一个是有形的房子，另一个是无形的销售服务。房子在交到客户手里之前，有设计院、施工方、监理方、住建局等专业部门层层把关验收，客户看到瑕疵品的概率很低。但是销售服务则不一样，服务是虚拟产品，即时交付，中间没有把关环节。前期营销花再多金钱和精力做的定位、定价、推广、策划等一系列动作，最终都要以案场销售人员高质量的接待完成闭环。一流的产品决不能搭载二流的服务，拖累成交。

营销总一般都会对置业顾问进行培训考核，对营销接待流程精密设计，但现在市场不好，置业顾问普遍激情不高，加之招聘门槛越来越低，执行力不行成了普遍问题，很多环节都会打折扣。

举个例子，讲好销讲是置业顾问最基础也最重要的工作之一，但是任凭你的销讲反复推敲，洋洋洒洒梳理了几千字，也培训考核了很多遍，但是很多置业顾问，尤其是老置业顾问，仍然是没讲两句就开始问客户：“你想要多大面积的？”“你想买什么价位的房子？”生怕说多了浪费感情。很多影音室，甚至样板间都成了摆设，不是客户不愿意看，而是置业顾问懒得带。

项目讲解不生动，80 分；动线参观不全面，80 分；谈判逼单技术不成熟，80 分。各个环节之间有机承接、相互影响，它们不是加法关系，而是乘法关系，80%×80%×80%=0.512，这就是不及格了。

其实，即使置业顾问讲得详细全面，客户可能也记不住多少，但会留下一个印象：“开发商为打造这个项目付出了很多，这个项目做得很用心，是个好项目，这家公司管理能力不错，置业顾问很专业，并且很重视我，并不认为我没钱买不起。”

大量数据显示，接待时长不仅和客户对价格的接受度成正比，还和客户的成交概率成正比，60 分钟是及格线，90 分钟是良好线，120 分钟是优秀线。讲解时间越长，客户做决策的时间就越短！

策划是把事情做对，执行是把对的事情做成。

“一流的策划 + 三流的执行”<“一流的执行 + 三流的策划”。

一个优秀的营销团队，尤其在当下容错率很低的黑铁时代，更需要拥有一流的策划和一流的执行，向技术和管理要红利。一流的策划一般外聘高人制定，一流的执行需要内部强人实施，即外部有高人把脉，内部有能人落地。

高人，技术扎实、经验丰富，需要大量操盘经验才能练就，一般都自己创业了，花钱合作即可。

强人，长年追随老板打拼，认同企业文化，熟悉人员情况，负责具体策略落地实施，可以招聘，然后悉心培养。

10.1　如何制定机制招聘优秀营销团队

第一类，招聘基层置业顾问。

在房地产兴盛的年代，置业顾问是一份非常光鲜的职业，穿着高档的工装，坐在舒适的售楼部里，谈着几十万元甚至上百万元的生意，更重要的是收入一般是同龄人好几倍，大量年轻人趋之若鹜，房产企业根本不愁招不到人。现在光景变了，不但收入一落千丈，还要冒着严寒酷暑拓客，很多年轻人宁可送外卖，也不愿干房地产，置业顾问青黄不接，招聘难已成普遍现象。

招聘置业顾问是代理公司常年都要面对的重要课题，根据既往经验，我们总结了三个途径。

第一，合理制定薪酬机制。

对于基层岗的置业顾问来说，收入不高，积蓄不多，不要去给他们的未来画饼，可讲好人有好报，一定要着眼当下，用好报吸引好人。报酬一般由两部分组成：底薪和提成。底薪和提成可以形成四个组合维度。

第一个维度：高底薪＋高提成。用人企业成本太高，很少用。

第二个维度：低底薪＋低提成。员工不认可，用不了。

第三个维度：低底薪＋高提成。市场好的时候可以用，差的时候不适用。

第四个维度：高底薪＋低提成。市场差的时候适用，提成保持正常行情就好。

置业顾问的底薪普遍不高，所谓的高底薪也不会高多少，按平均 3000 元月薪，高 500 元即可。10 个置业顾问每月才多出 5000 元成本，但是招聘和磨合的机会成本可少了不少。还可以设置一个标杆，当月销冠底薪 1 万元，这样在招聘的时候就可以打出“高薪诚聘销售精英，底薪 3000 元到 10000 元”，更有吸引力。

有一招非常好用，就是可参考保险企业的裂变式招聘模式。

平时置业顾问都是让人力资源部门或者管理层去招聘，效果不好。物以类聚，人以群分，同岗位、同层级的人一般相互认识的比较多，如果鼓励置业顾问介绍置业顾问，效果应该不错。但是在一个案场，同岗位之间会有一定的竞争关系，他们又怎会愿意介绍置业顾问，尤其是优秀的置业顾问过来和自己抢饭碗呢？

我们可以参考保险公司的模式，制定一套裂变式招聘法，规定置业顾问可以额外拿他介绍的入职人员每套提成的10%，一直到自己离职3个月后为止。

例如：卖一套房提成2‰，置业顾问A介绍置业顾问B入职，置业顾问B卖了一套100万元的房子，那么他拿提成2000元，置业顾问A可以额外拿200元。

这套机制让我们多出了0.2‰的提成，但是有四两拨千斤之功效：一是置业顾问推荐动力提高，缩减了招聘周期；二是介绍过来的人都是熟人，人员稳定性更高，减少了离职机会成本；三是老人会更加积极地培训带教介绍过来的人，帮忙接客户打配合；四是被介绍人想离职时，介绍人会更加积极主动劝说留下；五是老人离职一般都是受委屈了，不会说公司好话，但是因为离职后仍可以拿3个月额外提成，所以也会劝说被介绍人继续好好干。

第二，线上扩大影响力。

一是可以进入几个当地置业顾问微信群，在群里发项目的招聘信息。这时一定要发红包，数额越大越好，因为群里的置业顾问会通过招聘薪酬以及红包的数额判断企业实力。也可以在群里逐个加微信私聊，效果更好。

二是当地一般会有几个比较有影响力的民生公众号，平时宣传各种吃喝玩乐、当地新闻、故事、风土人情等，也有一些招聘号，关注度和阅读量比较高，可以在民生公众号和招聘号上发布招聘广告，成本不高，效果甚至比专业招聘网站好用很多。

三是利用抖音平台。可拍摄招聘视频，“房多、好卖、福利高”，秀一下高大上的工作环境和预计收入，一定要DOU+投流以修正区域、年龄。

第三，线下精准寻找资源。

精准客户需要到其他楼盘拦截，置业顾问最好到其他楼盘淘一淘，有三类楼盘要重点扫描：第一类是尾盘销售的项目；第二类是品质不如我们的项目；第三类是直接的竞品项目。同区域、同品质、同客群、同周期，重合度越高越要好好挖，重金挖。倘若能挖过来一个销售精英，就会带来一批客户资源，一本万利。

异业招聘也是一个不错的招聘渠道。到附近的服装、烟酒、汽车之类的销售门店，递上名片或者加微信，通过聊天释放招聘信息，引导他们转行。专业能力上，销售技巧有相似之处，转行不转岗，上手很快；客户资源上，他们对片区熟悉，自身的朋友圈资源和之前的客户资源都可以利用发酵。

第二类，招聘中层销售管理人员。

基层是四肢，中层是腰部，上传下达，非常关键。

中层销售管理人员市场上有很多，只要在招聘网站发布信息后，等着面试就行了。需要注意，面试中很多营销经理、总监，动辄说自己有十年、八年的经验，但几个问题问完发现，他们大多所掌握的技术陈旧，其实只是用一两年的经验重复了很多年而已，可以算老手，但不能算高手。

郭德纲说过："相声这门手艺好像有张嘴就能说，其实不然，进了门之后才发现门后面有老高的楼梯。"地产营销也是这样一门手艺，易懂难精。在地产营销领域不存在 1 万小时定律，即使按每天 8 小时算，1 万小时无非就是干了五年，五年前的地产营销和现在的地产营销一样吗？不说天壤之别，也差别很大。

相马不如赛马，很多时候简历有美化成分，所以把中层招聘进来后，要在短时间内仔细甄别，人才都是免费的，庸才才是最贵的。比如，一个策划总监要 15000 元 / 月的工资，但是技术抓实，出的策略针对项目、贴合市场，业绩立竿见影，为公司带来的效益远超工资；而另一个策划总监要 9000 元 / 月的工资，玩的都是行活，错过了关键营销节点，让公司损失惨重，你说哪个贵？

发挥好中层的作用，难点不在招聘，而在培养。

老子说过：“虚其心、实其腹、弱其志、强其骨。”运用到管理上，“虚其心”是让管理层目标纯粹，不玩心眼，这需要经常灌输企业文化；“实其腹”是给管理层收入高一点儿，有恒产者有恒心，高薪养廉，没有后顾之忧，就能安心干好工作了；“弱其志”是别天天给管理层画大饼，鼓励他们挣大钱，刺激他们天天想着去创业；“强其骨”是增加培训投入，提高他们的专业技能，从而更好地提高生产效率。

“如何组建自己可以征战未来十年的团队？不是招募有即战力的雇佣兵，而是把自己有相关潜力的嫡系派出去学习。”确实如此，每次我们举办两天一夜的线下新营销公开课，由公司派来学习的人都占很大比重，还有一些是老板亲自带着管理层来学习的，老板定方向，团队做执行。

基于此，建议中层的薪酬可以设置为：高底薪 + 正常佣金 + 超额部分高提成。“高底薪”和“正常佣金”不必说。对于“超额部分高提成”，中层一般在项目上带兵打仗，离总部有一定距离，指挥和监督都不方便，其主观能动性对销售业绩影响很大。我们可以采用阿米巴的管理模型，把超额部分分出去，让中层自己的收入由自己把控。

今朝中国代理板块规定，每个项目总监除每月底薪和销售提成外，满足项目成本和总部公摊成本之外的超额佣金部分，可以按比例分红。比如，一个项目成本是 7 万元，总部公摊成本是 3 万元，那么每月销售金额对应代理佣金超过 10 万元的部分参与公司和总监的分成。每超过 5 万元，公司和项目总监按照 7∶3 的比例此消彼长一成，直到公司和项目总监的比例达到 3∶7 封顶。这样，项目总监对于公司来说就不是单纯的打工者了，两者是半合作关系，由“可燃型”人才变成“自燃型”人才，工作动力十足，业绩提升显著。

第三类，招聘高层销售管理人员。

高层销售管理者不是招聘来的，是用心挖来的。高手要么已经创业，要么正在别人家的公司上班。即使跳槽，也不会通过投简历的形式，至少是通过猎头。

小米创办的第一年，雷军花了 80% 的时间招聘高管。他招人有两个标准：一要专业。小米的合伙人都是各管一块，决策非常快，可以放心地把业务交给他，但他要能实打实做出成绩来。二要合适。这主要是指要有创业心态，对所做的事要极度喜欢，有共同的愿景，这样就会有很强的驱动力。

高层一定是合伙人或者按照合伙人方向培养，不看重眼下利益，而看中企业的未来。高层薪酬可以这么设定：正常底薪＋高绩效＋股权期权。

对于高层来说，即使仅有正常底薪也是不菲的，绩效一般不会低于 30%，最高也有 50% 的。股权和期权一定要有，高层接触公司核心业务和资源，一旦离职影响巨大，所以一定要用股权或期权给其戴上黄金手铐。股权和期权可以象征性地作价出售，但一定不是白送，“白送”没有任何意义。

在高周转时代，开发商纷纷采取项目、公司跟投模式，比如碧桂园的“同心共享”计划。代理公司作为人才驱动型企业，更应该采取高管合伙制。以下是今朝中国的股权设计方案“梧桐计划”，希望对大家有所启发，栽好梧桐树，引来金凤凰！

【案例】

今朝中国“梧桐计划 4.0”实施章程

一、股份分配

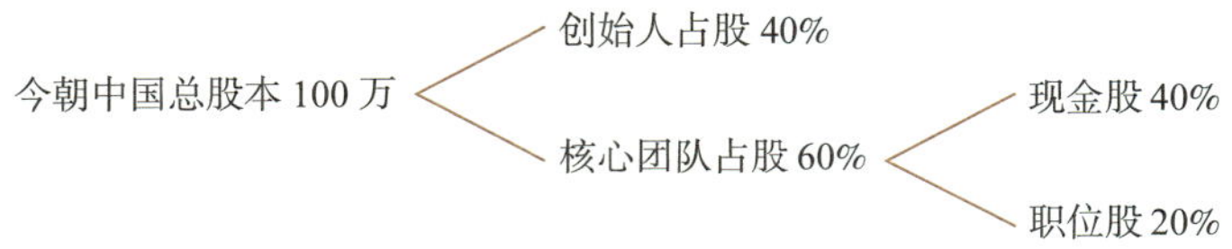

二、股份构成

1. 创始人股份构成

“梧桐计划 4.0”章程创始人股份构成

	持有人	持有比例
创始人 40% 股份	创始人	40%

2. 现金股股份构成

“梧桐计划 4.0”章程现金股股份构成

	持有人	最高准入比例
现金股 40% 股份	总经理	10%
	销售副总	7%
	策划副总	7%
	推广副总	7%
	新媒体副总	5%
	运营副总	4%

在现金股可持有人员机制内，如有新的高级合伙人加入，优先稀释同工种成员股份，其他工种同比例稀释股份。

现金股成员能力或态度不能满足公司发展需要时，公司可降低或取消其现金股股份，以不高于原价无条件赎回现金股股份。

所有现金股持有人自认购日起 3 年后经公司同意可转入工商注册股东。

3. 职位股股份构成

“梧桐计划 4.0”章程职位股股份构成

	持有人	可持有比例
职位股 20% 股份	所有满足分红条件人员	个人比例

参与职位股人员准入条件：

①岗位薪资级别 P 值 + 入职起服务月数≥ 20；

②缴纳 1 万元同心共享诚意金。

职位股分红标准：

个人比例 = 个人系数 / 总体系数 ×100%

个人系数 =P 值 ×（1+ 入职到年底满月月数 ×0.1）

例：张三薪资级别为 P12，入职到现在满 13 个月，入职到 2023 年底满 20 个月，12+13 ≥ 20，符合准入条件，则个人系数为 12×（1+20×0.1）=36。

总体系数 = 所有参与职位股分红人员系数总和

例：共 5 人达到条件，其个人系数分别为 36、47、38、42、51，则总体系数为 214。

注：职位股个人分红比例最高不得超过总分红的 1%。

同心共享诚意金返还方式：

① 1 年内离职按原价退回；

② 1 到 2 年离职按 1.2 倍退回；

③ 2 到 3 年离职按 1.5 倍退回；

④ 3 年以上离职按 2 倍退回。

职位股成员能力或态度不能满足公司发展需要或做出重大有损公司利益的事项时，公司可取消其职位股股份并按照缴纳诚意金时间退回相应费用。

三、分红模式

1. 公司仅仅按 100 万总价派发分红股权，远低于市场正常估值，非市场行为，完全是出于对核心人才同心共享的奖励，故所有分红均为在职福利分红，离职后立刻不再享有分红权利。

2. 公司每年视发展情况须提留一定比例利润作为资本公积，现金股股东离职时可按实际盈亏且不高于认股价协商赎回。

3. 每年用于分红的部分，腊八节公布财务报表，小年日分红 60%，次年7月底分红40%。

4. 依照国际准则，分红利润计算周期为自然年份，按照当年权责发生制核算经营利润。

5. 现金股股本金在认购3年后方可根据具体盈亏赎回，职位股诚意金在任何时候均可无风险赎回，但打账日均为每年“梧桐计划”开放日最后一天。

6. “梧桐计划”每年仅开放一次，认购期三天。

四、团队成长

1. 现金股股东均为公司高级合伙人，职位股股东均为公司合伙人。现金股股东不可以同时成为职位股股东，均签订股权分红协议书，由创始人代持。超过3年的现金股股东在公司持股平台注册持股，由持股平台入股母公司今朝中国。

2. 股东所投入资金3年内以培训、学习、考察等形式等值反馈给个人，全力帮助合伙人在专业、眼界、素养方面快速全面成长。

五、认购股份

1. 现金股高管可按投入现金1∶1配资入股，配资部分无息，分6个月从工资中平均扣除。

2. 自本计划颁布之日起5日内完成报名、交费、签约事宜，联系人：赵文龙。

需要特别注意：分红时要提前说好，一定是大部分实物加小部分现金。比如，分红100万元，30万元给其买房首付，40万元给其买车，30万元现金。这样既可以让高管过上富人的生活，给公司上下一个奋斗榜样，又可以保持其继续拼搏的状态，激发其持续工作动力。

这不是腹黑，这是社会真实状态，看看你身边的老板是不是也是这样，如果社会上的精英都在40岁赚够退休，哪有源源不断的动力推动历史车轮滚滚向前。

10.2　如何打造营销团队的硬核

以前绿皮车时速 100 千米，火车跑得快全靠车头带；现在动车组列车时速 300 千米，而光靠一个车头是跟不上时代节奏的，每节车厢都必须提供动力。对于地产企业而言，一支作风优良、能打胜仗的自驱型动车组营销团队至关重要。

那么如何打造这样一支团队呢？很多房企为了激励团队制定了很多奖惩措施，管理层也都带头干活，但是效果不明显，团队还是躺平摸鱼，业绩起色不大。

秦国本是偏安一隅的弱国，凭借商鞅变法，以军功论英雄，打通了上下阶层的通道，百姓纷纷主动请战，战场上以一敌十，勇猛无比，横扫六国，一统天下，开创了中国历史上首个中原大一统王朝。外因不占主导地位，内因才是制胜关键。团队的“给我上”和“跟我上”心理，都不如“我要上”心理！

在淡季，金钱许诺和单喊口号没有太大效力，只有真正激发团队的内心欲望，才能同仇敌忾，坚韧不拔，拿到结果。

如图 10–1 所示，是我们研发的一座销售团队硬核锻造金字塔。

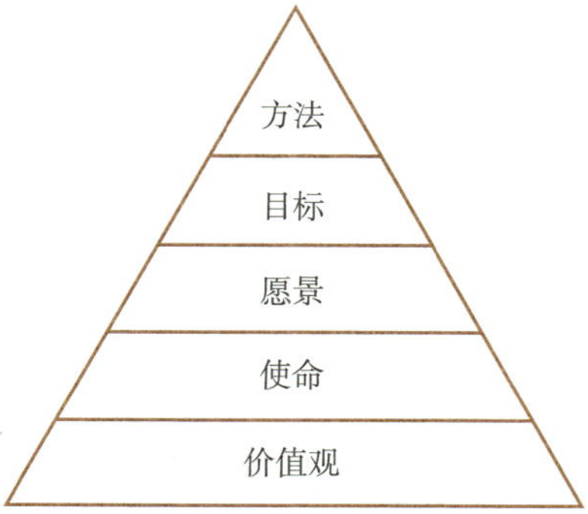

图 10–1　销售团队金字塔

为什么很多人遇到困难尽管直接想解决办法，但还是搞不定？为什么很多人真心决定要做一件事情，但是一遇到挫折或者诱惑就打退堂鼓？为什么很多人做事情只是机械地执行，没有半点儿激情和创造力？就是因为，他们遇到问题和选择时，首先考虑的是方法和目标，根本没有搭建底层，犹如空中楼阁，所以才飘忽不定，浅尝辄止。我们一层一层来拆解销售团队硬核锻造金字塔。

第一层：价值观。

稻盛和夫有一个成功方程式：

人生成功＝思维方式（–100~+100）× 热情（0~+100）× 能力（0~+100）

其中，思维方式即一个人的价值观。一旦价值观错误，那么一切都是错的。稻盛和夫说：“不厌辛苦，愿他人好，愿为大家的幸福而拼命工作，这样就是正值；愤世嫉俗，怨天尤人，否定真诚的人生态度，就是负值。”

价值观是方向性的问题，一个人的价值观在青少年时期就形成，后面很难改变，所以我们只做筛选不做培养。很多所谓的怀才不遇，“才”是热情和能力，“不遇”的原因不是运气不好，而是价值观不对。

第二层：使命。

价值观回答了要不要做的问题，使命就是回答为什么要去做的问题。

很多人说销售团队就是为了钱，直接用钱激励就好，很多公司也是这么做的，那效果如何呢？行情好的时候，哪里都干得热火朝天，客户多到置业顾问根本停不下来，激励不激励影响不大；行情差的时候，用钱激励无异于镜中花水中月，大家早已麻木，也就是听听而已。

如果把大家的工作目的过度聚焦到金钱上，一方面团队因为钱聚，也会因为钱散，一旦行情变化，团队极不稳定，另一方面会出现很多抢客户、倒卖客户的情况。

淘宝的使命是“让天下没有难做的生意”，特斯拉的使命是“改变这个世界”，乔布斯能挖动可口可乐的 CEO 也不是用高薪，而是用“你是愿意卖一辈子糖水，还是跟我一起改变世界”的使命，这些都是多么激励人心的工作目的呀，听着就让人热血沸腾。当年无数革命先烈抛头颅、洒热血的目的并不是当官发财，而是为了中国的诞生。我们也要和销售团队一起，找到一个不凡的使命，而不是每天为了几两碎银起早贪黑。

比如，今朝中国的使命是“携手打拼一份事业，帮助更多人实现美好生活”；同袍荟的使命是“推动行业发展，让地产人不再孤军奋战”，抛砖引玉。

第三层：愿景。

你的人生梦想是什么？你三年后想达到什么样的状态？

我曾经参加过一个高级心理培训班，被要求到商场随机采访100个人，问以上两个问题。绝大多数人都回答不上来，想必是没有好好思考过。我们自己和销售团队的人大概也如此，随口回答人生梦想是财富自由，三年后我要升职加薪之类泛泛的愿景，这都是很模糊的，模糊就没有力量。愿景回答的是“要做成什么样”的问题，必须达到电影级别的颗粒度，画面感非常清晰，才能提供强大动力。

比如，一个置业顾问三年后的梦想是带孩子出国玩，那就应该这样描述愿景：三年后的暑假，我带孩子第一次出国到日本东京，去她梦寐以求的迪士尼乐园。我们一大早从新郑国际机场出发，孩子一上飞机就非常兴奋，第一天玩得非常过瘾，我给她买了带有米奇图案的粉红色小书包，带她坐摩天轮、过山车、碰碰车；晚上带她一起入住迪士尼亲子酒店，里面有一张大床和一张小床，小床上摆满了各种米奇玩偶，我女儿特别开心，然后很骄傲地对我说：“妈妈，你太厉害了！我同学都很羡慕我，我为有这样的妈妈感到自豪！”

这样电影级别的愿景才能激励人心，让人努力工作。我们不妨在团队状态不佳的时候，要求每个人手写自己的三年愿景，3000字起步，画面越清晰越好。你会发现，写完之后大家立刻激情满满，浑身是劲儿。

第四层：目标。

这个世界上永远是有目标的人指挥没有目标的人，没有目标的人为有目标的人服务。有目标才有压力，有压力才有动力。

房地产行业里很多销售目标都是“拍”出来的，老板拍脑门，领导拍胸脯。老板说“本月销售目标 100 套”，领导说“誓死完成任务。”为什么做不到还承诺，承诺了也不完成呢？因为承诺是分等级的（见图 10–2）。

+5级	无论如何
+4级	做，直到难
+3级	理由、故事、借口
+2级	听从
+1级	考虑
0级	中立
–1级	没兴趣
–2级	隐藏的抗拒
–3级	明显的抗拒
–4级	死都要对
–5级	战争

图 10–2　承诺十一等级

比如，公司重金挖了个销冠，挖的时候销冠也承诺过来之后要好好工作，多多卖房，每月 10 套保底。有一天，销售经理安排他出去派单拓客，心理和行为对照承诺等级如下：

–1 级——“没兴趣”。我承诺卖 10 套，不太想去，但是去也可以。

–2 级——“隐藏的对抗”。我承诺卖 10 套，碍于情面，不得不去派单，出去之后随便发一会儿，打卡拍完照就到车里睡觉了。

–3 级——“明显的对抗”。我承诺卖 10 套，但不是来当派单员的，借口说今天客户来访，出不去。

–4 级——“死都要对”。我承诺卖 10 套，但是你的营销理念陈旧，我是对的，你是错的，我不听你的，我有我自己的工作方式。

–5 级——“战争”。我承诺卖 10 套，你说我不听话、罚我款、辞退我，我去法院告你，我去网上散发项目负面消息，我不好过，谁也别好过。

以上几类员工并不是个例，而是经常出现，发现之后不要批评，找个合适的机会劝退即可。卡耐基在《人性的弱点》一书开篇就说："批评是危险的，由批评所引起的嫉恨，只会降低对方的士气和情感，同时批评的事情也得不到任何改善。"因此，不要试图改变下层的观念，也不要试图去动上层的利益，因为这两种行为都无济于事，还会让他们与你为敌，更何况上层的利益很多时候还来自下层的观念。

0 级——"中立"。我承诺卖 10 套，派单就派单，无所谓。

+1 级——"考虑"。我承诺卖 10 套，考虑到目前也没客户，就去派单吧！

+2 级——"听从"。我承诺卖 10 套，过来上班就要听领导安排，让我干什么我就干什么。做到这一级是很好的基层员工，但是很难上得去，因为没有思考。

+3 级——"理由、故事、借口"。我承诺卖 10 套，但是本月市场不行，竞品也降价了，没完成是有原因的，不是我的问题。

+4 级——"做，直到难"。我承诺卖 10 套，就一定会尽我所能去做，一定对得起工资、对得起老板，但真的没完成，我也没有办法。

+5 级——"无论如何"。我承诺卖 10 套，就必须卖 10 套，能力不足我可以学，资源不够我可以找，不管市场如何，我一定会完成。

一般的置业顾问都位于 0 级和 +1 级，销冠位于 +2 级，经理位于 +3 级，副总位于 +4 级，老板位于 +5 级。反过来也适用，比如，达到"听从"了，执行力比较强，很容易出业绩当销冠；达到"做，直到难"了，很敬业，一般是副总级别，但是当不了合伙人。因为虽然感动了自己，但是结果还是没拿到，做老板必须达到"无论如何"的境界，否则就要独自承担所有损失。

要制定一个科学的目标，运用 SMART 规则具有很好的指导意义。

S（Specific）——明确性。

目标，一定要明确具体，不能模棱两可。比如，本月营销目标是 3000 万元。是新增大定 3000 万元呢？还是新售签约 3000 万元呢？要说清楚。

M（Measurable）——可量化。

只有量化才能考核，才能检测。比如，下周招聘必须搞好。招到几个人才算搞好？招到几年经验的人才算搞好？给多少工资找到人才算搞好？都得量化。

A（Attainable）——可实现性。

目标定得过高，像摘星星，大家望尘莫及；目标定得过低，像捡贝壳，很容易就完成了，也没动力。因此，目标要定得有一定挑战性，像踮踮脚尖摘桃子的感觉。

R（Relevant）——相关性。

目标要跟公司经营现状相关。比如，现在公司需要现金流，那就不要再去努力冲销售了，赶快把上个月的欠款催一催，协调银行把贷款放一放。

T（Time-based）——时限性。

所有的目标一定要有准确的开始时间和关门时间。

大目标定完之后不是万事大吉，交给团队执行就不管了，还要做到事中管理和动态调整。很多地产领导会说：“我不看过程，只看结果。”这看上去是放权给下属，实际上是最大的懒政，时间到了目标没完成，最终害的还是项目、是自己。

一万年太久，只争朝夕。我们可以把大目标拆解成小目标，逐个突破。日本马拉松冠军山田本一在其自传中这样写道：“每次比赛之前，我都要乘车把比赛的路线仔细地看一遍，并把沿途比较醒目的标志画下来。比如，第一个标志是银行；第二个标志是一棵古怪的大树；第三个标志是一座高楼……这样一直画到赛程结束。比赛开始后，我就以百米的速度奋力地向第一个目标冲去，到达第一个目标后，我又以同样的速度向第二个目标冲去。40 多千米的赛程，被我分解成几个小目标，跑起来就轻松多了。”

月度目标定完之后，我们可以将其拆解为四周的周目标，也可以更细致地拆解为八小周目标，周一到周四为一个小周，周五到周日为一个小周，进行事中管理。这里面有个关键的节点是周四晚上，节假日的销售是很关键的，但是除了小长假之外，销售人员往往忽略平常的周末，所以周四晚上最好根据前半周的情况，开一个周末作战会议，详细部署一下周末三天的邀约、逼定方式，让团队明确本周末的战役怎么打，有的放矢。

今朝中国有一套成熟的周四晚上开会使用的“周末作战部署”模板，需要的读者可以扫描下方二维码，发送“周末作战”关键字免费领取。

第五层：方法。

一是身先士卒，躬身入局。

现在的销售团队通常非常年轻，比较自我，追求一种相对公平，“你们当领导的，不要只动嘴，就会指挥我们去干，自己像大爷一样对我们颐指气使，你行你先上”。

管理层不用事必躬亲，但要身先士卒。对于一些大家不愿意干的脏活累活，更要做好表率。比如，派单拓客，要和大家一起出去干，让团队成员心理平衡，这样一方面能给团队打个样，另一方面管理层经验丰富，可以听听客户目前关注点在哪，为下一阶段营销找到更精准的方向。也可以设置营销总监轮排，比如每周三的第一个轮排由营销总监亲自接待，深入感受客户和市场的状态，根据掌握的一手情况，调整销售说辞和营销策略。

二是树立标杆，把水搅浑。

和谐的团队很难有狼性。你不争我不抢，你不卖我也不卖，大家都不着急，犹如一潭死水。这时候就要想办法把水搅浑，让一部分置业顾问先富起来，其他置业顾问自然就坐不住了。

那如何找到这样的置业顾问和客户呢？我们首先往往不是去对客户的

心做营销，而应该营销自己团队人员的心。只有他们认为项目好，传递给客户的语气、语调、表情才有感染力。

在销售困难期，我们可以安排朋友佯装客户到售楼部看房、定房。如果只有一套成交，置业顾问可能觉得是运气，那就过两天再找个朋友，还找这个置业顾问定房。一旦有置业顾问连续开单，售楼部的气氛就会紧张起来，大家邀约、带看的积极性自然会被调动起来。

开单之后一定要及时奖励，给钱、给荣誉，出海报大力宣传，树立标杆，持续激发团队成员的工作动力。

三是认可价值，学习成长。

带好团队三要素：赚钱、开心、成长。若三者皆有，你的团队可以随便虐；若三者有其二，正常管理是没问题的；若三者有其一，要哄着带团队了；若三者皆无，那是管理层自身的问题。

“赚钱”，不言自明。只是房地产行业天时大于地利、地利大于人和，市场好的时候躺赢，市场不好的时候大家都很难赚钱。

“开心”，开心不仅是平时的小恩小惠，比如搞一些团建，家里有事偶尔安排提早下班等；还是价值被认可，有职业存在感，比如平时多给一些荣誉，多让某方面做得好的同事分享经验，分享是很好的认可体现。

“成长”，提供的主要是非物质满足，为未来增加砝码。“授人以鱼不如授人以渔”，每个人都怕被时代淘汰。牛市时客户充足，披星戴月，每天忙得不亦乐乎，哪有时间和心情静下心来学习成长。反而淡市来了，一切都按下了慢放键，这正是学习成长的好机会。淡市时期，往往孕育着技术迭代，比如抖音获客、私域转化。这个时候，管理层可以邀请专业人士给团队提供一些系统化的培训，实用的专业知识和创新技能都可以，以帮助大家提高相应的能力，公司也可能邀请专业老师到企业进行内训。

人心换人心，想带出一支优秀的团队，就要既给现在，也给未来，未来更重要。下属愿意追随你，往往不是因为你的个人魅力，而是认为你可以帮他完成梦想。好的团队氛围客户是能感知到的，能大大提高案场的销售业绩，正如汤姆·彼得斯在《追求卓越》一书中说的：“顾客关系不过是员工关系的折射。”

我在清华和北大上房地产总裁班的时候，两个学校的教授不约而同地推荐过同一本书，库泽斯和波斯纳合著的《领导力》，我看过之后大受启发，给公司管理层每人买了一本，并且规定每周看一个章节，然后组织读书会就本章节内容讨论学习。这本书对于如何当好管理层带出硬核团队非常有帮助，推荐给你。

10.3　自销与代理如何选择

项目在启动营销的时候都会面临以下选择：销售团队是自主招聘好，还是用市场成熟的代理公司好？如果选择用代理公司的话，是委托给一家代理公司还是两家以上代理公司？我们不妨先来了解一下两个团队的特点。

自销团队。

自销团队的员工自身素质普遍较高，人员稳定性较强，单兵作战能力强。甲方福利待遇强于乙方，作为甲方员工，有一种天然的心理安全感和优越感。在工作中，更关注产品规划、财务费用、营销策略、工作流程等，对于细节执行相对弱一些；除了做营销工作，还要分一部分精力做横向协调和向上管理。

代理团队。

代理团队危机感非常强，狼性十足，一切都盯着业绩，都为了卖房，如果业绩不好就面临淘汰，甚至整个公司都面临撤场和倒闭的危险。工作积极性更高，执行效率更高，失误率更低，乙方团队都在做具体的营销事宜，更加注重精细化执行。由于乙方身份和人员流动性强，置业顾问一般基础素质不高，稳定性差。

代理公司一般情况下并不是只有单项目操盘，而是会同时代理多个项目，敏感度更高，营销反应迅速，一旦市场有个风吹草动，上午制定策略，下午开始执行，晚上就可以奖励。乙方团队一般都配备专门的销售管理部、策划推广部、市场研究部、运营督导部，整个体系融合性、共生性也更强，团队之间的协作更加紧密。

一、二线城市人才吸附能力强，在当地招聘相对容易，可以使用自销团队。近几年，一、二线城市有个非常大的特点，就是分销渠道十分强大，市场完全被渠道绑架，分销把客户送进来，甲方自销团队做服务转化，代理公司非常尴尬，基本没有生存空间。三线及以下城市，房价相对较低，人才相对较少，佣金很难支撑大型渠道公司运营，这就给了代理公司立足之地。

那是不是三线及以下城市最好用代理公司呢？也不尽然。比如，三线及以下城市的区域化房地产开发集团总部往往会配备专业的营销管理中心，这种情况下，自销较好；但如果集团公司管理半径过大，在 200 千米外的城市拿地开发，外派团队长期驻场就有一定困难，这个时候当地专业的代理公司是更优的选择。

如果开发商第一次开发项目，或者之前开发的项目停工很久又重新启动，开发企业和项目对专业人才的吸纳力是相对较低的，招聘周期也非常长，同时对新进入的市场也不太熟悉，此时就需要专业销售代理公司来辅助营销。

10.4 独代与双代如何选择

如果确定要用销售代理公司，那么是用独代还是双代呢？我们可以根据市场优劣、楼盘体量、开发进度三个维度进行分析。

第一，按照市场情况区分。

在市场较好的时候，建议用双代。市场好的时候不缺客户量，需要更多的销售人员来服务、接触更多的客户，抢占市场，所以双代蓄客及转化的效率更高。

市场低谷期，客户量随之减少，如果用双代或甲乙代，有限的客户就会被两个销售团队恶性争抢，即使有完善的判客制度来辅助，仍然会让现场因为抢客而内耗，甚至让竞品钻空抢走客户。此时，需要做的是提高单兵作战能力，提高转化率，选择独代就会更稳妥。

第二，按照楼盘体量区分。

如果楼盘体量较大，建议用双代。房源充足，客户选择性大，销售员推荐选择面也大，此时即便用双代，也可以给两家销售团队足够的舞台发挥。

如果楼盘体量较小，只有两三栋楼、两三百套房源，双代就很容易引发恶性竞争，更适合用独代。

第三，按照开发进度区分。

当项目处于营销前期时，项目和品牌都需要打开知名度，需要梳理和清洗客户资源，此时适合双代开工。可利用两家代理公司打开知名度，并清洗两家客户资源，扩大蓄客基础。

当第一次开盘之后，项目进入营销中期，市场知名度已经打开，项目也有了一定的老客户基础，就需要稳扎稳打进入强销期。这个阶段多是利用活动、礼品和销售策略等手段维系与升级客户，这时就可以选择独代，避免恶性竞争。

选择双代还是独代，还要关注一个非常关键的问题：只要是双代就一定会有内部竞争，而且不要去妄想内部竞争是良性的。在双代的情况下出现客户问题，如果甲方管理层经验不足，便会引发各种客户官司。双方团队为了在 PK 中胜出，上三路和下三路都会用，整个案场会变得乌烟瘴气，该成交的客户也成交不了，不是 1+1>2 的效果，可能是 1+1 变负数。但是如果有经验丰富的管理层坐镇，两家团队谁都不敢去做太多小动作，精力就会转移至努力提升业绩方面，这时候又会产生 1+1>2 的效果，甚至是 1+1>3 的效果。

目前的市场逐步形成了一种新模式，甲乙综合代理，不是甲乙双代，而是甲方出置业顾问，乙方出管理层。开发商的优势是甲方身份，这种天然的心理优势对于基层员工很有吸引力，有助于招聘当地优秀置业顾问；代理公司的优势是总部一般位于区域中心城市，经验丰富的管理人才招聘能力较强，且有强大的策略后台提供技术支持，这样的组合各自扬长避短，实际应用中操盘效果更好。

10.5 智慧案场，科技赋能

人类社会近 200 多年的发展，竟然超过了智人以来 20 多万年的变化，为什么？君子生非异也，善假于物也！人和动物的最大区别就是会使用工具，之前发展慢是因为使用工具的动力来自人力，但是工业革命改写了这一切。第一次工业革命发生在 18 世纪 60 年代到 19 世纪中叶，以蒸汽机为动力代替人力；第二次工业革命发生在 19 世纪下半叶到 20 世纪初，以电力代替蒸汽机；第三次工业革命发生在 20 世纪四五十年代到 21 世纪初，以计算机为代表的信息技术大大提高人类的生产效率；第四次工业革命正在萌芽，只是之前误认为是工业自动化，是物联网，直到 2023 年人类社会才达成共识，是 AI。

反观房地产营销领域，还处于“石器时代”，基本靠人工，很多案场最先进的电子产品就是激光笔、计算器。很多朋友可能会反驳，说：“我们早就有 VR 售楼宝、ERP 系统了。”请问好用吗？ VR、3D 看着头晕，并且只能作为物料给客户展示使用，对盘客收客、策略制定没帮助。ERP 系统是有统计分析功能，但是数据可靠性呢？我干置业顾问的时候，最讨厌的事就是录 ERP，对我一点好处都没有，所以全是胡点瞎录，越快完成任务越好，反正客户情况都在我本上。后来做了管理层，我知道数据不真实，所以从来不参考 ERP 数据，每天也必须亲自开晚会盘客。但是这样做，就非常依赖置业顾问的单兵作战力和管理层的专业、时间、精力，甚至情绪状态。

新营销的一个重点方向是科技赋能，打造智慧案场。就像前文提到的在抖音短视频和直播时使用的今朝好房小程序。同袍荟里也有几家科技会员企业推出了不同类型的智能工牌，目前我们合作的案场也正在使用测试。智能工牌主要有以下几个功能（见图 10–3）：

案场录音
客户画像分析
顾问销讲分析
接待总览
接待次数
10次
录音数
10个
录音覆盖率
100%
平均时长
50分钟
58%
56%
30分
顾问排行
录音覆盖率
查看所有顾问
优秀案例
搜对话
共10次接待
陈某升
这一刻
洪金频
吴雄涛
流程完成率 50%
GPT对话
小思
沟通总结
购房预算:11000元/平方
居住区域:经开区内
客户行业:退休
置业目的:投资
付款方式:全款付款
竞品楼盘:华侨城的新结合未来系列
意向居室:三居
意向面积:101-110平,121-130平,131-140平,91-100平
客户职业:退休
决策人:姓宋的客户本人
意向户型:130平米的房产、一梯一户房产、别墅和洋房
认知途径:经开区内购房人士的认知途径
关注点:教育资源、汽车公司员工租房需求、湖的位置和房价均价、购房区域能够与商业配套相结合
认可因素:湖的位置和房价均价
其他需求:需自行配备新风系统和中央空调,主卧需要隔开。
这位姓宋的退休客户在经开区内寻找投资房
请输入问题
认可点分布
房型好
抗性点分布
房型不行
精装不好
房产价格不便宜
性价比不高
房型小
地铁不好
房产价格高

图 10-3　智能工牌应用

一是置业顾问无感佩戴，和普通工牌一样，不过接待过程全程录音，自动上传后台。

二是自动统计置业顾问关键必说销讲完成率，和违禁说辞出现情况，避免乱承诺，内导外飞单。

三是分析提取销冠关键优秀说辞，复制给其他置业顾问，拉平接待水平，提高转化率。

四是根据录音，自动分析提取客户属性维度，来访区域、置业目的、意向度、房源、面积、价格、关注点、抗性、年龄、职业等。

五是根据客户提出的问题，ChatGPT 自动生成回访话术建议。

六是自动生成案场客户情况汇总，供管理层查看，并针对某一客户提出的关键问题一键定位录音，聆听当时原对话，从而做出准确分析指导。

未来已来，地产营销领域一定要积极拥抱变化，才能降本增效，提高存活概率。要知道，柯达破产的那一天它依然是世界上质量最好的胶卷生产商。

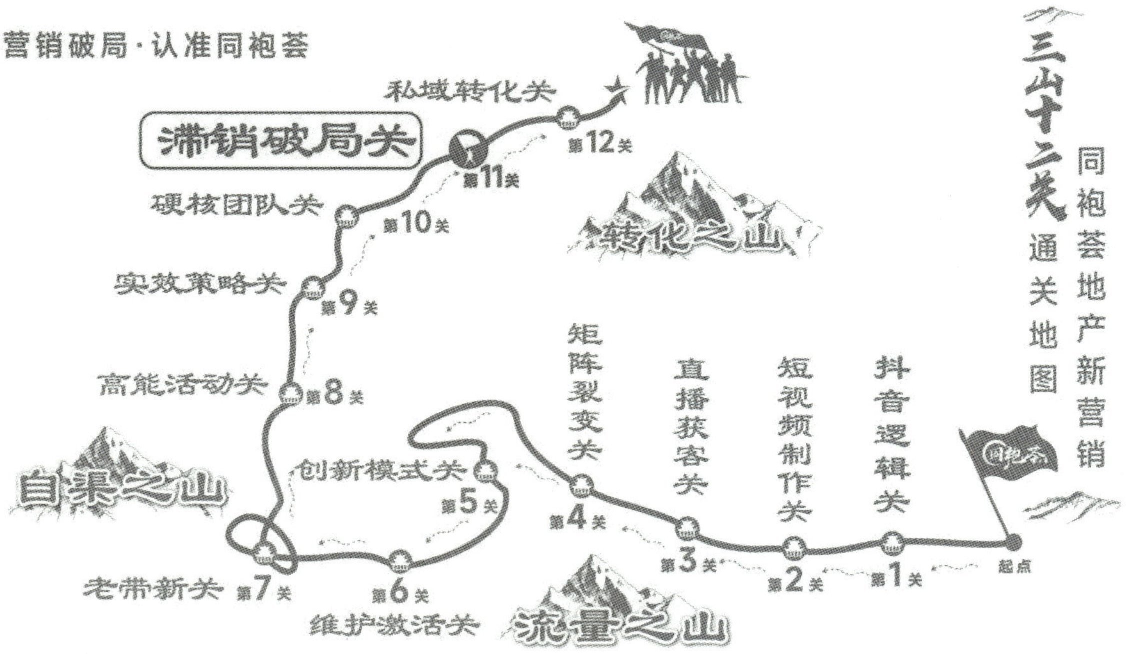

第 11 关　滞销破局关

我们通常把推出后三个月内卖出的房源叫热销产品，六个月内卖出的房源叫适销产品，一年还没卖完的房源叫滞销产品。

为什么会卖不出去，产生滞销？根据麦肯锡的客户价值模型，所有项目滞销的原因无非就是客户感知利益太小，即客户感知的价值过低，但感知的价格过高。

客户感知价值≠产品的实际价值，它往往与实际产品价值之间存在认知误差；客户感知价格≠商品销售的价格，它是客户认为的货币成本、机会成本、心理成本、精力成本、时间成本的总和；客户感知利益＝客户感知价值－客户感知价格。利益越大，成交达成可能性越高，因此实际价格并非唯一促成交易的因素（见图 11–1）。

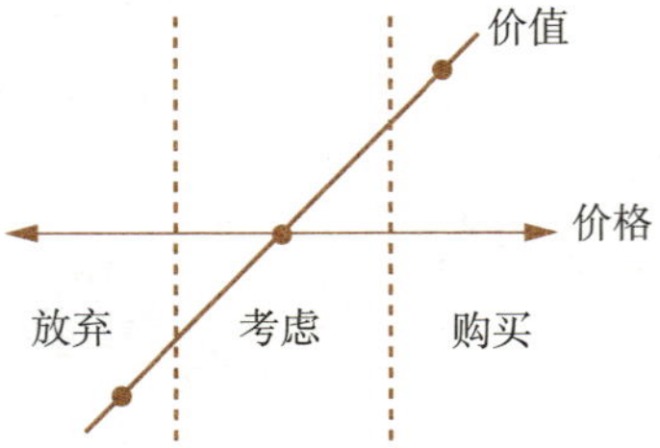

图 11–1　价值与价格感知关系图

对于滞销项目而言，要么提高价值，要么降低价格，要么两者并用。

陈利文在《房地产营销 19 讲》中也总结了楼盘滞销的四大原因：一是外部市场不好，正处于逆市；二是产品定位偏离；三是价格问题；四是营销推广、展示、销售三大环节偏差。

第一个原因属于外部因素，大势所趋，但并非不可逆转，市场上也不乏从“靠天收”升级为“逆势牛”的案例，优秀的操盘团队可以通过全盘的整合优化在一定程度上改良销售业绩。

第二个原因属于前期定位，到了销售阶段，大部分产品已经定型，更改可能性极小，但是在后期的营销中通过价值的挖掘、包装、产品价值的重塑等也能提高客户的感知价值。常见的定位导致滞销问题和解决办法见表 11–1。

表 11–1　常见的定位导致滞销问题和解决办法

项目运作系统	导致滞销的原因	解决办法
定位系统	档次定位：在高、中、低档定位选择中，本不符合高端条件，却定位成高端产品	①重新进行形象定位，拔高项目形象调性； ②从产品软件如物业服务形象标准上弥补； ③全面考虑展示环节，拔高展示调性
	竞争定位：没有清晰把握竞争对手动态，尤其是价格动态被对手挟持或阻击	①田忌赛马，以牙还牙； ②侧翼游击奇袭战； ③强调产品价值
	容积率分解失衡，前期低密度产品低价旺，导致后期高密度产品价高滞销	①重新调整价格策略，促销跟进，频繁露脸； ②在展示环节上下功夫，尤其是样板间； ③提高物业服务标准，化解高密度抗性

续表

项目运作系统	导致滞销的原因	解决办法
定位系统	户型定位：对区域客户需求和价值取向把握不够，导致出现滞销产品，如东西向逆行、结构户型偏大、卧室过小	①调整价格策略，拉大优劣户型之间差价； ②以样板间展示弥补户型缺陷； ③以销售人员说辞弥补缺陷
	客户定位：对自住客、投资客、居住客、商务客；白领、中产、富人，主动郊区化或被动郊区化；第一居所、第二居所客户；青年人、老年人的选择中错位	①根据现实的客户群，重新调整销售策略； ②在形象包装、渠道拓展、价值传达方面重新形成对现实客户群的聚焦； ③精准营销，针对目标客户圈层进行推广

针对第三个原因，最有效的方法就是降价，也可以结合第四个原因，改良营销各环节操作，提高客户感知价值。

本关内容将根据各滞销场景的特性，结合第三和第四个原因展开论述。

托尔斯泰在《安娜·卡列尼娜》中说："幸福的家庭都是相同的，不幸的家庭各有各的不幸。"冰冻三尺非一日之寒，滞销项目都不是突然出问题的，而是病灶已经存在很久，拖到了非治不可的地步。但滞销并不可怕，可怕的是认不清症状，病急乱投医，开出错误的药方或者通用的大力丸，使项目陷入更加窘迫的境地。中医讲究"望、闻、问、切"，找到问题所在，再对症下药。因此，碰到滞销项目时，要先用"三眼理论"望和闻，用"问道三人"问和切，再部署也不迟。

11.1　三眼理论

一切答案在现场！遇到滞销项目决不能天天盯着报告，在会议室里抓耳挠腮、纸上谈兵。我们必须到项目现场，用鹰眼、兔眼、树眼拿到一手数据。

鹰眼：飞起来，俯瞰全局。

一看区域。即项目与城市之间的相对关系，在新城还是老城，有没有区域发展政策加持和产业转移。

二看配套。即项目旁边道路状况、配套状况，这些跟区位图上有没有出入？一定要坐车去感受一下时间，到核心配套里走一走，增加体感。

三看竞品。即竞品的距离，相对优劣势在哪？不要过多在竞品上耗精力，知己知彼、百战百胜是不错，但我们项目的“彼”是客户，客户才是关键。

兔眼：蹲下去，观察案场细节。

一看展示。即输出的展板有没有说明核心卖点，景观区打造细节如何，水吧物业服务质量怎样等。

二看物料。即宣传页有没有及时更新，礼品数量还有多少，背景音乐是否合适等。

三看货源。即哪些房源卖得快，哪些楼层卖得慢，工期如何，下一批货什么时候拿证。

树眼：站得住，定睛倾听客户心声。

一看流量。即每天来访多少，来电多少，发几个视频，做多久直播，留资如何。

二看买点。即客户都提哪些问题，这些问题置业顾问是怎么回答的。

三看周期。即客户一般停留多久，到访几次能成交，成交周期有多久。

用三只眼看完，拿到翔实的一手资料，我们会发现我们报告做得肤浅，甚至错位的地方，很多解题思路也都迸发出来。

不过，刚刚迸发的解题思路很可能存在一定主观性和片面性，不妨带着这些发现的问题和想到的策略，再去找三个关键人物验证一下。

11.2 问道三人

这三个关键人物是老板、销冠、成交客户。这三类人从不同角度对项目理解不同，但都非常深刻。

老板是项目投资人，对项目感情拥有度最高。从立项到规划、从招标到建设、从销售到交付倾注心血，过程中有很多不为人知的故事和细节，或许只有老板自己知道。

销冠不一定销讲背得最熟，也不一定接客户最多，但一定是理解客户买点最准的人，可以根据项目的某些要素挠到客户心里的痒痒肉。

成交客户用六个钱包证明对项目的认可，是我们最重要的研究群体。“子非鱼，安知鱼之乐”。我们平时费尽心思去讨论卖点，去研究未购买客户的成交抗性，为什么不去问问成交客户为什么买？想考清华，一定是去请教已经考上清华的学生是怎么学的，而不是问没考上的人为什么没考上。

先问老板，发掘卖点。

一问哪些是区位图里目前无法展现的。

拿地是房地产开发里最重要的决策，绝大部分成本都在拿地的时候确定，并且地块属性很大程度上也决定后期的销售和整盘的利润。老板一定不会随便去花几千万、几个亿去拿一块没有价值和前景的土地，听听老板拿地时考虑的因素，或许能找到很多区位图里目前无法体现的优势。

二问哪些是销售说辞里没有说到位的。

很多老板都没有听过销售说辞，不少老板听完销售说辞之后都很不满意，觉得根本没有把项目价值讲出来，确实如此。不妨把老板请到销售部，完全感受一下客户接待流程，老板会给出很多有建设性的意见。

三问哪些是老板认为花了很多心思、很大成本，但客户没感觉到的。

很多有情怀的老板在开发的过程中，常常忘记自己是个商人，除了把房子当产品，还当成自己的作品，他们会提供在设计、采购、施工工艺上很多值得挖掘的故事和细节。我们发现，这是问老板最有效的问题，每次问完都会收获很多惊喜，并以此调整销售说辞和推广内容。

再问销冠，发掘买点。

一问经典话术。

成交＝客户量 × 转化率，大家按轮排接客户，数量都差不多。销冠之所以业绩好，很可能是转化率做得非常高。销冠往往在标准说辞之外，提炼总结了一套直击人心的话术，见到哪类客户，到了什么火候说什么话，一切都安排得恰到好处。

找到，复制给其他置业顾问。

二问工作模式。

8 个小时工作，8 个小时睡觉，马无夜草不肥，人和人的差别很可能在另外 8 个小时都干了什么。更何况销冠上班的 8 个小时，工作一般也是非常高效的。

找到，复制给其他置业顾问。

三问客户维护。

销冠基本都是全案场老带新最多的。在同样老带新政策下，老客户愿意不断给销冠介绍朋友，而其他置业顾问却寥寥无几，一定有其独特的维护方法。

找到，复制给其他置业顾问。

最后问业主，发掘痛点。

一问为什么想买房。

有些策划喜欢问客户，您觉得我们下一步应该怎么做营销？这个问题很可笑，客户又不是专业人员，你都不知道怎么做营销他怎么会知道。客户只知道他的居住现状。询问客户的买房动因，可以有效发掘客户的居住痛点。

二问未购买竞品的理由。

直接问客户买我们项目的理由，有可能客户会出于某种考虑说谎，比如本来因为便宜，却碍于面子说置业顾问服务好，从而影响我们的判断。而问客户为什么没有买其他竞品，他的防备心就卸下来了，说的都是真正想法，我们借此可以探寻项目在客户心里的相对优势。

三问身边意向购房朋友。

想问出来这点不能操之过急，要慢慢来。可以拿着礼品到客户家里拜访，聊个半小时之后再问，可能成功率更高。尤其对于滞销产品来说，已经买单客户的朋友非常重要，谁说这房子没人要，你朋友就是最好的例证。

“熊猫不走”是广东惠州的一个蛋糕品牌。由于成立之初销量打不开，品牌便投入大量精力和资金来研究食材、制作工艺、冷链运输，力求把蛋糕变得更好吃、更好看一些，不料销量还是平平。后来，品牌从关注产品转向关注客户，深入走访老客户，才意识到生日蛋糕都不是一个人吃的，而是大家一起过生日增加氛围感的，好看好吃不是最重要的，好玩才是。于是，他们转变营销方向，开始在好玩上花心思，比如，让工作人员穿着熊猫服上门派送；现场表演欢快的舞蹈和有意思的魔术；设置抽奖环节；设计几十条祝福条幅，方便用户在不同场景下使用；熊猫人在聚会现场还会引导用户拍照、发朋友圈，免费裂变。很快，过生日有没有熊猫人跳舞就成了一个时尚话题，从而帮助企业从红海中成功杀出（见图 11–2）。

图 11–2　“熊猫不走”

磨刀不误砍柴工，相信尤其是对于普通营销方式无法去化的滞销产品，前期花时间、花精力，用鹰眼、兔眼、树眼，问老板、问销冠、问成交客户，是非常有必要的。爱因斯坦说过：“如果给我 1 个小时的时间来解决问题，我会花 55 分钟来思考这个问题，然后花 5 分钟给出解决方案。”

2023 年新冠疫情结束，我按照“用三眼、问三人”的方法论给数十家学员企业进行了现场诊断，效果显著！诊断每期两天，第一天上午用鹰眼看城市、配套、竞品；第一天下午用兔眼、树眼看细节，并问道三人；第二天上午根据营销团队现状开展专项赋能培训；第二天下午和董事会座谈，交流项目营销问题，给出解题思路。

案例一：山东某地级市改善项目，前期内购火爆，但是在拿证后准备做一场开盘签约时，经过摸排发现，竟然有一半客户犹豫想放弃，原因是疫情期间很多客户经营不善返贫或者对房价上涨信心不足。于是，我们提出改开盘日为开盘周，每天邀约 10 名忠实客户，10 名犹豫客户，10 名候补客户或者托儿，形成良好的卖压和成交氛围，管理层重点谈判 10 名犹豫客户，定向爆破，效果非常显著，在开盘周后收到了开发商总经理的喜报和感谢。

案例二：河北某县城当地开发商的刚改项目，唯一竞品是一路之隔的全国 TOP 50 品质房企，主打品牌、规模、品质。通过“用三眼、问三人”，我们发现开发商在当地深耕 9 年，有 3000 多名老业主，且口碑很好，而且客户认为买我们的项目比买 TOP 50 的竞品项目娶儿媳妇还有面子。于是，我们提出把营销重点从对外抓客户转向对内挖客户，成立独立于营销部和物业部的客户关系部，大量开展满足老业主需求的活动，同时植入软性营销。对外的广告也从打卖点改成“这么多年，您身边成功的朋友是不是都买中央 × × 了？”“买中央 × ×，娶个好媳妇儿”。相对优势立刻凸显。开辟新战场，避开白刃战（见图 11–3）。

图 11–3 “现场诊断”

11.3 无卖点项目滞销破局

市场上总会遇到这样一类项目：地段无优势、配套无优势、品牌无优势、景观无优势、户型无优势。即使如此，价格可能亦无优势。这类项目看似“均好性比较强”，实际是普通得不能再普通了。对此，倘若推广没有立足点，营销缺乏有力抓手，很容易出现滞销情况。

没有机会，就要创造机会。

淄博，一个我国北方的三线城市，没有风景秀丽的名山大川，没有闻名遐迩的名胜古迹，也没有长隆、方特、迪士尼等游乐场，甚至很多人叫不出他的名字，但是就是这样一个普通的城市却在2023年4月火爆出圈了。

事实上，大道至简，很多事物的底层逻辑都是一样的，我们可以从淄博烧烤事件来感悟如何做好“均好性”项目营销。

第一，根据普遍需求强造抓手，找到推广立意点。

淄博没有特别吸引游客的地方，但是全国老百姓都很喜欢吃烧烤，于是这个没有一片草原、一个牧场的城市，强造了“烧烤”这个人们普遍热爱的事情当作推广抓手。

有一些购房需求是在老百姓中普遍存在的，比如婚房。我们可以在小区里放一些浪漫的雕塑小品，比如秋千、同心锁、连根藤之类，再做一些婚房优惠政策，比如结婚送三金、低首付等，然后以此作为婚房社区立意点进行推广。再如，中国目前已有3亿老年人，可以做一些坡道、把手、动捕摄像头等适老设施，物业提供一些康养服务，然后以此作为健康社区立意点进行推广。

第二，“一把手”工程。

淄博烧烤出圈不是几个烧烤店或者餐饮协会做成的，而是市长亲自牵头，多次下文协调各方面资源一起推动的。

放到房地产行业，在没有明显优势的情况下，项目没有躺赢的机会，营销需要付出更多，但单靠营销部门一己之力，推进力度往往不足，需要老板亲自出面指挥调配资源。

第三，统一战线。

淄博做成烧烤这件事，可不是只有全淄博的烧烤店和政府在支持，整个淄博都在支持！酒店、交通、商场，甚至竞品餐饮业态也在宣传烧烤，因为游客来了大家都受益，更重要的是要维护好城市形象。

地产营销从来就不单是营销部的事，无明显卖点项目更需要各部门通力配合。但是开发商“部门墙”往往很厚，各部门铭牌可以改为营销工程部、营销财务部、营销景观部、营销物业部，让大家直观地感受到一切为营销服务。而营销做好了，各部门都将受益。

第四，接地气。

淄博烧烤不用电火用炭火，让久居城市的老百姓重新感受到烟火气，并且自己烤自己卷，很有参与感，很接地气。

老百姓越来越看不懂现在的广告了，拽文弄墨，押韵对仗。因此，推广一定要口语化，接地气。需注意，推广不是标榜自己的文采，而是让客户听得懂、记得住、愿意来。活动不要只追求高大上，而要根据客户兴趣设定，让大家乐于参与进来。

比如前两天某汽车品牌给我推送的广告，就完全用我熟悉的地产语言而不是汽车行业专用术语，倍感亲切（见图 11–4）。

第五，新媒体矩阵。

淄博烧烤在短时间出圈，主要是借助抖音和视频号，用不计其数的矩阵账号形成暴风式裂变。

均好性地产项目本来就没什么卖点容易被别人记住，就不要再死守传播力有限的单页、海报等传统营销阵地了，一定要做抖音，做抖音，做抖音！用矩阵低成本裂变式传播。

第六，心理账户。

一顿烧烤几百元，加上路费、住宿费上千元，一串肉折合 100 多元了，但为什么大家还趋之若鹜？因为吃的不是烧烤，在大家心里，吃的是时尚，是人生！

图 11-4　汽车推广

客户选择购买一件商品，本质上不是想拥有这件商品，而是想通过这件商品完成某项任务。哈佛商学院教授西奥多·莱维特说过：“客户要的不是直径五毫米的电钻，要的是直径五毫米的钻孔！”

倘若客户说你这房子没什么突出优势，有点儿贵，这时就不要再讲卖点了。要仔细想想客户为什么买房，如果是为了改善，可以共情一下客户这么多年来的辛劳，应该买一套好点儿的房子犒劳自己；如果是给父母养老，可以引导客户明白买的不是房子，是对父母的孝心，这时需要讲些温情的小故事，刺激客户心理账户转移。

第七，不要追风，要等风。

2023 年 4 月，淄博推出烧烤热点，只是为了抢占“五一”黄金周吗？

错！他抢占的是整个夏天。

当地产项目没有强势卖点时，风口来了也追不上，唯有提前设计做足准备，卡好位，等风来。比如，打造婚房社区，就可以在每年结婚季到来之前完成前序工作，等到国庆节、春节等相亲、结婚高峰期集中上推广。

另外，无卖点项目，可能只是专业人员觉得没有卖点，因为我们天天在跟房地产打交道，对一件事太熟悉了，就觉得不是卖点了，但客户可不一定这么认为。比如，五重园林现在已是很多项目的标配，大家都认为不是卖点，就只是在说辞里面提一句。如果我们展开讲一讲五重园林是怎么搭配的，四季都有什么展现，全冠移植的步骤和成本，那客户很可能就觉得我们的景观比别家做得好多了，这就是卖点。

11.4　停工延期项目滞销破局

预售制的高杠杆下催生了高周转模式。在最疯狂的那些年，每家房企都在和时间赛跑，拿地后 4 个月开盘，5 个月资金回正，6 个月资金再周转，1 元钱平均每年流动 1.5 次，可以说，不是十个锅配七八个锅盖，而是一个锅盖盖十个锅。

眼见他起高楼，眼见他宴宾客，眼见他楼塌了，桃花扇中的剧情不断在楼市上演。随着金融领域“三道红线”去杠杆化以及销售端的不断冷却，加之新冠疫情影响，整个房地产行业遭遇滑铁卢，到期债务和短期拆解不能如期履约，爆雷不断，轻则延期、重则停工早已不是个别事件。

营销的“营”首先是经营的“营”，如果项目目前还处于停工状态，客户在恒大事件之后如惊弓之鸟，此时一切营销都是徒劳。靠低价吸引客户能不能卖掉一部分？或许能。但是企图靠销售回款起死回生，大概率是杯水车薪，再说也不能昧着良心去拉客户垫背。

通过纾困资金或者新股东介入等方式完成输血，工地重现生机的项目是有条件重新启动营销的。今朝团队近两年也服务了几个这类项目，但有以下四个操盘要点需要特别注意。

第一，低调开工，真诚道歉。

很多项目停工后，老板跌落神坛，从万人追捧变成天天找钱，内心的委屈和煎熬可想而知。一旦资金到位，马上就想开个复工仪式和媒体发布会，告诉大家："我又回来了！"但是，作用大吗？本想增加信心，结果很可能重揭伤疤，引发舆论旋涡和债主上门。就像一个老烟枪突然说："我要戒烟"，估计相信的人不多。

释迦牟尼说："恨不止恨，唯爱能止。"资金到位，不要大声喊，应该先低调复工，让大家看到我们做事的态度和实际的进展，干出点儿结果再对外发声，工程有了明显的变化，大家才会相信。

发声的时候不要摆出甲方的姿态，要真诚道歉。真诚是一种能力，也是最大的套路。你若把自己放得很低很低，哪还有空间给别人来贬低。也不要做任何解释，停工延期就是停工延期，解释毫无力量，只会让人感觉是在推卸责任。但是要安排气氛组，在评论区以第三方的身份打援，比如"奥运会还延期呢，复工就好，祝福"。

第二，增加利益，心灵抚慰。

真诚是王牌，但是只有真诚就被打成烂牌了，毕竟停工延期给客户造成了一定的损失和心理影响。对此，可以通过额外增加利益来抚慰客户，但现金赔偿不是上策，刚复工现金流还很脆弱，可以升级一些建标。比如，告诉大家，"虽然资金未到位停工了一段时间，但是我们从来没想过放弃项目，并且利用这段时间走访了很多品质楼盘。为了感谢这段时间大家对我们的理解和包容，我们决定把入户门从单扇门变成子母门，路灯变成可给手机无线充电的智能路灯，大堂从白墙变成人行车库双精装大堂"。有了新增利益，客户心理就会平衡多了，有可能通过危机公关，老带新还会提升。销售越好，项目越安全，老业主是最不希望停工烂尾的。

第三，眼见为实，高频播报。

倘若停工之前每月做一次工地开放日，月度出一份工程总结，恐怕这种慢悠悠的节奏不行。我们刚复工，到底能不能坚持干下去顺利交房，客户心里还打着鼓呢！应该每周、每日、每秒都让客户看到工程情况。比如，每周在企业公众号上汇报一次各楼座的施工进展；每日下发海报，汇报工地上工情况；施工现场安装多个云监工摄像头，客户可以通过售楼部大屏或者微信二维码，24 小时随时查看施工进展（见图 11-5）。

图 11-5　工地现场云监控

第四，重排工期，兜底承诺。

在新资金介入后，要重排工程进度和资金使用计划，然后做出工期展板和交房时间承诺，这次一定要严谨。目前，各地政府也都对房地产销售资金做了严格监管，可以把监管政策和账户余额做成展板在售楼部公示，让购房客户对缴纳房款使用方式和安全性提高信心（见图 11-6）。

图 11-6　利用资金监管账户推广

为彻底打消客户购房疑虑，恢复楼盘销售信心，还可以做出一些延期交付的兜底承诺。一是买房 0 月供，延期赔首付。客户缴纳了首付款，开发商可以以客户借支的形式，每月为客户代偿月供。如期交房，则客户在收房前一次性把月供借款还给开发商；如果延期，则不再归还。二是可以联合保险公司定制延期交付险，目前已经有央企这么执行了。

11.5 无法降价项目滞销破局

市场下行时期是保量还是保价？一定是保量！保量，保的是现金流；保价，保的是利润。利润相当于国库，现金流则是军队。一个国家国库空虚几天或许没事，但如果没有军队，就可能瞬间覆灭，留得青山在，不怕没柴烧。

应对竞品降价，最有力的方式就是比他降得更多。然而，对于有些情况，操盘手也只能望洋兴叹，高位站岗。

第一种情况是国央企。国央企属于全民所有制，没有谁是老板，拿地之前都要经过详细的经济测算且层层上报审批。如果降价，那就完不成之前上报的经营指标，会被扣上国有资产流失的大帽子，没有人能担得起这个责任。可以看到，国央企宁可销售速度慢一些，也不会把价格降下来，让损失做实。

第二种情况是高品质项目。放在桌面上说是高品质，其实就是高成本。虽然前文我们讲到成本不决定售价，但是马克思政治经济学告诉我们，价值决定价格，价格是价值的外在体现，难的是客户分不清专业建材和施工工艺之间的区别，降价项目看上去品质也不差。

第三种情况是老板意志。谁都看自己家孩子好，毕竟付出的心血太多了，谁割自己的肉都疼，而看别人割肉只是感觉疼。抱着金饭碗饿死的人不在少数，如果真是金饭碗，那就属于第二种情况了。更多的时候，只是品质一般，舍不得放弃利润罢了。这种情况自作孽不可活，无药可救，良禽择木而栖，作为职业经理人还是尽早“弃暗投明”为好。

对于前两种情况，治本的药方没有，治标的药方倒有一副，用好了，过段时间或许也能治本。药方就是“七分吓、三分哄”。先吓后哄，多吓少哄，顺序变了或者分量不足，效果都不好。我在讲公开课时经常问大家：“如果你有 100 万元，花 90 万元去环游世界，享受人生，你花不花？”相信大家都表示不花。“但是如果得了重病，花 90 万元就能保命，你愿意花吗？”相信大多数人会举手，甚至还有人说再借 90 万元也愿意（见图 11–7）。

图 11–7 “七分吓”

可见，人类逃离痛苦的欲望，远远大于追求幸福的欲望。那么，我们应该从哪几个方面“吓”呢？

一是降价买的不是利益而是风险。只有资金链紧张才以价换量，买降价盘很可能会延期，甚至停工烂尾。

二是降价盘很可能会降标。羊毛出在羊身上，价格降了，建材档次和施工标准都可能会降，后期居住起来可能存在隐患。

三是降价盘进入门槛降低，邻居阶层降低，会影响居住后的体验。

四是降价盘可能会进一步降价，让资产持续缩水。

五是降价盘越降业绩越差，可能会出现大量工抵房，扰乱市场。

六是降价盘容易引发维权，口碑不好，影响将来二手房出售。

七是降价盘经常要处理客户问题，销售人员不稳定，对接更换频繁。

“吓”够了，就该“哄”了，可以用以下三种办法：

一是实力背书。国央企可以直接讲明由于体制问题，不可能降价出售。民企不要再说做过多少项目，现在项目多不一定是好事。可以用非房地产板块的其他高现金流业务背书，比如当地加油站一半都是我们企业的等。

二是给出价格坚挺的理由。国央企是“安全”的代名词，很多人是冲着安全买的。但是安全其实是商品的最低线，不是价值，不能支撑价格。国央企应该在成本可控的情况下，提高一些可见的交付标准，给出客户价格高的具体支撑，而高品质项目的民企可以通过签订延期赔偿、降价补差承诺给客户增加信心。

三是划分阵营，疏导客户心理。市场不好时，很多人都在谈论降价，很多盘都在降价，很多人也都买了降价盘。人都有从众心理，这一时期客户买入高价盘心理都是有些犹豫的，也怕被朋友看笑话。这时要给客户划分一个高维阶层，让客户找到自己应该从属的小众，而不是随大流。

买房从来都是假理性、真感性的行为，或许一句走心的推广语就可以让客户找到精神支撑，引发共鸣，唤醒感性的购买冲动。“正如百达翡丽，好东西从来不会降价”“头等舱客人，从来不关心经济舱打不打折”。

划分阵营之后，甚至可以涨价来强化“小众高阶”的标签属性。星巴克已进入中国很多年，但便宜的瑞幸咖啡则开启了中国平民咖啡时代。面对大量低价咖啡品牌的竞争，星巴克并没有降价反而涨价，他在传递一个声音：想喝便宜咖啡，去喝好了，你不是我的客户，我是星巴克，我的会员很高级。

此时，展示性更加关键，客户感知到的必须匹配得起“小众高阶”的标签，比如央企中国铁建许昌的项目，会为每位到访客户奉上一碗红枣银耳羹，相比一杯白开水，客户顿时就会感觉这房子应该贵。同理，一个气派的大门也非常重要，河南商丘的金沙项目比周边竞品普遍高出 30% 的售价，一定程度上得益于仪式感满满的大门系统和气派的入户门。还有置业顾问的服装，人靠衣装佛靠金装，服装是有力量的，贵的工装质感是掩盖不住的，不但能提升客户心理价位，还能增加置业顾问对价格的自信，增加谈客感染力（见图 11–8）。

操盘是变速跑，不是匀速跑。不能降价，但最好也别一成不变，可以先涨再降、明涨暗降。亦即先把价格涨上去逼定一波存量客户，同时向社会传递一种有品质、有底气，资产放心买，绝对保值增值的信心。案场再通过放大谈判优惠或者赠送全套家装礼包的方式把价格降下来。这个时候降的是涨幅，而不是底价，不损失利润。

图 11-8　金沙大门系统及入户门

总之，如果我们不是最低价格的提供者，那就必须当好最低风险的提供者。

11.6　尾盘项目滞销破局

辛辛苦苦三四年，赚多赚少看尾盘。项目卖到最后，15% 的货值可能占据 60% 的利润，房地产开发的成本大部分是在拿地时候确定的，利润是在销售阶段实现的，但最终利润几何，取决于尾盘的销售。

尾盘之战是整个项目销售战役的上甘岭，不但去化困难，而且营销补给不足。首先面临的问题就是优秀置业顾问的流失。很多老板认为就剩这么点房子了，留几个人卖卖就行了，工资也不用发太高，其实这是非常不对的思想。行百里者半九十，决不能在最后阶段掉以轻心，这时项目投资已经收回，每卖一套都是利润，怎么能在这时候松油门，让老弱残兵来啃硬骨头。因此，越到尾盘越应该提高底薪和佣金，锁住优秀人才，攻坚克难。

剩到最后的房源一般都存在某种缺陷，不被市场接纳。不要觉得房源不多了就不想折腾去做样板间了，反而这个时候更要针对滞销户型做装修，精装出售。毛坯房让房源缺陷一览无余，而通过设计改造和装修的代入感，可以大大降低缺陷的影响，说不定还能利用缺陷做出新的卖点。正如电视剧《安家》里房似锦把十年未曾卖出的“跑道房”进行了设计与装修，并最终以“诗与远方”说服了挑剔客户宫蓓蓓，成功签约（见图 11–9）。

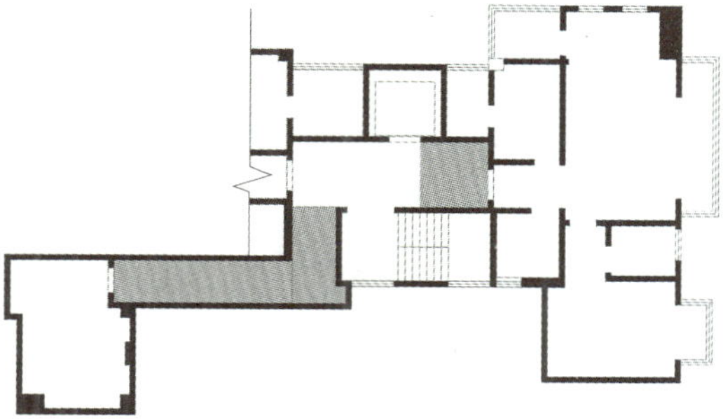

图 11–9　“跑道房”户型图

如果在尾盘阶段不想再花钱装修，那也可以做一套高标准的毛坯房，然后放进合适的组合家具，打造工业风格的样板间，做好了效果也非常不错（见图 11–10）。

图 11–10　“工业风”样板间

在尾盘阶段所剩营销费用不多，但是切忌静悄悄，在市场上一定要发声，不然很可能让客户觉得项目没房子了。如果所剩费用不足以支撑在全市场发声，那就收缩营销范围，以附近地缘性客户为主，或者主攻老业主。

价格在尾盘去化中至关重要，降价促销是很多项目的选择，有时甚至低于成本价出售，这时候算的不是成本利润率，而是财务成本。举例来说，一套 100 万元的房子，按 10% 利润率计算，成本是 90 万元，按照一分五计息，年化 18%，一年卖不掉就相当于多浪费 18 万元，这样来看，只要在 82 万元之上尽快卖掉都是划算的。

当然，对于没有资金压力的企业，或者在同区域有后续地块的企业，在尾盘阶段也可以选择涨价。一方面，老业主感觉资产升值，品牌力提升，在下个项目可以拿些品牌溢价；另一方面，一直有房子卖，有利于销售团队和品牌热度的延续，无缝衔接后续项目。

尾盘一般由大面积豪宅户型、顶底户型、商铺、车位等组成，下面我们分别介绍去化策略。

11.7 大面积豪宅户型滞销破局

占据大城市核心资源的品牌开发商做的纯豪宅项目一般是不会滞销的，滞销的大面积户型往往是改善楼盘或者刚需楼盘里的楼王产品，是定位和产品错位的原生问题引发的滞销。

楼王不一定在小区的正中位置，但一定是小区资源占有最强的位置，单价和总价最高。这类产品对应的客群有一个必要条件——有钱。

房地产对于有钱人来说不但有居住属性，还有一定的社交属性，是自己身份地位的标签，也是邻居阶层的筛选。就像茅台酒很好喝，但更多时候喝茅台酒的潜台词是，“我能喝得起茅台酒，并且你是我朋友序列里的最高级”。

很多买楼王的业主通常会向别人说他买的是这个小区的楼王，其他业主也会把楼王的价格说给朋友来彰显自己小区的档次。所以，楼王必须贵！

价格不贵，人何以贵！这是一切拥有社交属性的商品的营销逻辑。

楼王要以高开平走的方式提早入市，一方面利用高价格做锚点掩护其他房源出货，另一方面拉长大面积、高总价产品的销售时间。

刚需和改善盘的销售团队缺乏豪宅销售经验，往往采用和普通住宅一样的方式，做一些 DIY 之类的暖场活动，或者一卖不动就降价促销，搞低首付。殊不知，一低头皇冠会掉，有钱人没了面子，就更不买单了。

敢于做大面积豪宅户型，就要耐得住寂寞，端得住架势，内紧外松。

首先，在推广方面必须全程高举高打，以上帝视角俯瞰世人，把客户当粉丝，比如“高，不过天筑”“世和府，城市来朝”。也可突出小众数字，比如“只为看过世界的 162 位绅士”“万科格拉美西：398 把钥匙的私人公园”。

其次，在接待方面，对于高端客户，一般的普宅置业顾问是应付不住的，需要经过专门培训的置业顾问来服务。除了常规的房地产培训外，还要加上经济走势、商业逻辑、心理学等定制化培训。同时，销讲要重视左右脑开工，用产品细节进攻理性的左脑，比如蒂森克虏伯的电梯、意大利的装甲门、进口的石材、大师的设计等；用生活方式进攻感性的右脑，比如您楼下就是小区会所，里面有四季恒温的泳池和花房，楼上住的是某三甲医院的院长，是国内知名老中医。

高端客户老带新是很关键的获客渠道，可以用项目蓝 V 抖音或视频号做业主采访，不是讲项目卖点，而是讲述其创业故事和成功人士生活，这是非常有流量的，不仅可以让市场客户感受项目的人文软实力，还可以刺激高端客户的转发，裂变其身边客户资源。

很多高端客户是不愿拿老带新费用的，这些小钱他们不缺，拿了反而是一种负担，我们可以将其转换成老业主生意的抖音推广服务。让新媒体团队帮老业主运营其抖音号，拍摄等值的企业宣传短视频。在此过程中还可以了解业主生意的上下游产业链，再度精准挖掘，激发老带新。另外，小红书是很多大面积户型女主人的第二闺蜜，对豪宅营销非常有效。

销售上不要降价，不要分期首付，正常政策销售即可。因为降价并没太大用，客户对价格不敏感，反而影响高端产品形象。

因为大面积房源总价高，所以还可以采用以旧换新的置换模式。通常，欲买大面积房子的客户当下住的也都是改善型小区的140平方米以上的户型，我们可以到这类小区定向拓客。碰到有意向的客户，可用市场公允价以小换大的方式补齐差额房款即可。收上来的老房子再交由二手房中介出售，为了快速回笼资金，在出售的时候可以适当让利。这样的转移式降价悄无声息，丝毫不影响原房源的价格体系。

对于需要资金杠杆的客户，在一定范围内可以高评高贷。

11.8 顶底房源滞销破局

尾盘阶段剩的套数最多的可能就是顶层和底层的房源。买顶层和底层的客户大概分成两类：一类是没钱图便宜，一类是有钱找乐趣。具体是哪一类，要看楼盘的定位。

对于刚需项目来说，容积率不低，以小高层以上楼栋形态为主。一楼不宜做小院，有高空抛物风险；顶楼不宜做露台，有安全隐患。整体客群实力一般，无力承受高总价产品。

刚需项目顶底房源之所以难卖，还是受传统买房观念影响，认为顶楼夏天炎热，且容易漏雨；一楼潮湿，采光不好。这些问题确实仍一定程度地存在，所以不要一上来就否认普遍认同的事实，否则后面说什么客户都听不进去。我们可以在肯定的基础上，详细介绍防水挡潮材料和施工工艺，拿具体数据和案例说话，比如我们的坡屋顶设计的都是44°，这样雨水排出的时间最短。另外，售楼部最好再放一些具体建材和工艺模型展示。

刚需项目的顶楼和一楼一般都会卖给图便宜的客户，所以价格方面要有非常明显的优势，首付政策也要相对灵活。如果不想直接降价，可以采用赠送车位、储藏室的方式。

刚需项目的一楼一般不带院子，可以在阳台上开门，做成小区内部商铺使用，性价比很高。交房后租给建材公司、装修公司，后期做成小超市、理发店或者快递站，也是个不错的投资选择。

置业顾问一般会先卖正常楼层，把顶楼和一楼放到实在没房源的时候去卖，这就错过了最佳销售时间。在项目热销期，一定要给置业顾问制定针对顶楼和一楼的业绩考核，比如卖顶底房源佣金翻倍，或者每月必须销售一套顶底房源，否则工资打八折。

改善或豪宅项目客户承受总价的能力强，项目的容积率较低，一楼通常赠送院子和等比例地下室，顶楼通常赠送阁楼和露台，并且一个充满惬意生活氛围的样板间是非常重要的。人的需求是有限的，但是欲望是无限的，激发欲望最有效的方式就是体验。

院子和露台可以做成浪漫风格和菜园风格两种。浪漫风格重在进攻中年客群，人到中年是最累的，回到家有一片小花园，两张躺椅，一个茶台，吃着烧烤，让身心在放松中得到休整。对于老年客群，菜园风格杀伤力极强，种点小黄瓜、小番茄，仿佛一下回到了儿时的家，老年人也有充足的时间拾掇这些蔬菜，吃着心里舒服（见图 11–11、图 11–12）。

展示面更新之后，价格不用动太多，多做圈层的高端、小众活动，每次 10~20 人，以深度老带新活动为主。比如，我线上课程“独孤九剑”里的“鸿门宴”，经过精心设计的饭局营销就是很好的小众圈层活动。凡

图 11–11　花园改造

图 11-12　菜园改造

事预则立，不预则废，饭局营销重在营销而不是饭局，提前设计好主控员、切客员、观察员，以及关键话题引导。饭局结束后，根据掌握的信息找出意向客户或者意见领袖，3~7 天上门拜访跟进。今朝团队曾经通过饭局营销，两个月内卖掉了洛阳一个改善楼盘 17 套一楼带院房源。

11.9　商铺滞销破局

尾盘中，商铺通常是金额占比最大的业态。一层商铺的价格大概是住宅的两倍，二层商铺的价格是一层的七折，三层商铺一般情况下不如住宅价格。

商铺滞销的原因之一就是建多了。商铺在规划阶段，占比最好不要超过住宅体量的 10%，比例越低越好卖。但商铺售价普遍比住宅高，项目为了获取最大利润，很多都是顶满商业配比做规划。由于临街面有限，为了不损失商业面积，只能加大进深或者增加层数，一些开间进深比达到 1∶4，变成了走廊式商铺，两层、三层大面积商铺也很多，不但卖不掉，还拖累了一层商铺。

原因之二是购买商铺大部分客群是投资客，少部分是自营客。在全球经济不振和电商外卖的双重冲击下，实体经济经营困难，闭店率高。一旦在没有卖完的情况下提前开街，现实投资收益往往仅有 3% 左右，而静态回报率至少达到 5% 才能重新吸引投资客进场。

原因之三是营销团队销售商铺不专业，完全按照住宅的方式硬卖商铺，并且在商铺还没有销售七七八八的时候提早把住宅清盘，导致售楼部到访不足，气氛冷清，影响商铺销售氛围。

我们在常年的实战中总结了商铺滞销破局的“六卖神剑”。

第一，价格之剑。

相比住宅看重单价，商铺作为投资品，更看重总价，对单价的敏感度次之。商铺和竞品变化因素太多，属于非标品，定价不像住宅有约定俗成的通用模式，商铺的定价相对灵活自主。

住宅有楼王，商铺有铺王。大面积商铺的总价是很难变动太多的，但是可以通过大幅度抬高铺王的单价，让大面积商铺显得性价比高很多。住宅的楼王一般是大面积产品，单价一般比其他楼座房源高 20% 左右；商铺的铺王一般是小面积产品，单价却可以比其他商铺高出 200% 以上。

铺王的五个典型特征：一是位于最好的金角位置；二是开间进深比为 1∶2 左右；三是多为 20~40 平方米的小铺；四是能做醒目大门头；五是数量不超过 5%。

今朝团队在开封操盘的一个项目，住宅单价为 5500 元 / 平方米，商铺单价为 1.2 万元 / 平方米，金角的三间 30 平方米左右的小铺定位为铺王，直接把价格拉升到 3.8 万元 / 平方米，计划作为其他商铺的单价标杆，不急着出售。结果推出三个月就卖完了，这一度成为当地的热议事件。并且有了这个体验，整个销售团队卖其他每平方米 1 万多元的商铺也更有自信了。

第二，改造之剑。

商铺都是框架结构，如果前期划分不利于销售和业态使用的话，可以通过分割和组合重新划分面积和形态，玩好商铺的“俄罗斯方块”。

大铺做分割：新业态引进以租代售，大品牌引进分割经营，盒子可以做街区，比如长春“这有山”，大铺也可以切成公寓，引进酒店经营公司，带租约销售；小铺做合并：小开间、大进深商铺合并，也可以一分为二，对小区内开门。柱子多、剪力墙多，就带装修整合（见图 11-13）。

图 11–13　盒子改造街区

第三，说辞之剑。

住宅的位置重要，商铺的位置更重要。位置好的商铺卖掉了，但是位置不好的商铺怎么卖呢？

新冠疫情三年，人们早已习惯了叫外卖，购物考虑因素从物理距离变成了 App 上的配送时间和评分。很多餐饮类商家的优势不再是位于哪条路的金角银边，而是周边 5 千米或者 30 分钟配送时间内覆盖的目标人群有多少。我们可以通过百度地图和美团外卖查询相关资料后调整销售说辞（见图 11–4）。

另外，有一些新兴业态并不需要位置很好的商铺，甚至位置越偏僻、门头越不醒目，越方便使用，比如直播带货行业，可以定向拜访拓客。

第四，配赠之剑。

商铺的经营户很多都不是小区业主，没有车位和储藏间。滞销商铺很多是因为位置或者结构问题不好出租，导致销售缓慢。为了增加这类商铺出租的概率，增强投资信心，可以在销售的时候赠送车位或储藏间，方便进出货物和储存，提高此类商铺附加值。

第五，活动之剑。

商铺客户多有自己的生意，可能在周末或者节假日更忙，所以商铺的营销活动可以避开这些时间。形式方面也不要做一些 DIY 之类的暖场活动或者送米、面、油之类的人气活动，可以做投资讲座、税务筹划、毛坯铺购物街、后备箱集市等与商业相关的主题类活动。

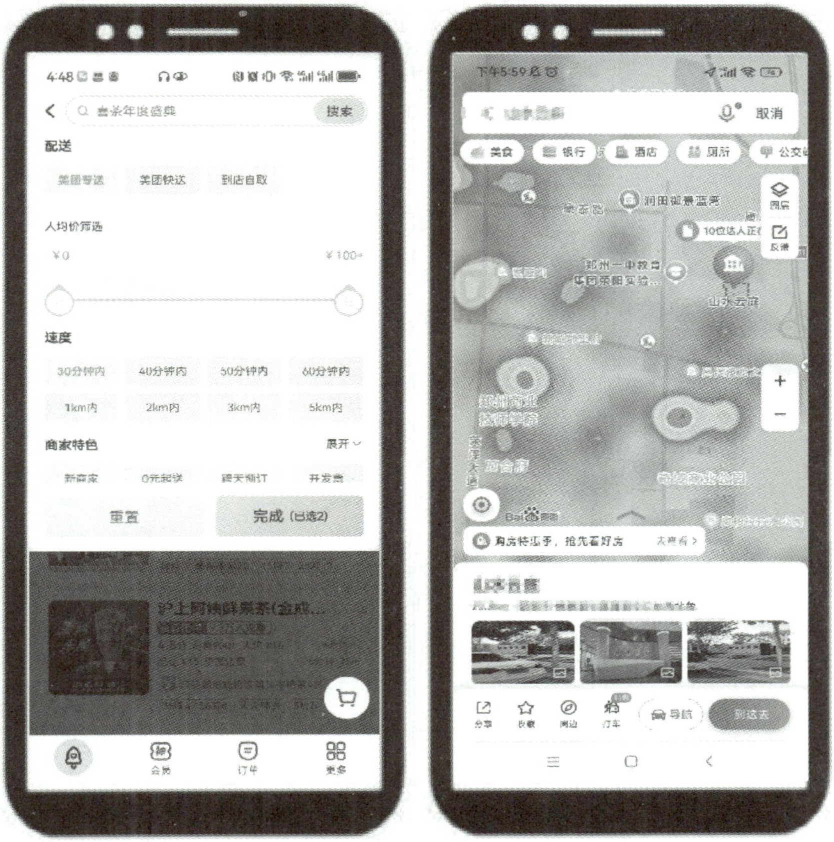

图 11-14　App 上 5 公里配送距离及人口热力

第六，拓客之剑。

社区底商普遍有两到三成是由小区业主购买的，因为商铺不只是投资属性，更有职业属性，很多业主买商铺正是为了在家门口有个事做，所以商铺首先要向内拓客。同时，商铺经营状况也决定了出租出售率，而底商通常情况下主要是给小区业主做生活配套使用的，所以小区的入住率就非常关键，可以把一部分精力放在如何提高入住率上，比如交房第一年入住的业主可以享受减免一年物业费的政策。

住宅客户的地缘属性比较强，商铺看的是投资回报率，是不是在附近并不十分重要。商铺不限购，只要回报率合适，甚至可能有人会跨市、跨省买商铺。所以商铺的拓客模式要多元化，比如采用 AI 海量电开模式，和保险公司、银行做异业联盟，和中介合作高佣引流等。

抖音也是获取精准商铺客户的很好途径，分享一个“守株待兔”的方法。我们可以在网上搜个小商铺的成功商业案例，做一篇“拆解小门店的创新经营思维，如何用 60 平方米商铺每月净赚 10 万元”的视频，结尾说一下后台留言，免费领取 1 万字详细经营拆解报告，再进行同城投流，然后坐等同城小老板找你领资料，这些可都是理论上的商铺客户。

另外，对于可以做低首付，讲城市板块概念的大批量小商铺，也可以和全国房地产大 V 及财商机构合作，以批量会销模式进行集中去化。

11.10 车位滞销破局

车位在任何时期都没好卖过，是尾盘的必然组成部分，是开发商的普遍痛点，近些年也催生了一大批以销售车位为生的专业公司。

车位难卖最根本的原因是没有外部客户。我们知道，成交 = 客户量 × 转化率，住宅和商铺在理论上谁都有购买的可能，策略可以针对增加客户量制定，也可以针对提高转化率制定，也可以双管齐下。但是车位的购买者必定是本小区的业主，客户量恒定不变，且普遍近乎 1:1 的供求比，卖压不足，客户不急。

对于已经卖过一波的滞销车位，主要营销方向就是尽可能翔实地研究好业主情况，玩好心理博弈，刺激感性成交。

策略一：调研盘客。

首先，了解小区每户房子的入住情况以及已装修未入住情况，绘制表格落位记录。

然后，摸排全体业主车辆及购买车位情况并分成四类，A 类客户：有车无位；B 类客户：多车一位；C 类客户：一车一位；D 类客户：无车无位。同时记录客户车辆品牌和价格，购买车位的时间和价格。

最后，调研小区附近停车场停一夜的费用，并测试步行时间，制定专项对抗说辞。

策略二：价格策略。

首先是定价。成本不决定售价，车位更是如此，如果用地下开挖成本除以车位数量，得出的车位价格会把客户吓跑。也不能参考竞品车位价格，因为对于车位而言，没有外部客户，不存在地缘性竞品。可以参考全市范围内同档次小区车位与住宅的价格比例关系，再根据其去化速度和项目预期的去化速度做加减修正。比如，对方是 100 万元的住宅，车位卖 8 万元，车房比为 8%，车位去化 30%；如果我们项目的住宅也是 100 万元，想去化尽快达到 50% 的话，车位可以定 6 万元。

定完均价后，再根据车位大小、位置、条件等因素逐个定价。大车位贵一点儿，靠边车位比中间车位贵一点儿，离电梯近的车位贵一点儿，上方有障碍物的车位便宜一点儿等多种情况，需要现场勘察后分别制定。

其次是调价。操盘是场变速跑，同样适用于车位销售。销售过程中，要不断制造噱头造成价格波动，在涨跌之间逼定客户。比如，告诉客户这是自销团队最后一波卖车位，之后会转包给车位公司，说辞要暗示转包之后对客户不利之处：一是代理公司进场，代理佣金“羊毛出在羊身上”，估计价格要上涨；二是由代理公司办理合同及后续产权不方便，容易丢失；三是开发商撤出小区以后，找他们办事就不容易了。此时客户的心理是，趁开发商还在，价格也合适，赶紧买吧！

挤压一批之后，换一批新面孔和客户联系，告知：“我们是车位代理公司的销售人员，目前车位价格上涨 1 万元。”此时应该执行的动作：一是刚刚释放一批需求，短时间不会有新售，要对客户池重新摸排蓄水；二是给所有未售车位上锁，执行强管控。此时客户的心理是，狼真的来了，价格也涨了，后悔当初没买！

发酵一段时间之后，再换回原来的老面孔和客户联系：“代理公司卖不动，业主投诉涨价，我们收回了代理权，还是自己卖吧，车位暂时恢复原价。”此时客户的心理是：赶快买吧，别再有啥变化了！

策略三：邀约策略。

车位销售不要等到交房，而要贯穿营销始终。每一次住宅做活动，尤其是对老业主的答谢活动，都要注重对车位的引导，并派发1000元车位抵扣券，每次活动拿到的抵扣券可以累加使用，但是有效期半年，利用损失厌恶心理引导购买。

到了尾盘或者交房阶段，营销热度减弱，客户参加活动兴趣不大就不太好邀约了，即使送米送面、免费洗车也很难吸引客户到访，因为客户心里清楚这些活动是为了卖车位。这时要以客户的刚性动作进行邀约，比如领合同、签水电气暖协议等（见图11–15）。

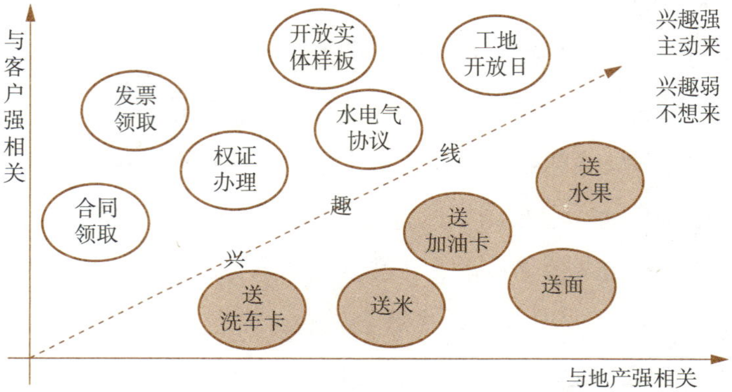

图11–15　车位活动中业主黏性

策略四：划分领域。

在热销阶段，为了房子好卖，车位都报总数量，显得比较多，将来停车方便。但是到了卖车位阶段，客户感觉车位数量充足，就不着急了。这时，要对车位按楼栋区域划“豆腐块”。1000个车位，按楼栋分区后变成每个区域50个，增加紧迫感和自家楼下的领域感。每过几天就告知一次，楼下车位又卖掉几个，同时把这些车位上锁的照片传到朋友圈和业主群。

策略五：体验策略。

体验是最好的营销手段。对于有一定入住率的小区，可以让业主免费试停一段时间，体验有车位的便捷、舒适。试停期后收回体验特权，由俭入奢易，由奢入俭难，从感性角度激发业主购买欲望。

试停时间太短不易形成行为习惯，一般以三个月为宜。通常安排在春分到夏至，或者秋分到冬至。最热天和最冷天都让客户感受一半，更完美地体验有车位和没车位的两种生活状态（见图 11–16）。

图 11–16　车位体验反差

试停结束时正值盛夏或隆冬，推广上要大量释放夏天暴晒和冬天寒冷对车辆及人体的危害，比如，高温会造成车内产生有毒气体、车辆爆胎，甚至自燃、暴雨侵袭损毁、寒冷天气启动困难、雨雪造成车漆变色等。

策略六：捆绑销售。

对于热销优势房源，捆绑车位销售也是一种选择，但并不是免费送，而是加 1 万元卖。如同饭店加 1 元换购饮料，超市加 1 元换购卫生纸，加一点成本往往反而比免费送效果好。

倘若直接送车位，客户是被动接受的，没有选择权。两者绑定在一起，独立价值感模糊，给人一种房价虚高，车位卖不动的既视感。加 1 万元销售，客户是主动购买的，拥有自主权。两者是分开的独立商品，买完房，客户会感觉获得了一个享受福利的机会，更乐意购买。

当然，也可以变形为住宅下定当天选购车位，住宅可再享 1 个点优惠的软性捆绑方式。

策略七：投资策略。

现在很多家庭都是两台车，1:1 的配比有时是不够的，对于没买车位或者只买一个车位的业主可以引导前期投资后期自用。也可以把车位包装成理财产品销售，先将车位价格拉升，业主一次性支付，之后每年固定返还 10% 给业主，直至返还业主所付金额，相当于免费获得一个车位。

例如：车位是 8 万元 / 个，客户可以选择 8 万元购买，也可以选择 10 万元购买。选择 10 万元购买的客户，每年可以获得返现 1 万元，10 年返清，车位仍然归属业主。

策略八：改造策略。

方向一：提升颜值。很多车位卖不掉真的是因为不好看。尽管现在大家都很重视地上部分，但地下部分也是变现的商品，应该同样营造品质感。颜值就是车位的感受价值，一分价钱一分货（见图 11–17）。

3 万元车位　　8 万元车位　　15 万元车位

图 11–17　三种“颜值车位”

方向二：提升附加值。比如，靠墙的车位改成车库，车位尾端加盖储物箱体，增加充电桩车位等（见图 11–18）。

图 11–18　车位改造一

方向三：配套商业。可以将车位改造为集洗车店、超市、菜鸟驿站、干洗店等功能为一体的地下邻里中心，以促进类商铺出售，这种商业经营离客户更近，并且不受恶劣天气影响，更受业主欢迎（见图 11–19）。

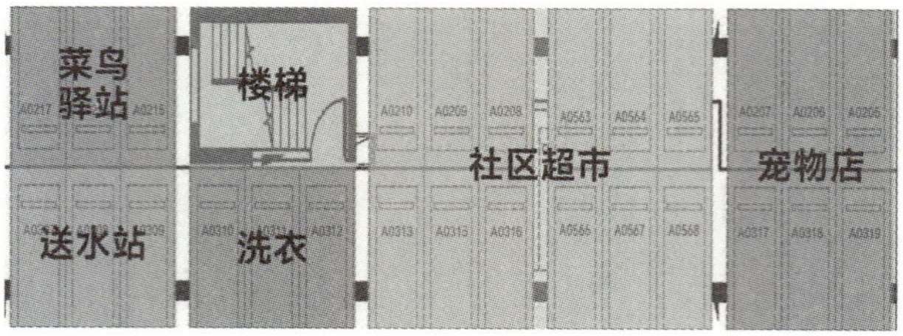

图 11–19　车位改造二

图 11–19 中，菜鸟驿站用了 3 个车位，送水站用了 3 个车位，洗衣房用了 3 个车位，超市用了 12 个车位，宠物店用了 6 个车位，合计给 27 个车位找到了新的营销方向。

策略九：设置障碍。

让物业联动相关执法单位整顿路边违停。利用增加石墩、设置地锁等手段制造周边停车障碍，刺激车位需求，再推出优惠活动促进成交。设置障碍的同时，要合理利用舆论施压、反向投诉。

业主能够向政府投诉施压，开发商也可以反向向媒体或者市长热线提供素材，投诉路面的乱停乱放行为，使路面停车业主担心被贴条，人心惶惶，促进车位成交。

策略十：团队机制。

在整盘营销全过程中，车位去化慢的一个很重要的原因就是团队薪酬机制问题。一般销售车位和销售住宅拿的提成比例是一样的，卖一套 100 万元的住宅提成两三千元，而卖一个 10 万元的车位也就两三百元，提成不多，费劲不少，置业顾问当然没有卖车位的动力。我们可以做出如下调整：

一是调高车位佣金，从原来的 200 元 / 个拔高到 1000 元 / 个；

二是车位销售业绩与住宅佣金强制挂钩，车位转化率越高，住宅佣金越高；反之越低（见表 11–2）。

表 11–2　某项目车位销售佣金政策

类型	住宅佣金结算标准
车位转化率 <40%	8 折
40% ≤车位转化率 <60%	正常结算
60% ≤车位转化率 <80%	1.1 倍
80% ≤车位转化率 <100%	1.2 倍
车位转化率≥ 100%	1.3 倍

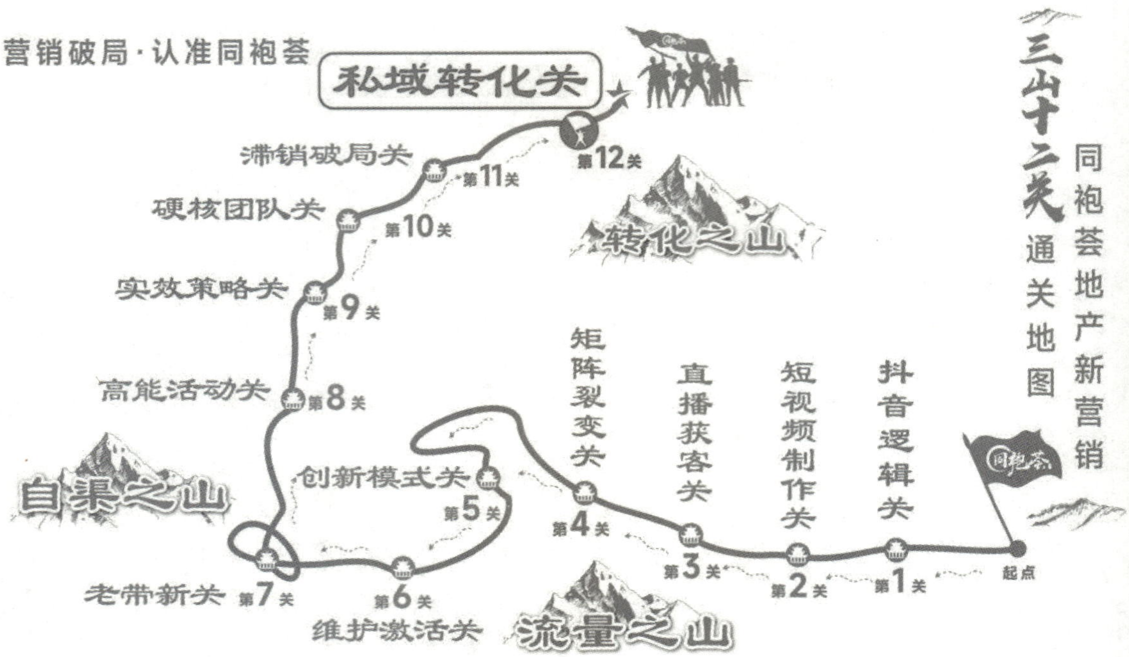

第 12 关　私域转化关

12.1　公域流量和私域流量的特点

我们清楚，公域流量就是抖音、快手、小红书等自媒体平台里关注你的粉丝。那什么是私域流量呢？私域流量就是沉淀在你的微信里需要精耕细作的长久粉丝。

公域流量不是钱，私域留量才是钱，流量的价值远小于留量。

这是一个置业顾问的直播间，因为举行创意活动，所以直播间人气很旺，实时在线人数 1 万+，直播了五六个小时，但是话术基本都是“大家点点关注点点赞”“这个火锅大桌能坐多少人”，完全没有说房子，更没有留资话术，一场几十万场观的直播也只能沦为私域小白的过眼云烟（见图 12–1）。

图 12–1　高场观无留资直播间

抖音遵循的是一种快准狠的打法，像秋风扫落叶，讲究的是速度，是闪电战、掠夺战。而私域像下地农耕，讲究的是慢工出细活，要跟客户交朋友，是阵地战、攻坚战。

时至今日，大部分开发商都已经认识到抖音的重要性，开始从线下转向布局线上。自己组建新媒体团队也好，外聘专业陪跑机构也罢，可能也爆过几条短视频，直播间也有了不少留资，但是成交却不见起色。没有实际的成交战果正向反馈，流量很快就不香了，从而选择中断放弃。

抖音是门前河，私域是自家井。即使地产头部 IP，抖音流量也不稳定，今天有1000人在线，明天可能就50人，这太正常了，因为流量不在你手里，不受你的控制，而且流量越来越贵。而沉淀到你微信里的客户，今天是5000人，明天还是5000人，不会少，精准还免费。并且微信是目前国内即时触达率最高的工具，做好私域就像拥有一座虚拟的购物中心。

当前市场，开发商越来越不敢辞退老置业顾问，为什么？就是因为现在客户少，有限的客户都沉淀在老置业顾问的微信里。创业多年来，今朝中国也经常在一个城市操盘多个项目，几年下来只沉淀了一堆冷冰冰的电话号码。如果一早开始布局私域，可能会是另一番景象，最起码也是当地业绩不错的分销公司。如果运作得好，还可能经营装修、家具家电、社群购物等一系列后销售产业。2023年各大房企业绩大大打折，但是麓湖却拿下了单盘年销170亿元的历史新高，为什么？原因之一就是拥有强大的私域社群运营能力。

所以，抖音一定要做，私域更要做！左手抓抖音，右手抓私域，右手更有劲！山顶会创始人波波说过：“抖音，是把眼前出现的大流量资源抓住，现在有用；私域，是把公域流量变成自己高楼大厦的一块砖，长期有用！”

大V私域肖厂长提出了一个非常贴切的公式：

私域资产=IP力×加微力×内容力^2×产品力×运营力。

其中，IP力是指做私域的人是否有专业度、有故事，有能让人记住的鲜明特点，并且愿意分享出来。

加微力是指在公域获取流量并且能下载到微信端的双重能力组合。

内容力包括主题选择、文案撰写、视频拍摄、在线直播、线下演讲等，是唯一加了平方的。可以看出，私域运营最重要的就是做内容。内容就相当于私域的石油，做内容的目的是稳定立好人设，增加成交筹码。

产品力是一切的根。私域本质上还是一种渠道，对于一个商业模式而言，渠道是0，产品才是1。

运营力是通过专业知识和精细化运作把以上各要素有机串联起来的能力。

私域成交四步：弹头加微信，发圈立人设，群聊做势能，私聊促成交。

12.2 如何把流量从公域导到私域

公域引流，私域成交。房子作为大宗物业，是不能通过挂载小黄车实现线上成交的，线上流量和案场成交之间必须有一座桥梁，让天堑变通途。这座桥就是“弹头视频”。制作弹头视频有以下八个步骤。

第一步：找出足够的项目购房客户样本；

第二步：研究他们的购房关注点，比如孩子上学；

第三步：根据关注点制作一份 5000 字以上的文档或图文，比如全市中学招生政策大全及学区房地图；

第四步：根据关注点和资料包，反写一篇利他型知识分享文案；

第五步：录制口播视频，发布出去，并在评论区打上“私信 666，免费领取 5000 字学区房资料包”，并置顶；

第六步：投 100 元 DOU+ 给自己的粉丝；

第七步：等待抖音私信，回复告知“这里不能发文档，+V 后发送”，成功导流私域；

第八步：换场景翻拍弹头视频，不断重复以上步骤。

直播同样可以这样导流。在直播间吸引流量，然后通过主播话术和评论区吸引私信，同样的私信固定句式“私信 666，免费领取 5000 字学区房资料包”，然后释放微信号，完成私域导流。于是，客户就来了，这比发单页、做活动高效且精准多了。

如果有几十条这种弹头视频呢？如果能把这些视频在不同的抖音号上发出去呢？这就是矩阵化的威力。要不断做短视频、发私信、加微信。当然，一定是要在最小闭环跑通之后再矩阵化。并且，前期一定是小规模点对点测试，避免客户过度开发，浪费资源。

12.3 私域运营的五个方面

有很多人把粉丝从抖音导到私域之后就停下来了，不知道接下来干什么。实际上，进入私域后才是真正成交阶段的开始，很复杂但很有乐趣。私域运营有以下五个方面工作要做。

第一，打标签。

把流量加进来后，第一时间就要根据互动情况给每个人分门别类地修改备注名、打好标签，并根据客户咨询、到访进展及时更新标签。我们通常将客户分为四类。A 类客户：到访过售楼部，意向较好。B 类客户：到访过售楼部，意向一般；暂未到访，意向较好。C 类客户：未到访过售楼部，咨询过项目，有意向。D 类客户：纯要资料粉；长期死单客户。分类的目的是把 80% 的精力花在 20% 的重点客户上，提高工作效率。

第二，朋友圈。

由于广告泛滥，大家看朋友圈的时间越来越少，微信也开始通过折叠广告整顿乱象。但即便如此，朋友圈还是整个社交媒体生态里客户打开频次最多的信息传播阵地。所以，发好朋友圈，是立好人设最核心的工作。

一个非常重要的认知：无人设，不私域。在私域中，我们要时刻记住，这是一个人和人的对话，而不是一个营销号跟客户的对话。发的内容要“干湿”结合，“干”指的是认知、逻辑、方法论、专业名词等，比如楼盘广告、地产知识、行业新闻，目的是建立专业背书，增加信任感；“湿”指的是情绪、故事、颜值等，比如带情绪表达的生活照，目的是丰富人设、拉近与客户的心理距离。“干”的内容可以由公司统一下发，“湿”的内容自己制作。

做好私域，要在朋友圈里树立“四高”人设：

高人设：提升客户对你的印象值。主要展示你有的但是很多人没有的东西或生活，比如看书、跑步、瑜伽、弹琴、旅行，有好车好房的也可以晒晒。总之，要给客户传递出你不是一个整天只会卖房的屌丝。

高认知：提升客户和你交流的状态。主要展示你对人生、对时事的深刻思考和观点，当然重点是对房地产行业的理解，让客户感觉你有内涵，脑子里有货，可以通过你的朋友圈提高认知。

高产品：提升客户对产品的感知维度。做私域的最终目的是卖房，所以一定要把项目中最能展现卖点和品质的地方不断发出来，吸引目标客户。主要可以从以下几个方面展示：产品理念、产品功能、产品实力、成交业绩（尤其是多单或者有一定社会地位的人下定）、客户好评反馈、老客户口碑等。

高互动：提升和客户沟通的频率。评论一定要回。A 类和 B 类客户发朋友圈要去点赞，要用心评论。再高冷的客户，只要发朋友圈，内心都是渴望被关注的，每天送出 100 个赞和 30 个高级评论，业绩自然差不了。另外，高互动不仅仅指的是点赞和评论客户的朋友圈，我们也可以发一些求帮助、投票、点赞送资料类的朋友圈信息，以吸引大家的互动。你会发现，好多不讲话的人都冒出来了。在朋友圈的世界里，不点赞、不评论并不代表没看见，只是缺少一个互动的指令罢了。重点客户在互动之后可以立刻追加一个私聊，进一步升温。

图 12-2　朋友圈“四高”人设

作为一名优秀的地产销售，每天发朋友圈的频次要保证在 5~10 条。可以按照“442”布局，即 40% 发人设，40% 发认知，20% 发产品，提前准备好内容，分别在6—9点、11—14点、18—20点、22—23点四个阅读高峰组合发送。两条朋友圈至少间隔半个小时发送，否则容易给人刷屏的感觉，轻则被屏蔽，重则被删除。如果是在重要销售节点，也可以加大产品类朋友圈信息的发送次数和频率，但是在重复发同样产品宣传的时候，要把上一条雷同内容删除或隐藏，不要让人觉得这是个没有感情的营销号。

再给大家说一个朋友圈穿透打法。现在社交软件比较多，大家刷朋友圈的频率虽然没太大变化，但是单次时间越来越少了。如果我们发的广告没有在客户上线的时候被刷到，信息可能就不能触达了。但是微信群不一样，即使客户当时没看到，但信息一直存在，留存效果比较好，所以可以把私域客户先放到微信群里养一段儿时间，让他们对你的“四高”人设有一个认知的过程。这里要注意，不要生拉硬拽客户进群，这样是没有意义的，所有的微信群都应该是阐明价值后客户主动进入的，比如我们经常做的购房同城福利群。建好群之后，在发朋友圈的时候，除了产品图片，再把群二维码单独做成一张图片发出来，这是客户进群最便捷的路径，我们称这套打法为朋友圈穿透。

第三，微信群。

玩明白微信群就能形成一套非常厉害的商业模式。你看社群团购，完全就是扎根在社群之上的商业模式，很大程度上冲击了社区底商。我们前文提到的“独孤九剑之‘百团大战’”，就是今朝团队研发的房地产私域和异业私域结合的经典打法。对于房地产销售来说，微信群分为以下三种。

一是全民群。这类群所有人都可以进入，是最大的养鱼池。但人群比较杂，比较泛，也就很难做互动，所以这类群不要妄想很热闹，除非发红包。建这类群相当于建立了一个一对多的自媒体发布阵地，最起码比公众号黏性高、触达性好。对此，每天只需往群里扔大家喜闻乐见的内容即可，比如当地新闻、招聘信息、商家福利等，当然也可以发一个项目推广（见图12-3）。

图 12-3　全民群

二是快闪群。这类群是重要的客户筛选阵地。比如，我们要做一个马戏团活动，不要把活动详情和报名通道直接扔到全民群里，而要建一个快闪群，把二维码发到全民群，感兴趣的进入，在快闪群做详细的活动介绍，安排水军在里面做互动，用接龙方式制造羊群效应，活动结束后立即解散该群。这样做的目的很清楚，筛选对这件事感兴趣的准客户，并且不过多打扰全民群的人，让他们对这件事也产生一种神秘感。比如，景观区开放、黄金周特价房等，同样可以利用快闪群，效果奇佳。

三是业主群。如果项目有硬伤，千万不要建业主群，那是自讨苦吃；如果项目运营健康，口碑不错，可以建业主群。业主群不是按照楼栋建立，而是按照业主的主要兴趣建立，比如业主舞蹈群、业主象棋群、业主跑步群等，这样就可以多举办非功利性的老业主活动，像阿那亚、麓湖一样，通过业主社群运营，长效反哺营销。

第四，私聊。

有些私聊高手不发圈、不做群，只靠私聊也能拿到非常好的业绩。私聊是最重要的成交转化阵地，因为这是一对一交流，是客户注意力最高的场景。电开也是私聊逻辑，大家偶尔也会碰到有客户电开出来后，通过微信聊天直接转定金。但是房地产行业线上直接转定的概率还是非常低的，所以私聊的目的不是交钱而是邀约到访。

大部分置业顾问都是客户加微信之后，直接发送项目笔记，推荐房源，甚至直接报价格邀约客户到访售楼部，这样做转访率是非常低的。为什么？因为这样的沟通没有温度、缺乏信任。

麦肯锡信任公式：信任 =（资质能力 × 可靠性 × 亲密度）/ 自我取向

对于地产营销来说，资质能力是指通过聊天展现房地产专业度，可靠性和亲密度需要在多次非销售范畴的聊天中逐步建立，自我取向是卖房话术。分子越大、分母越小，信任度就越高。

有人可能会问：“置业顾问素质参差不齐，不是每个人都是私聊高手，聊不好怎么办？”高手做很多事看似很随意，其实都是按预先的套路执行的，而小白做很多事看似很随意，其实真的是很随意。

《孙子兵法·军形篇》中讲：“胜兵先胜而后求战，败兵先战而后求胜。”意思是，那些能够打胜仗的军队，往往是先通过谋划，有了胜利的把握，然后才与敌人交战的；那些经常打败仗的军队，往往事先没有充分谋划，就急着与敌人交战，企图在交战中侥幸获得胜利。

不管是微信群内容，还是私聊话术，都是由项目销售最强人员和策略最强人员在一起，提前反复打磨好一套标准 SOP 流程，并不断根据实践精进迭代，最终形成一套完整的、有效的私域邀约转化话术。然后让每一个置业顾问按照话术内容，依次回复即可。有了这套打磨过的话术，即使刚入行的菜鸟销售在操作，客户也感觉是和专业置业顾问在聊天。

整个私聊过程分为人设树立期、关系升级期和邀约成交期三个时期。

私聊人设树立期执行步骤如下：

① 赠送见面礼（资料包）；

② 提取客户信息；

③ 给出第二份见面礼资料；

④ 发送个人介绍；

⑤ 结束话题；

⑥ 将客户档案录入系统。

这一阶段的操作要点是，通过赠送资料包和个人介绍，提高自己在客户心中的人设定位，让客户觉得对面不是一个只为卖房、只会卖房的基层销售人员。

在提取客户信息的过程中，不要用查户口式的盘问措辞，一定要设计好聊天式提问方式，丝滑地提取客户信息，比如问客户孩子几岁了，可以说："我看您朋友圈前两天买了辆儿童自行车，非常漂亮，我最近也想给我五岁的儿子买一辆，就是不知道他这年龄能不能骑。您孩子今年多大了？"

私聊关系升级期执行步骤如下：

① 用客户朋友圈内容引起聊天话头；

② 转到购房需求方面；

③ 给出自己的专业化建议，此时也可以适当说说别的项目好，以建立信任；

④ 结束话题。

这一阶段的操作要点是，多频聊天但单次不长聊，要"频繁骚扰却欲擒故纵"。另外，不要急于亮明自己的目的，要声东击西、迂回作战。

私聊邀约成交期执行步骤如下：

① 用客户朋友圈内容引起聊天话头；

② 转到购房需求方面；

③ 此时已非常了解客户，可有针对性地给出项目卖点，并发出准备好的同类客户购买案例；

④ 回复异议；

⑤ 成功邀约；

⑥ 未成功邀约绝不恋战，伺机重新做关系升级。

这一阶段已经到了该出手的时候，要准备充分，干脆利落，不行就重来。

第五，直播。

这里的直播专指视频号直播，而不是抖音的公域直播。视频号直播对房地产领域比较友好，很多抖音不能说的敏感词在这里都可以说，并且可以没有任何忌讳地加微信。难点是视频号直播的推流是根据博主私域进到直播间的数量 1 ∶ 1 配发的，这就要求微信好友的数量、活跃客户群的数量都要提上来才能做好视频号直播。

值得一提的是，抖音里的点赞和朋友圈里的点赞差不多，这种观点的认同和情绪的表达对推流影响不大。但是视频号里的红心点赞却有社交功能，点赞后的视频会推送给自己朋友圈里的好友，这个功能不但有助于提高播放量，更有助于精准投放，要格外重视。

所以，做好前四步之前，最好先别碰视频号直播。但是如果已经拥有了强大的私域基础，视频号直播的威力要大于抖音直播，因为客户更加精准，付费能力和意愿都更强。

做旅居项目和全国投资买房的房地产大 V 里，有一套“四洗丸子”打法，其中非常关键的第二步洗客，就是在微信群内通过视频号私域直播完成的，大大筛选和提高了发团客户的精准度。

后 记

恭喜你，看完了这本书，也完成了我们之间一次营销专业和思维认知的深度精神交流！

2018 年，市场如烈火烹油，远郊也能卖出流量盘的业绩；也是这一年，在万科秋季例会上，“活下去”的口号喊了出来，彼时被众多正策马狂奔的地产商凡尔赛，谁料一语成谶。

2023 年，新冠疫情结束，复苏与救市成为普遍渴望，然而下雪不冷化雪冷，大家等来的是更加冰封的市场，房地产几乎上演了塌陷式的行情。

曾经的我们太快了，快到来不及思考，来不及总结；快到高压之下，市场不会给你扎实做事的时间；快到人人都站在风口捞钱，哪有时间沉淀学习。高周转模式已经退出历史舞台，曾经全民抢房的奇观，只用了 5 年时间，就已不见踪影。购买力透支、供应量过剩，分销吃掉了大部分利润，营销技术再次回归 C 位。

人生三大成本——金钱成本、时间成本、机会成本。金钱成本最小，机会成本最大，但是人们往往搞反了，所以每天都很忙，却赚不到钱。我们赚的每一分钱都是对这个世界认知的变现，而我们亏的每一分钱都是因为对世界还存在认知缺陷。当财富大于认知时，市场会有无数种方法进行调节，直到认知和财富匹配。学习是坐电梯，自悟是爬楼梯，学习的效率要大大高于踩坑自悟。只有保持学习才能不下牌桌，不下牌桌才有赢的可能，尤其是营销人。

出版一本书比我想象的要困难得多。原本想着只是我线上课程和短视频的文字版，应该很轻松。实则不然，口语和书面语完全是两个概念，逻辑深度和严密性也差别很大。作为一个 IP 和多家企业经营者，既要保持线上、线下的曝光量，又要管理公司重大事务，用来写书的时间真是少之又少。我从 2023 年 3 月着手写，一直拖到 10 月才完成初稿，还是在 8 月 27 日石家庄公开课之后，整整在家闭关 45 天，每天写作 10 小时以上，才有了眼前的呈现，这期间别说做抖音了，连微信也没怎么看。后又经过数十次修改磨稿方敢付梓。在此，感谢中国经济出版社葛晶老师及其团队的理解与包容。

任何事都是知易行难。书中所写的技术，大家还需在实战中摔打才能真正掌握并变现。只有输出才是最好的输入，要不然阅读本书最大的好处可能就停留在了智力愉悦感。我每次做公开课都告诉学员，学完赶快回去做，做一段儿带着问题再回来学，但所谓“心想事成”其实是心智心力 + 思想认知 + 认真做事 = 成功。

此书付梓后，我会把时间用在实战操盘和输出更多的干货短视频、直播和公开课上，欢迎大家持续关注，多多链接，一起进步。

同袍荟是我着手搭建的全国地产人知识付费平台，主要解决四大问题：

一是先进营销技术的实时分享；

二是通过我的流量和平台做强后的势能实现甲乙方业务的对接；

三是地产人自有人脉通过同袍荟多维产品的变现分佣；

四是通过十几种线上线下活动链接房地产行业大咖和同城房地产人脉。

岂曰无衣，与子同袍。人生的财富取决于很少的大高潮，幸福取决于很多的小高潮，而这两者的获取，选择力很重要。与谁同行往往很大程度上影响你的选择力。同心者同路，同路者共赢。同袍荟让地产人不再孤军奋战，我在同袍荟等你。你现在可以拿起手机，扫描下方二维码进入同袍荟公益分享群。

本书出版的时候正值我的 40 周岁，是不惑之年。我想，这本书应该是送给自己前半生最好的礼物了。正如我线上最贵的一门课程，完全务虚论道的《一起感悟这个世界》，定价是“1984”元，也是送给自己人生的珍贵礼物。

最后，感谢今朝中国所有工作人员的敬业付出，以及我的家人长久以来对我工作的支持和给予我的陪伴，我爱你们！

分享热爱，持续学习，功不唐捐，次第花开。

宋 博

2024 年 1 月 10 日夜